当代浙江学术文库
DANGDAI ZHEJIANG XUESHU WENKU
浙江省社科联省级社会科学学术著作出版资金资助出版（编号：2016CBQ05）

国际短期资本流动与中国资本管制有效性研究

曾绍龙 著

浙江工商大学出版社
ZHEJIANG GONGSHANG UNIVERSITY PRESS

图书在版编目(CIP)数据

国际短期资本流动与中国资本管制有效性研究 / 曾绍龙著. —杭州 ：浙江工商大学出版社，2017.1
ISBN 978-7-5178-1902-8

Ⅰ. ①国… Ⅱ. ①曾… Ⅲ. ①国际资本—资本流动—研究②资本管理—研究—中国 Ⅳ. ①F831.7②F832.5

中国版本图书馆 CIP 数据核字(2016)第 271139 号

国际短期资本流动与中国资本管制有效性研究
曾绍龙 著

出 品 人 鲍观明
策划编辑 任晓燕
责任编辑 沈明珠　任晓燕
封面设计 林朦朦
责任校对 陈晓慧
责任印制 包建辉
出版发行 浙江工商大学出版社
(杭州市教工路 198 号　邮政编码 310012)
(E-mail:zjgsupress@163.com)
(网址:http://www.zjgsupress.com)
电话:0571-88904980,88831806(传真)
排　　版 杭州朝曦图文设计有限公司
印　　刷 浙江云广印业股份有限公司
开　　本 710mm×1000mm　1/16
印　　张 13
字　　数 224 千
版 印 次 2017 年 1 月第 1 版　2017 年 1 月第 1 次印刷
书　　号 ISBN 978-7-5178-1902-8
定　　价 42.00 元

目 录

图目录

表目录

第一章 导 言

第一节 研究背景和选题意义

随着金融证券化、经济金融化与金融全球化的深入发展,一个崭新的、无国界的金融世界出现了,市场规模获得了前所未有的扩张,各类金融交易异常活跃,国际资本的流动速度惊人地加快。全球经济金融化的直接结果是,虚拟经济凌驾于实体经济之上,成为世界经济增长的主要动力。全球虚拟经济日益膨胀,这在一定程度上抑制了实体经济的发展。虚拟经济已经几乎与实体经济完全脱钩,90%以上的国际金融业务均与贸易投资活动无关,与实体经济相关的金融资产流动额仅占金融资产存量的2%。经济、金融的全球化加速了国际资本的流动,带来了许多新情况、新问题,对国际经济整体与许多国家经济发展产生了较大的影响和冲击。

在应对2008年全球金融危机的过程中,发达国家普遍实施了非常规宽松货币政策与长期超低利率政策①,在较长时期内给国际资本流动与世界经济稳定带来不利影响。长达6年的非常规宽松金融环境使广大新兴经济体和发展中经济体受到严重的跨境资本异常波动压力,并给包括发达国家在内的各国宏观经济管理带来了很大挑战。新兴市场和发展中经济体再次成为投机资本逐利的目的地,净流入额远超出危机前水平。危机发生以来,新兴市场公司的外币借款量约上升了50%,2012年拉丁美洲和亚

---

① 自2008年全球金融危机爆发以来,发达国家量化宽松底线被大大突破,美国相继推出四轮量化宽松政策,欧洲央行推出两轮长期再回购操作(LTRO),日本央行连续推出了十一轮量化宽松(QE11)。2008年12月,美联储将基准基金利率从1%下调至0—0.25%并将维持到2015年中,日本将官方利率消减至0.1%,瑞士银行把官方利率的目标区间降至0—0.1%;2009年3月英国央行基准利率降至0.5%,欧洲央行基准利率降至1%。发达国家的轮番量化宽松货币政策及接近零的利率引起大量资金流入新兴市场。

洲的银行信贷量分别上升了13%和11%。[①] 国际短期资本的无国界、大容量、高流速及高投机性等突出特点，赋予其与生俱来的高波动性与高风险性等内生脆弱性，无疑放大了金融市场和经济的不稳定性。国际资本的大量流动、频繁进出与瞬间逆转，给资本流入与流出国的宏观经济调控造成巨大困难。伴随美国等西方发达国家量化宽松货币政策的实施与退出，国际短期资本频繁进出新兴市场和发展中国家，必然会对这些国家的金融与经济稳定带来严重冲击。资本管制（Capital Control）再次成为经济学界和各国政府关注的焦点。

事实上，2008年金融危机后，国际社会，特别是国际货币基金组织（International Monetary Fund，IMF）的经济学家们都在对宏观经济政策进行反思，既包括对传统宏观经济政策——货币政策与财政政策的反思，也包括对金融规制的重要性的思考。包括：（1）对关于货币政策目标和工具的单一性的反思，即货币政策只有保持低而稳定的通货膨胀一个目标，而实现这个目标只需利用政策利率一个工具；（2）对其长期以来依据华盛顿共识的危机处理方案及实践的反思，反思的一个重要成果是修正了国际经济组织长期以来对财政政策的偏见及对其实施顺周期财政政策的纠正；（3）金融规制是宏观经济政策的重要内容和政策工具，肯定了金融中介的重要性。[②] 此后，2011年4月，IMF发布了一份其执行董事会对部分新兴市场国家应对资本流入经验的会议纪要，指出部分已经实施适当宏观经济政策的新兴市场国家可以实施审慎性的资本管制措施以应对大规模资本流入。这是一贯主张全球资本自由流动的全球金融经济组织IMF对新兴市场国家实施资本管制措施的首肯，并在后续多次会议中提及“在面对大规模资本流动时资本管制是必要的”[③]。

IMF对宏观经济政策的深刻反思，是基于对第二次世界大战后半个多世纪世界经济运行历史及IMF自身的政策实践的经验与失误的认真追溯和严肃检讨所做出的政策取向判断，是其自身对战后整个时期所笃信不疑的主流经济理论及其经济政策主张的质疑和修正。长期以来，主流经济学

① 克里斯蒂娜·拉加德：《走在危机前面的全球政策行动》，在纽约经济俱乐部上的发言稿，2013年4月10日。

② 参见奥利弗·布兰查德（Olivier Blanchard），乔瓦尼·德'拉里恰（Giovanni Dell'Ariccia），保罗·毛罗（Paolo Mauro）：*Rethinking Macroeconomic Policy*，IMF Staff Position Note，2010.

③ 2014年10月11日IMF在《国际货币与金融委员会第三十次会议公报》中提及：“在应对大规模、波动不定的资本流动带来的宏观经济和金融稳定风险时，一方面应实施必要的宏观经济政策调整，另一方面可以采取审慎措施，在必要时还可采取资本流动管理措施。”

一贯主张资本项目自由化，但 2008 年全球金融危机后，实施资本管制的发展中国家率先复苏对该主张给予了有力的批判。因此，尽管在某些具体政策措施上尚存分歧，但 IMF 能够对历来所坚持的宏观经济政策主张做出深刻反思仍值得重视。其中反思的一项核心内容就是强调了金融规制的重要性，在必要情况下实施资本管制。

每次金融危机的爆发期间均伴有大量国际短期资本从发展中国家与新兴经济体撤离；而当危机消退，国际短期资本会再次大量流入发展中国家与新兴经济体。因而，对国际短期资本流动的管制是个长期问题。中国作为新兴大国，受国际需求恢复缓慢与国内经济结构调整的影响，危机后经济增速虽有所放缓，但依然是全球各国中持续增长且经济相对稳定的国家。相对较快的经济增长与稳定的国内政治环境为国际资本，尤其是国际短期资本提供了更大的获利空间。在这种情况下，国际短期资本大举进入中国攫取高额短期垄断利润并迅速撤离已成为超级垄断资本的惯用伎俩。流入中国的国际资本中 80%以上是短期资本，占流入发展中国家国际短期资本总量的 1/3。[①] 改革开放以来，中国经济对外开放程度逐步深化，在国际贸易领域得到长足发展并基本实现全面开放。然而，在资本项目领域，主要是国际短期资本流动上仍长期实行严格的资本管制。由此形成了短期资本流动严格管制而长期资本自由流动、资本项目未全面开放而经常项目全面开放的格局。

综上所述，从理论上来研究资本管制的前提条件，研究在当代资本管制之所以成为重要的金融政策工具的原因，以及国际资本流动，尤其是国际短期资本流动的影响因素尤为重要。同时，作为新兴大国，中国长期实行严格的资本管制，其基本理论依据是什么？这一研究对中国经济稳定增长与金融开放具有重要的理论与现实意义。

第二节 研究思路

国际社会对 2008 年全球金融危机与宏观经济政策的反思与政策主张的调整促使我们对资本管制展开深入研究，鉴于流入中国的国际短期资本规模巨大、波动频繁及对中国经济产生的影响巨大，所以我们选择中国国际资本流动与资本管制有效性这一课题进行系统研究。一国在特定时期

① 参见第五章相关描述。

内实施资本管制的前提条件是什么，哪些国内外经济与政策因素引致国际短期资本频繁地进出中国，中国对国际资本流动实施管制有效性如何？本书就这些问题展开研究。本书对国际短期资本流动与国际资本管制实践进行了分析，就资本管制的一般约束条件进行了理论探讨，并着重研究了中国的国际短期资本流动与资本管制实践。

当前，关于资本管制的理论和实践研究相对薄弱，已有文献较多集中于亚洲金融危机期间对一些重灾国实施资本管制的个案研究，缺乏对广大发展中国家与新兴经济体实施资本管制理论基础。因此，有必要对资本管制理论进行一般性拓展，并对 2008 年全球金融危机以来国际短期资本流动与国际资本管制实践进行分析。作为长期实行强资本管制的新兴大国，中国的国际短期资本流动与资本管制更具代表性，因而本书在一般理论研究的基础上着重针对中国国际短期资本流动与资本管制进行实证研究。本书沿着以下路径展开：

第一，研究 2008 年全球金融危机以来国际短期资本流动新趋势，剖析新时期国际短期资本流动的特点、动因，以及潜在的风险。并对当前国际资本管制实践进行分析，主要采用案例的方式分析部分发展中国家与发达国家的资本管制状况，并探讨当前国际资本管制的共识与合作。

第二，对国际资本管制的决定因素进行一般理论分析，由于无论从开放程度还是开放国家上看，发达国家都基本上开放了其国内金融部门，这里主要研究发展中国家实施资本管制的决定因素，从而为资本管制有效性提出理论依据与判断标准。

第三，对中国国际短期资本流动的内外影响因素进行实证研究，测算出中国国际短期资本净流入量、流入总量与流出总量，深入分析影响国际短期资本净流入、总流入与总流出波动的经济与政策因素。

第四，分析中国资本管制强度，探讨资本管制强度的衡量方法，归纳出中国资本管制的阶段特征，进而对中国资本管制强度进行定性与定量测算。

第五，归纳与总结现有对资本管制有效性的定性与定量研究方法，并依次采用储蓄投资相关法、利率平价分析法和抵消系数检测法对中国资本管制的有效性进行实证分析，并探讨当前国际短期资本的规避资本管制行为。

第三节　核心概念

一、国际短期资本流动

国际上并没有对国际资本流动长短期划分的权威标准[①]，现有的各种定义大多是研究者从各自研究的需要和经验判断出发所做的简单阐述。对现有的主要划分标准进行梳理，可区分为以下三个标准。

（一）以时间为标准

长期以来，按照期限来划分长期和短期资本流动被学术界所公认。一般来说，借贷或投资期限在一年以下的为短期资本，包括短期证券投资、贷款、保值性资本流动、投机性资本流动和贸易资金融通；一年以上的为长期资本，包括直接投资、一年以上的证券投资和国际贷款。然而，随着金融市场的发展和金融工具的创新，长期和短期资本的时间界限日益模糊，期限较长的投资工具也往往有很高的流动性，中长期资本，尤其是股票、国债等证券化资产在相当程度上已经成为国际短期资本流动的重要形态，并且即使期限是一年或一年以上的长期资本，如果其剩余期限不足一年，本质上与真正短期资本并无大的区别。根据期限来划分长期和短期资本流动的意义已经不是十分显著。

（二）以投资动机为标准

金德尔伯格（1985）主张按照国际资本流动的动机来定义国际短期资本流动，他认为国际短期资本流动是指投资者意图旨在短时间内改变或扭转其在国家间流动的方向，即使这一时刻目前尚未确定，但在未来时机适宜时仍会如此。并进一步根据投资者的动机将国际短期资本流动分为贸易性资本流动、金融性资本流动、保值性资本流动和投机性资本流动四大

---

① 根据《新帕尔格雷夫经济学大辞典》的定义，所谓国际资本流动（International Capital Flow），是指当一国居民（资本输出者）向另一国居民（资本输入者）提供贷款，或者购买财产所有权时，形成的资本流动。IMF在前四版的《国际收支手册》中，一直采用以一年期为标准划分长期资本和短期资本。但是随着国际资本流动的日趋多样化和复杂化，IMF取消了这一划分标准。

类。国际游资由于具有非常强的流动性和波动性，常被称为热钱（Hot Money），其在国家间频繁流动，易于在短期内改变流动方向，投资者随时调动游资进出一国市场以获得正常投资收益以外的资本利益，以追逐短期汇率、利率、股票市场与其他金融市场价格波动，是国际短期资本中最活跃的部分。由于投资和投机无明显的界限，资本流动在不同程度上都具有趋利性，难以对具有真实交易背景的资金与纯粹为了套取短期收益的投机资本进行区分，因此按照投资动机划分长短期资本统计难度很大，在实际中难以操作。

（三）以流动性为标准

国内一些学者注意到了国际短期资本的高流动性特征，提出了以流动性为标准对国际资本流动进行分类。李翀（2003）指出，长期资本和短期资本不是根据偿还期限来划分的，而是根据跨国流动性强弱来划分的。流动性弱的资本称为长期资本，流动性强的资本称为短期资本。[①] 曲凤杰（2006）提出，短期资本流动的风险主要在于其流动方向突然改变给宏观经济稳定带来威胁，因此将国际短期资本流动定义为借贷期限在一年以内的资本流动和随时可能改变方向的资本流动。具体包括，国际收支平衡表内的短期资本流动如借贷期限一年以内的其他投资、证券投资中的货币市场工具，以及国际收支平衡表以外的隐性和非法的资本流动。

综上所述，要将国际资本流动中长期与短期资本完全区分在技术上是难以实现的。大部分的研究都是基于研究目的不同而有所侧重，特别是很多研究过度关注国际短期资本流动的负面效应，因此在概念界定和规模测算上倾向于将国际短期资本流动与国际游资（热钱）联系起来。事实上，正如许多经济学家已经注意到的，热钱只是国际短期资本的组成部分，其他国际短期资本如平衡型短期资本、自主型短期资本与国际投机短期资本存在明显的差异，对经济影响也不一样。国际短期资本对东道国具有积极的影响，如弥补东道国的短期资本不足，拓展一个国家的金融宽度；也会对东道国形成潜在的冲击，如投机资本对市场的冲击。因此，对国际短期资本的概念界定采取相对宽泛的标准更为合理。

---

① 流动性强弱可以从资本流动的性质来区分。流入一个国家后从性质上来说在一年内不可逆转的资本可以认为是流动性弱的资本，它就是长期资本；流入一个国家后从性质上来说在一年内可逆转的资本可以认为是流动性强的资本，它就是短期资本。应该指出，尽管某项金融资产在一年内不一定发生逆转，但只要从性质上说它是可逆转的，这项资产就是短期资本。

综合以上三个标准,可将国际短期资本定义为:实际借贷期限在一年以内,随时可以改变流动方向的国际资本。国际短期资本流动既包括平衡型短期资本等正常资本流动,也包括短期投机资本等隐蔽资金的流动。同时根据资本流动的方向区分为资本流入、资本流出,从存量上看表现为净流入,流量上分为流入总量和流出总量。

二、资本管制

资本管制是指一国管制国际资本流动的措施,主要指各国官方为限制资本账户交易以及与资本交易有关的资金支付和转移而制定的政策措施(IMF,1991)。影响资本流动的资本管制主要包括:禁止资本流动,需要事先批准、授权和通知,多重货币做法,歧视性税收,准备金要求或当局征收的罚息等。资本管制的目的是影响交易和转移的完成或执行,涉及资本的流入、流出以及非居民在境内或者居民在境外持有的资产。资本管制适用于收入和支付以及由非居民和居民进行的活动。此外,由于在当地以外币进行的金融交易与资本流动密切相关,因此官方还应提供此类交易的信息。

按照不同的标准,资本管制可划分为不同的类型,比如:(1)按资本的流向,可分为对资本流入的管制和对资本流出的管制。(2)按资本管制的对象——资本交易类型,可分为五大类:对与资本和货币市场证券、共同投资证券及衍生工具相关的资本流动的管制,对和商业及金融信贷、担保及保证相关的资本流动的管制,对与直接投资及房地产相关的资本流动的管制,专对商业银行及其他金融机构的限制,对个人资本流动的管制(IMF,1991;Johnston,1998)。(3)按性质,可分为数量型资本管制和价格型资本管制。数量型资本管制指通过直接禁止、数量限制或审批程序来限制资本交易或相关的资金支付、转移。数量型资本管制通常试图直接影响相关跨境金融交易的流量,具体的措施包括:限制或禁止与贸易无关的货币互换、离岸借款及银行在公开市场上的外汇净头寸;对银行外汇负债设定上限;禁止国内居民对外出售短期货币市场工具等。价格型资本管制通过提高资本流动的成本来限制某项资本流动,包括双重或多重汇率体制、对跨境金融流动的显性或隐性税收及其他价格型手段。

我国理论界对资本管制也有深入研究,张礼卿(1998)将资本管制定义为对资本项目实行数量和汇兑管制及对资本项目交易行为本身的管理。其内容主要包括:管制手段,直接管制和间接管制手段;管制方向,资本流入、流出以及非居民在境内或者居民在境外持有资产；管制范围，收入和支付以及由非居民和居民进行的活动以及在当地以外币进行的与资本流动密切相关的金融交易。程鹏(2005)从动态与静态、长远与近期上将资本管制定义为一国为了实现资本项目的可兑换，根据具体国情制定的对资本项目实行数量和汇兑管制及对资本项目交易行为本身的管理。其含义包括：(1)资本管制不是目的，是当一国不完全具备资本项目可兑换条件时的一种暂时措施。从世界各国发展的历史可以看出资本项目可兑换才是最终目的。(2)资本管制在一定时点上看是一种静态的均衡，但放在资本项目自由化这段时期上考察，资本管制就是一种新的动态均衡过程。

综上所述，可看出资本管制是手段，资本项目开放才是最终目的。但是由于各国金融发展水平不同，资本流动对各国经济发展的稳定与促进作用具有很大的差异，在资本账户开放条件不具备的情况下任由国际资本自由流动会对该国经济造成负面影响，甚至引发金融、经济、社会、政治危机。各国采取资本管制的根本目的不是要限制资本的跨境流动，而是通过多种管制工具实现资本跨境流动与其经济发展水平相匹配，使得国际资本，尤其是国际短期资本在本国可承受范围内更好地服务于金融稳定与经济发展，从而实现全球资本的最优配置。

三、资本管制强度

资本管制强度是衡量一国对资本账户所设定的各种限制大小程度的指标，与资本账户开放程度是相对称的。该指标并没有一个标准的衡量方法，其大小是个相对量，而不是绝对量，依据各研究方法与目的的不同，对于一国资本管制强度可以设定不同的值，只在于反映相对强弱。现有文献与相关研究中主要有两种方法衡量资本管制强度：一是依据法规法直接赋予资本管制强度一个值；二是采用衡量资本开放的经济指标间接反映资本管制强度的大小。

法规法由于其所依据的资料均是IMF的《汇兑安排与汇兑限制年报》，研究角度更为深入，并且从总的资本流动的管制向资本流入与流出的管制的细分，因此在现有研究中被广泛采用。尽管各研究中具体的指标设定方法和指数大小不一，但基于法规法所得资本管制强度的结论却大体一致。这也是法规法所要求精度不高的长处，但同时也是其不足之处，所得结果是虚拟值(0、1或其他度量值)而不具备连续性与精确性。正是由于法规法的这一不足，因此也有许多研究采用定量测量法对资本管制强度进行测算，主要借助某一种或几种衡量资本项目自由化的经济运行指标，从侧面测算资本账户开放的程度，从而对资本管制强度进行衡量。该方法常用的经济指标有三组：国民储蓄率与国民投资率、境内外资产收益率差异、官方统计的跨境资本流动量。定量测量法虽然弥补了法规法在衡量资本管制强度数据上的跳跃性，但在研究中也受到一定的局限性，在某种意义上是现象解释现象而不具备说服力。

综上所述，资本管制强度是衡量一国对资本账户所设定的各种限制大小程度的指标，也间接反映出该国资本项目自由化的程度，管制强度的大小是相对量，而不是绝对量，反映的是资本管制的变化趋势，由强变弱或者由弱变强。因此尽管没有公认的衡量标准，但不同方法所衡量的资本管制强度变化趋势是一致的。

四、资本管制有效性

当前，对资本管制有效性的界定并没有统一的标准。由于不同国家所处的经济发展阶段不同，及其所面临的国际资本流动波动状况存在差异，采用的资本管制措施与所要达到的管制目标各不相同，因此，对资本管制有效性的认识角度与要求上存在较大差异。同时在衡量具体资本管制有效性时，面临着成本与收益难以度量的问题，因此在对资本管制有效性的判断上难免出现“仁者见仁，智者见智”的不同观点。在关于资本管制有效性的定义中，比较有代表性的是：在相当长一段时间内，资本管制具备使实行或不实行管制的国家的相同经济变量产生差异的能力。另一个定义是：资本管制应具备持续地维持不协调的宏观经济政策的能力（Dooley，1986）。张斌(2003)将资本管制目标定义为稳定宏观经济基本面，或者说是稳定宏观经济的同时保障经济增长。

因而，从资本管制目标角度可以将资本管制的有效性界定为是否有利于稳定宏观经济稳定并保障经济增长。现有文献大多从资本管制对资本流动和政府政策目标的影响方面对资本管制的有效性进行考察，这些目标包括防止短期资本大规模流动、维护汇率稳定、提高货币政策独立性、保护国内宏观经济和金融稳定等。与资本管制强度的定义相对应，由于资本流动性可以间接反映资本管制的程度，因此，衡量资本管制的有效性与分析国际资本流动程度可看作一个问题的两个方面，二者在研究方法上也存在重合。

第四节 研究方法

本书采用理论研究与实证研究相结合的方法对资本管制理论、中国国际短期资本流动与中国资本管制进行深入研究。首先采用多阶段最优控制理论从福利的视角构建资本管制理论模型,并运用离散面板模型对理论模型进行实证检验。同时采用统计分析、线性回归、VAR动态模型等多种实证研究方法,来深入研究国际短期资本流动特征与国际资本管制实践。研究中将资本流动区分为资本净流入、流入总量与流出总量,对中国国际短期资本流动的经济与政策影响因素进行分析,归纳出中国资本管制的阶段特征并对其强度进行直接度量与间接定量测量。最后对中国资本管制的有效性进行实证研究,得出资本管制依然是中国维持经济与金融稳定的最优政策选择这一结论,并提出资本管制的原则与方法。

第五节 结构安排

本书共分为八章,除第一章为导言之外,其余七章的主要内容安排如下:

第二章,文献综述。首先,对国际短期资本流动动因的各种理论解释与相关文献进行了梳理,认为国际短期资本流动归根结底是源于资本的本质属性——趋利性。其次,从三代货币危机理论以及相关的实证研究探讨了国际短期资本流动的内生脆弱性,认为必须采取一定的资本管制措施来限制国际短期资本流动或者降低其危害性。再次,对资本管制必要性的相关研究进行梳理,将资本管制的理由归结为:保证汇率稳定与货币政策独立性,减少国际资本流动的大幅波动,维护金融、经济稳定。最后,对资本管制有效性从货币政策、资本流动等角度进行梳理,总体上认为资本管制有效性趋于减弱。

第三章,国际短期资本流动特征与资本管制实践。国际短期资本已取代长期资本成为国际资本市场上最主要的流动载体,呈现出流动规模巨大、快速反弹且区域分布不均、波动性增强、流入流出更频繁、流动主体多样化、流动方式更加隐蔽、破坏力逐渐增强等特征。为避免国际短期资本流动对本国金融体系与宏观经济的冲击,资本管制已然为绝大部分发展中国家和部分发达国家所接受并在不同程度上有所实践。事实上,资本管制作为资本项目自由化的对立面在发达国家并没有从根本上被消除,只是发达国家与发展中国家在资本管制强度、管制范围及管制措施上有所差别。

第四章,资本管制决定因素的一般理论与实证分析。在国际资本不完全自由流动条件下基于福利最大化构造出目标函数与约束条件,采用最优控制理论对该方程求解,得出资本管制的一般理论结果,并采用 61 个发展中国家 32 年的数据对该理论结果进行实证检验。

第五章,中国国际短期资本流动影响因素的实证分析。将中国国际短期资本存量与流量区分考察,存量以净流入衡量,流量指流入总量与流出总量。并从经济与政策两个角度考察影响国际短期资本存量与流量波动的内外因素,对各种因素在国际短期资本净流入、国际短期资本流入、国际短期资本流出中所起作用大小及其影响方向进行分析。

第六章,中国资本管制强度测算。对资本管制强度的不同测算方法进行梳理,就长期以来中国资本管制的阶段性特征进行回顾与总结,在此基础上对中国资本管制强度采用不同方法进行测算。构建法规分析的基本指标体系,依据该体系对中国资本管制强度进行直接测算。同时采用资本流动状况的指标对中国资本管制强度进行间接定量分析。通过对两种方法测算结果的比较,发现通过指标体系所直接衡量的资本管制强度的波动必然会在间接反映强度变化的资本流动上有所体现。

第七章,中国资本管制的有效性。通过对资本管制有效性的定性与定量、直接与间接分析方法的比较,采用定量间接分析法对中国资本管制有效性进行实证分析,包括投资储蓄静态与动态分析、非抛补利率平价偏差法以及抵消系数与冲销系数联立方程等方法,较为全面客观地论证了中国资本管制长期与短期内的有效性。并探讨国际短期资本规避中国资本管制的各种途径。

第八章,对本书主要结论做了简单回顾,分析了全文研究对中国资本项目开放的重要启示,并对未来该领域的研究进行了展望。

第二章　文献综述

20世纪90年代以来的短短20余年间，世界范围内爆发的金融危机多达9次。[①] 尽管每次危机的表现形式有所不同，但危机前后都伴随着国际资本的大规模流动，因此金融危机的频繁爆发与国际资本，特别是国际短期资本流动有着密切关系。2008年全球金融危机后，IMF在资本流动管理方面开展了一系列研究，对各国开放资本项目的经验与教训进行了总结，并于2012年底形成了关于资本流动管理的机构观点，明确各国可以在一定情况下采取资本管理措施，这是国际社会对资本管制认识的一个重大转折点。在当代由金融主导的经济中，金融创新的大发展为国际短期资本大规模地快速流动创造了条件，这无疑增加了对国际短期资本流动监管的难度，因此如何管制国际短期资本流动也就成为全球共同面临的挑战。半个多世纪以来，关于国际资本流动与资本管制的研究文献众多，本章将沿着国际短期资本流动的相关问题，即国际短期资本流动的动因、短期资本流动的脆弱性、资本管制的必要性、资本管制的有效性等问题一一展开。

第一节　国际短期资本流动的影响因素

一、国内外利差驱使国际短期资本流动

已有研究大多认为国际短期资本的跨境流动是出于“套利”动机，即资本总是从利率低的国家流向利率高的国家，以此获取两国间利差收益。国

① 如1992年的英国货币危机、1994年的墨西哥金融危机、1997年的亚洲金融危机、1998年的俄罗斯金融危机、1999年的巴西金融危机、2001年的阿根廷金融危机、2002年的巴西金融危机、2002年乌拉圭金融危机以及2008年由美国次贷危机引发的全球金融危机。

内外利差是引发国际短期资本跨国流动进行套利活动的最主要原因。国内外利差引发国际资本跨境流动，当国外利率相对国内利率上升（或者国内利率相对国外利率下降），就会促使本国资本向外国输出，并且只要该利差长期存在，国内资本流出就会维持下去；相反，当国内利率相对国际利率上升（或者国外利率相对国内利率下降），就会引发国外资本流入或减少国内资本流出。

20世纪80年代末90年代初，拉美国家曾经是国际短期资本的主要流入国，其间主要拉美国家先后爆发了货币危机。IMF高级顾问卡尔沃等（Calvo G. A.，L. Leiderman，and C. M. Reinhart，1993，1996）依次采用结构性VAR方法和主成分方法（Principal-components Analysis）对拉美国家1988—1992年国际短期资本流动的动因进行了分析，研究结果表明利率是驱动拉美国家这一时期国际短期资本流入的主要因素。世界银行高级经济学家费尔南德斯（Fernandez-Arias，1996）利用面板数据，采用最小二乘法（OLS）对13个发展中国家1988—1995年间的国际短期资本流动进行了实证分析，结果表明国际利率变化对短期资本流动的影响较为显著。美国威廉姆斯学院教授蒙蒂尔和马里兰大学教授莱因哈特（Peter Montiel，Carmen M. Reinhart，1999）对该时期流入拉美的短期资本进行了实证研究，结果表明利差是驱动短期资本，尤其是证券资本流动的主要因素。

在一定的内外条件下，发达国家也会成为国际短期资本的流入地。希腊学者帕帕斯（Anastasios P. Pappas，2011）以希腊为例，采用最小二乘法（OLS）分析了1983—2009年间希腊国际资本流入与流出的驱动因素，结果表明利差是1983—2009年间影响希腊国际资本流入和流出的主要因素。

国内学者在研究中国短期资本流动的问题时，大多也是从国内外利差等角度进行研究并得到一些相关结论。汪洋（2004）研究了1982—2002年中国的资本流动情况，通过实证检验认为资本流动对利差因素非常敏感。王琦（2006）对中国国际资本流动的影响因素检验结果表明：利差主要影响投机性资本流动。此外，认为短期资本流动与利率关系较为密切的学者还有王国松等（2006）、张谊浩等（2007）、陈学彬等（2007）、黄济生等（2008）、王世华等（2007）、张柯等（2010）、杨海珍等（2010）、邵迪（2012）等。

二、汇率波动导致国际短期资本频繁流动

除了利差因素外，也有学者认为汇率波动与套汇行为是国际短期资本流动的主要影响因素。当名义汇率与实际汇率存在差异时，即名义汇率对

实际汇率的偏离,会引起国际资本的非正常流动,带来大规模的“套汇”活动。汇率制度的不同导致汇率波动幅度存在差异,因而对国际资本流动影响的程度也不一样,固定汇率制下套汇资本没有风险,但在浮动汇率制下汇率波动频繁,会增大套汇资本的风险,从而促使国际短期资本进出频繁。瑞典著名经济学家俄林(Ohlin,1929)着重研究了国际短期资本流动及其影响因素,他指出汇率和利率是影响国际短期资本流动的两个主要因素。英国著名经济学家罗伊·福布斯·哈罗德(Roy Forbes Harrod,1933)对国际短期资本流动的影响因素进行了分析,认为短期资本流动的决定因素是汇率的波动,一国央行不正当的汇率政策很可能导致汇率被低估或高估,从而为“套汇”资本创造机会。英国著名经济学家马库斯·弗莱明(Fleming J. Marcus,1962)发现,在浮动汇率制下,资本项目直接随汇率的变动而变动,国际资本流动在浮动汇率制下比在固定汇率制下对利率更敏感。美国哥伦比亚大学教授罗伯特·蒙代尔(Robert A. Mundell,1963)的研究认为,利率、汇率均是影响国际资本流动的主要因素。

固定或钉住汇率制是国际短期资本流入的重要影响因素。经济合作发展组织(OECD)经济学家赖森(Reisen,1998)指出,20 世纪 90 年代以来新兴市场国家出现的货币危机在某种程度上归根于政府努力维持固定或钉住汇率制。美国加州大学伯克利分校教授巴瑞·易臣格瑞和哥伦比亚大学经济学家艾伯特·菲什洛(Eichengreen B.,A. Fishlow,1998)、美国 NBER 经济学家克鲁格和安妮(Krueger,Anne,and Jungho Yoo,2001)等分别对 20 世纪 90 年代墨西哥、泰国和韩国货币危机期间的国际资本流动进行了研究,结果表明:墨西哥比索、泰铢和韩元的汇率钉住美元、波动性小因而外国投资者没有汇率风险,是这几个国家货币危机以前资本大量流入的重要原因。

中国在 2005 年汇改前长期执行钉住美元的固定汇率制,汇改后实施以市场供求为基础、参考一篮子货币进行调节、有管理的浮动汇率制度。2008 年之后受美国次贷危机引发的全球金融危机的影响,人民币汇率再次钉住美元,浮动范围缩小。人民币汇率缺乏弹性,名义汇率和实际汇率差异较大,从而造成国际短期资本流动频繁,套汇动机成为国内外学者研究中国短期资本流动的重点。Prasad 和 Wei(2005)、Bouvatier(2006)发现中国非 FDI(外商直接投资)的国际资本流入在 2003—2004 年间急剧增加,甚至大于经常项目顺差和净 FDI 流入,其主要原因之一就是人民币强烈的升值预期。张谊浩等(2007)从套利、套汇和套价三个方面对短期资本流入中国进行分析,认为国际短期资本大量流入中国的主要动因是人民币升值预期。此外,认为汇率是国际短期资本大量流入中国的一大动因的学者还有王琦(2006)、王国松(2006)、陈学彬(2007)和黄济生(2008)、王世华等(2007)、张柯等(2010)、杨海珍等(2010)、邵迪(2012)、杨振宇等(2013)。

三、资产组合优化影响国际短期资本流动

对国际短期资本流动的影响因素还包括资产组合。资产组合理论认为,除了利差因素外,还应该考虑国内外的风险水平与投资者或者潜在投资者的能力。美国兰德公司经济学家哈里·马柯维茨(Markowitz Harry M.,1952)、美国耶鲁大学教授詹姆斯·托宾(James Tobin,1958)均认为,投资者总是想在预期收益与风险之间找到最佳的均衡点,资产的分布取决于收益与风险预测。美国经济学家布兰松(Branson W. H.,1968)在资产组合理论基础上分析国际资本流动,认为短期资本流动由进出口、利率和汇率决定,而长期资本流动由国内收入、利率和国外利率决定,然后把这些因素引入马柯维茨-托宾模型中,得出国外资产(E)占给定财富(W)的比率是国内利率(i)、国外利率(i^*)、风险(E)和财富存量的函数,即 $F/W=f(i-i^*,E,W)$。布兰松模型下,投资者可以根据收益与风险的权衡来配置各类资产的比例。当市场出现供求失衡时,人们实际资产组合比例与意愿资产组合比例不相吻合,由此会对现有资产组合进行调整,资本流动取决于回报率、风险预测和投资者的财富。然而,布兰松模型具有严格的假设条件,如风险估计是外生给定的、汇率保持不变、不存在国际投资障碍、不同国家的金融工具是同质的。后来学者对这些假设条件进行了修正,提出了参数不确定模型、托宾 Q 理论和跨国投资障碍模型,布兰松模型有了新的发展。李翀(2005)以马柯维茨的投资组合理论为基础,认为国际短期资本流动是在投资者对世界范围内各种可能的金融资产组合的预期收益和可能发生的风险进行分析,然后寻求最优的金融资产组合的情况下发生的。

四、货币政策变化促进国际短期资本流动

影响国际短期资本流动的另一个重要因素是相关国家的货币政策。货币政策理论认为,国际资本流动本质上是一种货币现象,是由储备变化和国内货币政策所决定的,资本的内外流动构成了基本国际收支状况,因此货币政策决定国际资本流动。美国芝加哥大学教授哈里·约翰逊(Harry G. Johnson,1972)给出了国际资本流动的货币分析模型,根据该模型可

以得出：总产出的增加或价格水平的上升会增加货币需求，改善国际收支平衡；利率提高会降低货币需求，从而恶化国际收支。而套利动因认为国内利率相对国外利率的上升会导致资本的流入，两种观点的不一致在Frenkel 和 Honeywell(1980)①的一般均衡模型中得到解释，他们认为国际资本的短期流动决定于利率水平，国际资本的长期流动受货币存量调整和国内信贷政策的影响。

Curry 和 Portal(1974)将资产组合理论与货币需求函数结合起来，发展出资产组合平衡模型。该模型指出，国际资本净流入与国内货币供给、经常账户差额负相关，而与国内产出和国内财富正相关。在国内利率可以灵活调整的情况下，国外利率不是国际资本流动的主要原因，但会通过影响产出和资本账户来影响资本跨国流动。资产组合理论不能独立分析宏观经济问题与资本流动之间的关系，货币论也无法独立地把握资产组合对资本流动的影响，资产组合平衡模型将两者融合到一起更为全面地解释了国际资本流动的动因。

五、交易成本降低加速国际短期资本流动

20 世纪 90 年代，金融市场全球化的趋势日益明显，国际资本流动也呈现出一些新的特点，如规模大、多方向以及证券化等，但既有理论难以对此做出有力解释。Hak-Min Kim(1999)提出了交易成本模型来解释资本流动全球化的现象。该理论认为，国际资本流动不仅受国内外利差的影响，而且还受国内外投资的交易成本的制约。在不完善市场的假设条件下，如果国家之间的投资交易成本相等，那么资本的流向就取决于利率的差异；如果利率相同，那么资本的流向就取决于交易成本的差异。交易成本主要包括资本转移成本、信息获取成本、管制成本、财务成本等，因此，通信技术的发展、金融工具的创新、管制的放松以及优惠的税收待遇等都会降低交易成本，促进资本的国际流动。由于交易成本很难量化，因此难以进行实证检验。

六、其他影响因素

除了上述有关国际短期资本流动的影响因素主流理论外，针对随着国

---

① 转引自约翰·威廉逊：《开放经济与世界经济》，厉伟等译，北京大学出版社 1991 年版.

际短期资本流动呈现出来的一些新特点也相应地产生了一些新的理论，如全球化理论、推拉动因素理论、人口老龄化理论等。全球化理论通过建立全球化模型以及联立方程来实证资本内外流动驱动因素，认为国际资本流动的主要原因在于市场的开放、国家税收协定的签订、金融工具创新以及通信网络的发展。推拉动因素理论认为国内经济基本面情况(g)、国家信用情况(c,拉动因素)、资本流出国的金融现状(v,推动因素)会影响国际资本流动，该理论解释了 g 和 c 的增长以及 v 的下降会引致流入新兴市场的资本增加，推动因素和拉动因素的重要程度取决于它们各自的偏导数和自身的变动。人口老龄化理论认为如果存在资本的完全流动，资本将从老龄化速度加快的国家流向具有高人口增长率的国家，直至国家间的资本回报率相同。国际货币基金组织经济学家罗宾·布鲁克斯(Robin Brooks，2003)运用资本完全流动条件下的跨期代际交叠模型，发现不同的人口变化趋势是国际资本流动的一个重要决定因素。慕尼黑老龄化经济学中心(MEA)主任安克瑟尔·波尔希-苏潘等(Axel H. Borsch-Supan et al.，2006)也运用跨期代际交叠模型对多个国家进行了研究，结果表明资本会从人口增长快速的地区流出，但之后这一趋势会反转。

上述文献表明，大量的理论与实证研究主要集中于国际短期资本流动的套利与套汇动因方面，而对国际短期资本流动的其他影响因素的理论与实证的研究相对较少，这是由于在实际研究中相关指标的构建与数据的获得的难易程度不同所导致。综上所述，各种理论与相关文献从不同角度对国际短期资本流动的影响因素都提出了解释，然而国际短期资本流动归根结底是源于资本的本质属性——趋利性。国际短期资本以掠取高额短期利润为根本目的，以收益最大化、风险最小化在全球迅速流动，某种程度上对资本流入国的经济发展起到一定的促进作用，但更多的是带来负面影响，即转嫁金融经济风险，从而表现出内生脆弱性。

第二节 国际短期资本流动的内生脆弱性

资本的趋利性导致国际短期资本在全球范围内大规模地快速流动。国际短期资本，尤其是投机性资本在攫取高额垄断利润的同时，往往给资本流入流出国的经济造成严重冲击，甚至导致金融危机与经济、社会、政治危机。国际短期资本具有无国界、大容量、高流速及高投机性等突出特点，赋予其与生俱来的高流动性与高风险性等内生脆弱性，这无疑会放大金融市场和经济的不稳定性。国际资本的大量流动、频繁进出与瞬间逆转，并由此给资本流入与流出国的宏观经济调控造成巨大困难。国际短期资本流动内生脆弱性主要体现在两方面：一是国际短期资本流动的规模变数及波动性，即国际短期资本流入流出数量的不稳定性和波动性会对一国金融稳定与经济发展造成冲击。如果国际短期资本流动规模超出了净流入国的市场承受能力，会导致净流入国面临经济过热、通货膨胀、宏观经济政策失灵、经济脆弱性增加，从而抑制其经济增长。二是国际短期资本流动的频繁运作及多变性，预期不同则资本流动的方向不同、频率不同，会放大资本流动的负面影响，国际短期资本流动方向的突然逆转可能会引发净流入国汇率制度崩溃，货币危机发生，甚至是全面的经济危机。

一、国际短期资本流动与货币危机

在对国际短期资本流动内生脆弱性的相关研究中，依次形成了三代比较成熟的货币危机理论。

（一）第一代货币危机理论

第一代货币危机理论由美国经济学家保罗·克鲁格曼（Paul Krugman）于 1979 年提出，也被称为克鲁格曼模型，该理论以拉美国家货币危机为样本，强调了外汇市场上的投机攻击与宏观经济变量之间的联系。该理论认为扩张型的国内经济政策与固定汇率制度之间存在冲突，由于实行扩张型经济政策，加之汇率固定，导致资本大量流入，通货膨胀率持续上升，实际汇率升值导致国际收支经常项目出现巨额赤字。在经济基本面严重恶化的情况下，政府维持固定汇率制的承诺变得不可信，这会引起国际资本外逃，经济受到投机性攻击。政府通过外汇储备对外汇市场的干预难以维持，从而不得不放弃固定汇率制，最终引发货币危机、债务危机甚至全面的金融危机（Salant, Henderson, 1978; Krugman, 1979; Flood, Garber, 1984）。

第一代货币危机理论具有以下特点：第一，将货币危机的根源归咎于扩张型宏观经济政策与固定汇率制度间的冲突，认为持续的信用扩张政策所导致的经济基本面的恶化是货币危机发生的基本原因。第二，对危机发生的机制，即信用扩张、外汇储备流失和货币危机之间的相互关系过于公式化和简单化。第三，对政府的行为不够重视，实际上，货币危机的发生过程通常是政府与经济主体之间的博弈过程，第一代货币危机理论对此没有深入研究。

(二)第二代货币危机理论

1992年欧洲汇率体系危机和1994年墨西哥金融危机的爆发,为货币危机理论的发展提供了现实的基础。第二代货币危机理论针对这些经济体在危机期间经济基本面并不坏的情况,提出了非线性行为假说。认为即使宏观经济基础没有进一步恶化,但由于市场参与者预期的突然改变,导致交易行为改变和跨境资本大量流动,可能引发货币危机,也就是说,货币危机的发生可能是预期贬值自我实现的结果(Obstfeld,1996;等等)。在该理论模型中,政府是一个主动的市场主体,将根据自身利益的分析对是否维持或放弃固定汇率做出策略选择。政府策略的不同会导致预期的实现方式也不相同。在第二代货币危机理论中预期的实现方式有多种,包括"冲击——政策放松分析""逃出条款分析"和"恶性循环分析"等。

第二代货币危机理论具有如下特点:第一,详细地分析了市场预期的作用,并探讨了预期的实现方式,但过分夸大了投机商的作用。第二,注意到政府的政策目标的多重性,其决策过程也不是简单的线性关系。并且强调货币危机的发生过程是政府与投机者以及其他市场主体间相互博弈的过程。第三,它指出了货币危机发生的隐含条件是宏观经济中存在着多重均衡,货币危机的发生实际上就是宏观经济从一种均衡向另一种均衡的过渡。

(三)第三代货币危机理论

1997年东南亚金融危机爆发,危机在传染的广度与深度、转移及国际收支平衡等方面与以往的货币危机均有显著的区别。原有的两代货币危机理论对东南亚金融危机爆发的原因无法做出合理的解释,麦金农和克鲁格曼首先提出第三代货币危机理论。该模型强调了第一、二代模型所忽视的一个重要现象——在发展中国家,普遍存在着道德风险问题,并将研究视角转移到企业、银行、外国债权人等微观主体的行为,重点分析国际资本流动对金融机构资产负债状况的影响。危机爆发前这些国家先后开放资本项目,这加速了国际短期资本的流入。金融机构的外币短期负债被大量用于国内低效的投资项目,导致外币短期负债与本币长期投资之间存在期限与币种的双重"错配"。

克鲁格曼在他的第三代货币危机理论中主要强调了以下几个方面:第一,金融过度加剧了一国金融体系的脆弱性,当外部条件合适时,将导致泡沫破裂,发生危机。第二,亲缘政治的存在增加了金融过度的程度。第三,东南亚货币危机的关键在于企业,由于销售疲软、利息升高和本币贬值,企业的资产负债表出现财务困难,这种困难限制了企业的投资行为。第四,导致金融体系在货币危机中发生崩溃的因素有高债务因素、低边际进口倾向和相对出口而言大规模的外币债务。第五,保持汇率的稳定实际上是一个两难的选择,因为保持汇率的稳定是在关闭一条潜在的引发金融崩溃的渠道的同时打开了另外一条渠道。

上述三代货币危机理论都是在单商品的假定下展开的,研究的侧重面各有不同。第一代货币危机理论着重讨论经济基本面,第二代货币危机理论将重点放在危机本身的性质、信息与公众的信心上,而到第三代货币危机理论,焦点则是金融体系与私人部门,特别是企业。三代货币危机理论的发展表明,理论的发展取决于有关货币危机实证研究的发展和相关领域研究工具或建立模型方法的引入与融合。三代货币危机理论虽然从不同的角度回答了货币危机的发生、传导等问题,但是,关于国际短期资本内生脆弱性的研究远不是三代危机理论所能解决的。同时,这三代货币危机理论对于资本管制下货币危机爆发的可能性、传导渠道等均未涉及,其中第三代货币危机理论认为紧急资本管制是应付货币危机的手段之一。

国际资本流动的风险随着世界经济的发展与各国应对危机能力的加强而呈现出不同的特征。国际短期资本的攻击对象从一个国家到多个国家、从宏观层面到微观主体,流动形式更加隐蔽,给资本流入国造成的危害也越来越大,充分体现了国际短期资本的无国界、大容量、高流速、高投机、高风险、高隐蔽性等特点。2008 年全球金融危机爆发,新兴市场经济体的国际短期资本由净流入变为净流出,在危机后两年,流向新兴市场经济体的国际短期资本迅速逆转为净流入,这一短期内国际短期资本流向的快速变化在以往的金融危机后是不曾有过的。国际货币基金组织在 2011 年 4 月的《世界经济展望》中指出,国际资本流动方向的多变性可能会在新兴市场和先进经济体长期存在,净资本流动的波动性有所增大,如何防范国际短期资本的冲击亟须在理论研究上有新突破。

二、国际短期资本流动脆弱性的实证研究

在国际短期资本流动脆弱性的实证研究方面,许多学者认为频繁的资本流动增加了宏观经济的不稳定性,特别是加大了汇率和国内利率的波动性(Bhagwati,1998;Stiglitz,2002)。资本流动的高投机性,极易导致资本

流动的逆转,其破坏力是非常强的,尤其是对于新兴市场经济体国家。基于这一观点,国际短期资本流动的逆转会造成经常账户收支的调整以及经济增长的显著下降(多恩布什等,1995)。[1] 戈德范和瓦尔德斯(Goldfajn,Ilan and Valdés,Rodrigo,1996)研究发现大部分的货币危机和金融危机发生期间,都存在资本流动的大幅波动。危机爆发前 5 年到 7 年资本开始大量流入,到危机爆发前 1 年资本流入急剧下降,然后是资本的大量流出。希腊银行经济学家帕夫诺斯(Pavlos Petroulas,2007)采用 Macro-oriented 方法得出:国际短期资本流动的大幅波动对发达国家的经济增长没有影响,而对新兴经济体的经济增长起到抑制作用,如果新兴市场的资本账户开放,则意味着增加了国际短期资本流动,并不一定会给新兴经济体带来经济的繁荣。利文特等(Levent,Korap and Özgür,Aslan,2007)以土耳其经济为例,采用无限动态向量自回归(VAR)模型,研究了国际短期资本流动是否与被称为“拉动”因素的一些国内主要宏观经济指标相互作用,如实际有效汇率、贸易平衡、实际收入增长、国内通货膨胀和实际利率结构等,结果表明,短期资本流动在某种意义上对“拉动”因素确实有重要作用,国际短期资本流入的增加会导致实际有效汇率升值,从而使贸易平衡恶化,促进实际收入增长,降低实际利率,而实证结果并没有发现“拉动”因素对资本流动具有任何明显的影响。

2008 年全球金融危机爆发后,对国际短期资本流动脆弱性的实证研究在微观层面和福利效应等方面均取得了进展。美国俄克拉荷马大学教授弗拉特·德米尔(Firat Demir,2006,2009)采用三个新兴经济体——阿根廷、墨西哥、土耳其的微观层面数据,分析了国际短期资本流动的波动对私营企业新增固定投资支出的影响。实证研究结果表明,资本流动波动性地增加对私营企业的新增投资在经济与统计意义上都具有负面影响。国际短期资本流动波动增加 10%会导致阿根廷、墨西哥、土耳其固定投资支出分别减少 1%—1.7%、2.3%—15%、1%。国际短期资本流动的剧烈波动不仅仅会对相关国家的经济增长造成波动,而且会对其国内社会、政治稳定造成影响。法国图卢兹大学教授亚历山大·甘布尔与剑桥大学教授欧伦·苏斯曼(Alexander Guembel, Oren Sussman,2012)对热钱的福利效应进行了分析,认为金融危机跨国蔓延是由国际短期资本流动所造成的,当一国将其市场流动性与外部市场相隔离时,会提高邻国发生金融危机的可能性。美国帕克大学教授约书亚·埃茨曼等(Joshua Aizenman, Yothin

---

① 转引自 R. 多恩布什等:《如何开放经济》,经济科学出版社 1999 年版。

Jinjarak, and Donghyun Park, 2012)采用 100 个国家 1990—2010 年间的数据分析了资本流动与经济增长的关系,研究结果表明国际长期资本流动与经济增长的关系是显著并且稳定的,而国际短期资本流动在金融危机前对经济的影响几乎为零,在危机期间则表现为负相关,即会强化危机对经济的破坏作用。

综上所述,国际短期资本对流入国,尤其是发展中国家的经济促进作用往往小于其负面影响,而对发达国家的负面影响较小。因此,国际短期资本流动的内生脆弱性更多的是表现为对发展中国家与新兴经济体经济的破坏作用。国际短期资本流动的内生脆弱性及其频繁性,导致了对国际短期资本流动的理论研究总是落后于现实,这也是难以对历次金融危机进行预测的根本原因。事实上,现有对国际短期资本流动的内生脆弱性的相关理论与实证研究基本上是事后经验总结与研究,国际短期资本的流向、规模、瞬间逆转及破坏力往往是难以预料的。从三代货币危机理论以及相关的实证研究可以看出,国际短期资本流动呈现出无国界、大容量、高流速、高投机、高风险、高隐蔽性等特征。2008 年全球金融危机以来,发达国家不断推出宽松的货币政策并实施超低利率,导致了新一轮大规模的国际短期资本流动,新兴市场和发展中经济体再次成为投机资本流入的目的地,流入额已达到危机前水平。国际短期资本的大规模流入对新兴经济体金融稳定与经济增长带来严峻挑战,而要想将其危害降到最低,必须采取一定的资本管制措施来限制国际短期资本流动。

第三节 资本管制的必要性与约束条件

国际短期资本流动的内生脆弱性为资本管制的必要性提供了充分的理由。然而长期以来,国际社会主流观点并不支持资本管制,认为应该实现资本项目自由化或解除资本管制。其理由包括:第一,资本自由流动可以改善资源配置,推动全球经济,特别是发展中国家的经济增长。第二,资本管制是无效的,而且管制成本往往很高,会导致市场价格扭曲、宏观经济失衡和腐败。第三,资本管制会降低有效资本供给,提高中小企业的融资成本。第四,资本的自由流动可以使国内居民得以分散金融风险。持该观点的有著名经济学家米什金(Fredcric S. Mishkin)、麦金农(Ronald I. Mckinnon)、肖(E. S. Shaw)、IMF 前首席副总裁斯坦利·费舍尔(Stanley Fischer)等。然而,在 2008 年的全球金融危机中,实行了资本管制的国家所遭受的打击最轻并率先实现经济复苏，这便引起了各国政府和经济学界对国际短期资本流动与资本管制的重新思考，国际社会，尤其是国际货币基金组织转变了对资本管制的态度，认为在特定情形下应采取必要的资本管制(Ostry et al.，2010)。2011 年 4 月，IMF 发布了一份执行董事会的会议纪要，指出部分已经实施适当宏观经济政策的新兴市场国家可以实施审慎性的资本管制措施以应对大规模资本流入，这是 IMF 数十年来首次表态支持资本管制。事实上，资本管制也不是发展中国家应对国际资本流动的特有行为，发达国家在特定阶段也实施过不同程度的资本管制，即便是现今他们所标榜的完全自由化的资本市场，也依然在某些资本领域保留着一定的限制措施。

一、资本管制的必要性

长期以来，资本管制是国际经济学界最具争议性的问题之一。事实上，许多著名经济学家对资本项目自由化是否明智，特别是对发展中国家是否有利早有疑虑。托宾税[①]的提出就是为了对外汇交易征税以抑制投机资本对国际金融市场的冲击。巴格瓦蒂和库珀均指出，在信息不完全的条件下，资本的自由流动将加大市场扭曲、制造道德风险、鼓励过度投机并最终导致成本高昂的重大危机(Jagdish Bhagwati，1998；Richard N. Cooper et al.，1999)。20 世纪末，美国著名经济学家罗德里克、克鲁格曼、斯蒂格利茨等都提出类似观点，认为应对国际资本流动加以某种限制(Dani Rodrik，1998；保罗·克鲁格曼，1999；Joseph E. Stiglitz，2000)。

自 2009 年下半年以来，全球新兴市场国家面临着新一轮大规模资本流入。资本流入导致新兴市场国家外汇储备飙升、加剧了国内的流动性过剩，并推动了通货膨胀与资产价格上涨，也给新兴市场国家带来了本币升值压力。IMF 2011 年 4 月发布的《世界经济展望》也为此提出警示，指出国际短期资本流动多变性可能会在新兴市场和先进经济体长期存在，关键是要确保这一多变性不会损害金融稳定与经济增长，决策者们需正确地综合运用宏观经济政策和审慎措施，以便保持强劲增长并更好地应对资本流动的不确定性。

关于资本管制的必要性，早期就有大量研究。约翰斯顿和塔米丽莎(R. Barry Johnston，Natalia T. Tamirisa ，1998)、萨克塞纳和王家骁(Sweta

---

① 托宾税：对现货外汇交易课征全球统一的交易税，旨在减少纯粹的投机性交易。

C. Saxena，Kar-yiu Wong，1999）对各国采取资本管制的动因进行了系统回顾，均认为资本管制的必要性有以下几个方面：一是降低国际短期资本流动的波动性，避免受短期投机对流入国的冲击。二是维持国际收支平衡。通过对外币资产征税或提高国际资本跨境流动的交易成本等手段，资本管制政策可以降低海外资产的收益，有助于留住国内储蓄。三是维护货币政策的独立性。在钉住汇率制下，国际短期资本自由流动会造成国际储备、利率的大幅波动，甚至会导致固定汇率制的崩溃，资本管制恰恰可以作为短期防线。四是国内金融市场和金融机构发展不成熟情况下的次优选择。五是对国内金融活动、收入和财富征税。早在20世纪七八十年代，美国著名经济学家詹姆士·托宾和鲁迪格·多恩布什（James Tobin，1978；Dornbusch R.，1986）均提出，资本管制是减少国际短期资本流入波动和汇率波动的必要措施。马尔科·埃斯皮诺萨等（Marco A. Espinosa-Vega，Bruce D. Smith，Chong K. Yip，2000）认为资本管制的作用体现在：第一，资本管制可以使一个贫穷国家消除国际短期资本流动的波动以及其他经济波动；第二，从短期和长期看，资本管制有助于提高经济发展水平；第三，随着时间的推移与经济的发展，将会逐渐取消管制；第四，从长远来看，所有国家都可以从资本管制中受益；第五，资本管制在一个稳定状态下能够推高国际资本净流动的幅度。

最新研究表明资本管制仍然是对市场失灵的修正，有助于提高消费者福利。奥利维尔·珍妮等（Olivier Jeanne，Anton Korinek，2010）从庇古税[①]的视角分析了新兴市场的资本流动的审慎监管，认为实施庇古税能够解决与周期性去杠杆化相关的外部性问题，资本管制降低了宏观经济的波动并提高消费者的福利。波士顿大学助理教授加拉赫尔（Kevin P. Gallagher，2012a）认为将新兴经济体实施的资本管制看作金融保护主义是错误的，资本管制是纠正由于信息不完善、危机蔓延、不确定性及其他因素导致的市场失灵的手段，是促进发展中国家经济稳定和增长的工具，与其说是“新保护主义”，不如说是“新修正主义”。资本管制越来越被国际社会所接受，对资本管制的认识也从过去的保护主义逐渐转变为是稳定经济的必要措施。

中国作为强资本管制国家，长期以来资本管制对中国经济稳定与发展起着重要作用。国内学术界对资本管制的重要性的认识基本上一致，中国

---

① 庇古税：根据污染所造成的危害程度对排污者征税，用税收来弥补排污者生产的私人成本和社会成本之间的差距，使两者相等。

的资本管制对维护中国金融稳定至关重要,资本管制或管理是中国金融和经济稳定的最后一道防线(余永定,张明,2012)。随着国际短期资本的大量涌入,如何管理短期国际资本流入,也是中国政府目前面临的一大重要挑战(张明,郑英,2011)。国际资本的持续流入加大了外汇储备增长所造成的外汇占款,外汇储备的累积加剧了国内流动性过剩,导致国内物价与资产价格的轮涨,影响了宏观经济与金融市场稳定。因此,在当前国际金融市场动荡不定,不同地区、不同市场之间存在较大套利空间的情况下,资本管制仍然是中国金融稳定和宏观经济持续稳定增长的重要保障。

二、资本管制的约束条件

IMF 在 2010 年 2 月就资本管制发布了一份工作报告,在认同发展中国家所实施的资本管制措施是有效的同时,对各国实施资本管制给出了一套约束条件,认为资本管制只能作为最后的手段,并只能作为一项临时措施,而且只有在一个国家已经积累了足够的储备,调整了利率,并让本国货币升值等措施实施以后才可以使用。在使用资本账户管理时,IMF 建议,应采取以价格为基础的管制措施,而且应该对居民与非居民一视同仁。

对此,不少学者对 IMF 提出的约束条件提出异议,加拉赫尔等(Kevin P. Gallagher, Stephany Griffith-Jones, and José Antonio Ocampo,2012b)指出:首先,资本账户管理应被视为宏观经济政策工具的一个重要组成部分,而不是仅仅作为最后不得已的措施。其次,对那些资本账户在很大程度上仍未开放的国家而言,资本账户管理的实施应该与那些资本账户已开放并已经在实施审慎资本账户管理的国家不同,前者可将资本账户管理作为逐渐开放其资本账户战略的一部分。最后,以数量为基础的资本账户管理可能比以价格为基础的更有效,尤其是在那些资本账户相对封闭和中央银行实力较弱的国家里。

长期以来,国际社会主流经济学家都对资本账户开放的积极作用持肯定意见:第一,通过资本账户开放一国可以获得更多的资本,增加资本积累和提高劳动生产率。第二,资本账户开放条件下投资者的资产选择多样化。第三,资本账户开放使福利增加的一个潜在途径是在收入大幅波动的条件下有利于刺激消费。不过,更多的研究表明,如果决策机构、金融部门及企业部门不能很好地应对,那么资本账户的开放一定会给国内经济带来巨大的冲击与风险(世界银行,1999)。如果资本流动的变化与一国的经济政策和经济活动相背离,资本账户开放将增加该国发生货币危机的风险。

同时，国际资本市场的失误会加剧国内金融市场体系的不完善性，并具有传染性。也有间接证据表明，资本账户开放或资本自由流动对20世纪90年代末发展中国家所发生的一系列金融危机的影响不可低估。

由此可见，金融自由化与资本管制对金融稳定与经济发展都具有两面性，放松资本管制实施金融自由化必须满足一定的条件才能保证其正面效应大于负面作用，从而实现资源有效配置和推动经济、社会发展。博斯克英等人（Raouf Boucekkine，et al.，2012）的研究表明受限抵押贷款（对信贷的管制）会使得福利增加，从而推动封闭的经济下（优于自由化）经济增长，并对金融自由化的条件给出了一种阈值，低于该值时金融自由化会使福利恶化。实证研究方面：国际货币基金组织经济学家阿伊汉・高斯等（Kose，A.，E. Prasad，A. Taylor，2009）认为金融全球化对经济增长的影响取决于研究的国家与时间跨度；约书亚・埃茨曼等（Aizenman J.，M. Hutchinson and Y. Jinjarak，2011）采用1990—2010年的分类数据（资本流入与流出、FDI、股权投资、短期债务等）对100个国家就2008年全球金融危机对经济增长的影响进行了实证分析，得出与高斯等人（Kose，et al.，2009）的观点相一致的结论，认为金融自由化只有在那些超过一定制度门槛的国家才能对经济增长起促进作用。

加拉赫尔（2012a）梳理了与资本管制相关的新福利经济学方面的文献，其中有许多观点明确支持资本管制。在该研究领域有突出贡献的是科里内克（Anton Korinek，2011）和奥利维尔・珍妮等（Olivier Jeanne，Anton Korinek，2010），其主要思想是资本自由流动会产生负外部性，应通过庇古税机制加以纠正，如对资本流入进行征税。施密特・格罗和马丁・乌利贝（Stephanie Schmitt-Grohé，and Martín Uribe，2012）认为，小的开放经济体钉住名义汇率的外部性最终导致了大量失业、过度借贷和抑制消费增长，在这种情况下，根据他们的观点，最佳资本管制措施应该是顺周期的：在经济景气时限制资本流入，在经济不景气时对外借贷实施补贴措施。

最近，有新的研究认为放松资本流出管制是发展中国家应对大量资本流入冲击的有效措施。美国帕克大学教授约书亚・埃茨曼等（Joshua Aizenman，Gurnain Kaur Pasricha，2013）认为与20世纪80年代有所不同，21世纪前10年里新兴市场放宽对资本外流的管制是出于净资本流动考虑，而不是财政因素。其中，那些面临资本净流入突然停止、汇率波动程度较低且具有更高的资产负债表风险的新兴市场经济体放宽资本流出管制的程度相对较小；而对那些面临资本净流入增大的国家，流入的资本会推高汇率升值压力，导致实际汇率波动更强，外汇储备积累越来越多，其放宽管制的程度就更大。由此可以看出资本流出管制的放松实际上是加强资本流入管制的一种替代或均衡措施。

综上所述,我们可以大致将资本管制的理由归结为四大原因:一是资本管制可以保证一国同时实现汇率稳定和货币政策独立性;二是资本管制有助于阻止国际短期资本流动,使国内储蓄用于国内投资,以促进经济增长,提高国民福利;三是资本管制有助于减少国际资本流动的大幅波动,平衡国际资本流动,应对金融危机,减少国际金融市场不稳定所带来的冲击,维护金融、经济稳定;四是放松资本管制、开放资本账户受到一定条件的约束,在条件不具备时盲目开放金融市场不仅不能实现经济增长,甚至会造成国内金融市场的不稳定,严重的会导致金融危机。正是由于这些原因,2008 年全球金融危机以来,越来越多的国家加入到资本管制行列,然而对资本管制的有效性也存在较大争议。

第四节 资本管制的有效性

从各国历次实施资本管制的措施看,资本管制分为对资本流入的管制和对资本流出的管制。对资本流入的管制措施包括:无偿准备金要求(URR,流入外资按一定比例以无报酬准备金存入中央银行)、对外债和外汇衍生产品征税、对金融中介的净外汇负债征税或实施数量限制、限制货币错配、限制对外借款的最终用途,如只准用于投资或贸易、对某些资本交易实行强制性审批、对流入资本规定最低滞留期限。对于资本外流的管理措施包括:对国内机构海外投资和所持外汇账户实行审批制、对国内机构海外投资和外汇交易实行报告制度、限制或禁止外资进入特定部门和行业、限制非居民的金融投资(如股票)或对此实行审批制度、限制外国投资的本金和投资收益的汇出、限制非居民的国内借贷、对资本流出征税。各国在特定时期所采用的资本管制措施都具有较强的针对性,因而其效用也存在很大的差异。

学术界对于资本管制的有效性并没有统一的衡量标准,从现有文献看,比较一致的做法是从资本管制对国际资本流动规模与结构的影响以及对政府政策目标的影响两方面去判断。若管制措施能够阻止国际短期资本的大规模进出,并使国际资本流动由短期资本流入转为长期资本流入,则认为该措施是有效的;另一方面,若资本管制有助于提高本国货币政策的效率以及独立性,则一般认为该措施是有效的。

一、资本管制对国际短期资本流动的影响

从资本管制对国际短期资本流动的影响来看，由于各国所处的发展阶段、内外环境以及所采用的具体措施不同，资本管制的效果往往存在较大的差异性。即使是同一个国家在不同时期、相邻两个国家同期或者不同国家实施相同措施，其效果都可能不同。资本管制对国际短期资本流动的有效性主要体现在：管制措施或能在短期内有效阻止国际资本的大量流入，或可改变国际资本流入结构。

2008年全球金融危机爆发前，就资本管制对国际资本流动的有效性而言，相关研究的观点基本一致，即资本管制对国际资本流动结构有影响，而长期内对国际资本流动规模的影响较弱。哈佛大学政治经济学教授丹尼·罗德里克等，美国加利福尼亚大学教授塞巴斯蒂安·爱德华兹在20世纪末对资本管制的有效性做了一定的研究，均认为资本管制会改变国际资本流动的结构，但对国际资本流动规模影响不大（Dani Rodrik，Andres Velasco，1999；Sebastian Edwards，1999）。美国威廉姆斯学院教授蒙蒂尔和马里兰大学教授莱因哈特（Peter Montiel，Carmen M Reinhart，1999）运用15个新兴市场国家的资本管制指数数据，同样发现资本管制对资本流动规模的影响很小，但会导致资本流动结构发生变化，由短期资本和证券投资转向FDI。智利大学教授格瑞格诺等（J. De Gregorio，S. Edwards，R. O. Valdes，2000；J. De Gregorio，2004）对智利无息准备金要求的政策结果分析表明，尽管短期资本流入有所下降，但中长期资本流入增加，资本流入总规模变化不大。

对资本管制的最新研究表明，资本管制对国际短期资本流入的作用呈现差异性。澳大利亚国立大学经济学教授阿萨克拉拉等（Prema-chandra Athukorala，Juthathip Jongwanich，2012）采用1990—2010年期间的季度数据对马来西亚资本管制的有效性进行了计量分析，结果表明，在短期至中期内，有针对性的资本管制对短期资本的流入和流出是有效的。马来西亚在1994年上半年推出的资本流入管制有助于减缓短期资本的流入，尤其是短期银行信贷资本的流入；而1998—1999年期间实施的资本管制措施阻止了短期资本的外流，为政府执行宽松的货币和财政政策赢得了时间。澳大利亚莫纳什大学经济学教授西西拉·贾亚苏里亚等（Sisira Jayasuriya，Shawn Chen-Yu Leu，2013）采用SVAR模型分析了1990—2010年期间印尼实施资本管制的有效性，研究表明：无论是从1990—2010年还是

从 2000—2010 年数据的实证结果看，资本管制对长期国际资本流动是有效的，但对证券投资这样的短期资本流动基本上是无效的；同时，2000—2010 年的资本流入管制对证券投资资本流动的影响是短暂的，却改变了流入印尼的资本结构，使短期资本向长期资本转变。克埃略和加拉赫尔(Bruno Coelho，Kevin P. Gallagher，2010)研究了 2008 年全球金融危机期间哥伦比亚和泰国实施资本管制(URR)在防止过度资本流入、改变资本流入结构等方面的影响，研究结果发现：在哥伦比亚与泰国所实施的资本管制均有效地降低了资本流入总量。世界银行经济学家安东尼奥·C. 戴维(Antonio C. David，2007)采用 GMM 法研究了智利和哥伦比亚两国基于价格的资本管制有效性，结果表明：在智利，资本管制成功地减少短期资本净流入，但对长期资本流动没有影响；在哥伦比亚，资本管制影响了资本流量，同时对长期资本流动也有影响。

关于资本管制有效性的文献主要集中在对发展中国家的研究，也有少量对发达国家资本管制有效性的研究。Taro Esaka 和 Shinji Takagi (2012)检验了日本政府在 20 世纪 70 年代实施的资本管制对国际短期资本流动的影响，研究结果表明边际准备金要求的增加会降低短期资本流入量，但统计上并不显著，这意味着短期资本流动的价格弹性小。

综上所述，尽管各国采取的管制措施不同，但资本管制在一定时期内有效地限制了国际短期资本的流动，并且使国际资本流动结构发生了变化。因此，资本管制对各国，特别是新兴经济体有效防止国际短期资本频繁进出仍然具有重要作用，只是管制所面临的国际环境要比过去更加复杂。这会使得资本管制的有效性可能难以在短期内从国际资本流动上体现，或许会从资本管制对国家运用宏观政策效率的影响方面体现出来。

二、资本管制对国家货币政策的影响

一国实施资本管制既有对国际短期资本流动的考虑，也有对本国实施货币政策效率与独立性的考量。资本管制对国家货币政策实施效果的影响体现在国内外利差、汇率稳定、货币政策的独立性等方面。这为衡量资本管制的有效性提供了另一个重要标准，即资本管制是否有利于保持国内外利差、维护汇率稳定、提高货币政策有效性与独立性等。

但多项研究结果表明资本管制在对国家货币政策实施效果的影响上差异更大。加利福尼亚大学教授迈克尔·P. 杜利(Michael P. Dooley，1995)从理论与实证上就资本管制对国际资本流动、政府宏观政策目标及经济福利的影响进行了研究，发现并没有证据表明资本管制能够帮助政府实现既定政策目标如避免本币实际升值，资本管制理论上的福利效应也没有显现。易臣格瑞等(Barry Eichengreen, Andrew K. Rose, Charles Wyplosz,1996)采用20个国家1962—1992年间的数据进行了实证研究，认为资本管制对财政赤字、货币增长率等宏观经济变量确实产生了影响，但对利率和外汇储备影响不大，不过资本管制在通货膨胀和贸易逆差较高的时候是有效的。加利福尼亚大学经济学教授塞巴斯蒂安·爱德华兹(Sebastian Edwards ,1999)从历史角度对资本管制的有效性进行分析，研究结果表明:资本流出管制基本无效，反而会导致市场扭曲，滋生腐败；而对资本流入的管制会延长外债的期限，但对资本管制的其他目标如货币政策独立性方面并不具备有效性。爱德华兹(Sebastian Edwards,1998)和格瑞格诺(J. De Gregorio,2004)的研究都表明，智利的资本管制政策对国内利率水平和利率波动并没有显著影响。加利福尼亚大学经济学教授肯尼思·M.克莱策等(Kenneth M. Kletzer, Ashoka Mody,2000)认为通过提高资本流动的成本或减少国际资本流动等保障措施会增加国内经济的成本，但该成本可能会被减少金融危机的频率和严重程度等好处所抵消。

国际货币基金组织经济学家马科斯·查门等(Marcos Chamon, Márcio Garcia,2013)的最新研究证实了2009年底以来巴西资本管制的有效性。他们根据固定和可变收益资产的到岸与离岸价格的差异，认为巴西资本管制在隔离巴西与全球金融市场方面取得了一些成效，但对汇率的影响，特别是减缓雷亚尔升值趋势方面不是很明显。洛桑大学经济学教授菲利普·巴凯塔等(Philippe Bacchetta, Kenza Benhima, Yannick Kalantzis, 2012)根据中国的经验，分析了半开放经济体的资本管制的有效性，认为当决策当局具有较大的财政空间时，资本管制仍然可以实现最优。克埃略和加拉赫尔(Bruno Coelho, Kevin P. Gallagher,2010)研究了2008年全球金融危机期间哥伦比亚和泰国实施资本管制对减缓汇率升值趋势、降低汇率波动性、遏制资产泡沫以及保证货币政策的独立性等方面的影响，研究结果发现:这两个国家的资本管制都降低了汇率波动幅度；哥伦比亚实施的资本管制在遏制资产泡沫方面更有效，而泰国在宣布实施资本管制时引起了资产价格的急剧下降，但是在公布实施资本管制后第二天资产价格就恢复了上升趋势。安东尼奥·C.戴维(Antonio C. David,2007)对智利和哥伦比亚两国基于价格的资本管制的有效性进行了研究，结果表明:智利实施的资本管制对实际汇率没有直接的影响，而哥伦比亚所实施的资本管制对实际汇率有直接的影响。

综上所述,资本管制对一国宏观政策的影响似乎没有对国际短期资本流动的影响来得那么直接与明显,而且同一时期不同国家所采取的管制措施的宏观政策效应具有较大的差异。尽管这为研究资本管制的有效性增加了难度,但也有少数学者另辟蹊径,采用文献信息综合法对资本管制的有效性进行研究。

三、资本管制效果评价新指标

从上述关于资本管制有效性的相关文献可以看出,对资本管制有效性的判断没有精准的衡量指标,而且因研究视角的不同,各国资本管制措施的有效性呈现不一样的结果。彼得森国际经济研究所经济学家尼古拉斯·E.马古德等(Nicolas E. Magud,Carmen M. Reinhart,and Kenneth S. Rogoff,2011),李银华、杨海珍(2011)均指出有关资本管制效果方面的学术研究存在以下几个问题:(1)评价资本管制效果的基准不统一,进而评价指标选取各异;(2)评价指标选取不全面,多针对一两个政策目标;(3)不同国家不同时期,对资本管制效果的评价存在显著差异。并针对这些问题构建了两个资本管制效果评价指标——资本管制有效性指数(CCE 指数)和加权资本管制有效性指数(WCCE 指数),据以对现有资本管制效果方面的文献的研究结论进行信息综合,既得到了资本管制单个政策目标实现方面的文献信息综合,亦获得了资本管制政策效果的综合全面评价,得出的结论主要有:对资本流入的管制在改变资本流入结构方面效果最好,而对资本流出的管制则在维护货币政策独立性方面最有效果,不论是对资本流入还是资本流出的管制,在减轻汇率压力方面基本无效果。从国际经验与现有文献看,该结论基本上可以作为资本管制有效性的一般性结论,但对各国具体管制措施效果而言难免存在差异。作为开放型新兴大国,中国的资本管制在中国经济建设与发展中起着重要作用,对其有效性的研究也相当深入。

四、中国资本管制有效性

国内相关研究表明,中国的资本管制仍然有效,但随着资本项目的逐步放开,其约束力有所下降。苟琴等(2012)经研究认为中国资本管制在长期和短期均不是完全失效的。马国楠等(Guonan Ma, Robert N. McCauley,2008)从价格和资本流动等方面对中国资本管制的有效性进行了研究,认为中国的资本管制基本保持约束力。徐明东等(2009)综合利用储蓄—投资相关性检验法、Edwards-Kahn 模型法、资本管制强度测度以及抵补利率平价四种方法分别从实体经济、货币经济、法律框架以及短期资本套利动机等角度对 1982—2008 年期间中国资本管制的有效性进行了评估。认为自 1982 年以来,中国的资本管制政策短期内基本有效,但随着国内经济的进一步开放和管制政策的逐步放开,资本流动性逐渐提高,资本管制的有效性呈下降趋势;2007 年以来虽然存在大量短期资本流入流出的现象,但我国的资本管制仍然对国际资本流动具有明显的抑制作用。王永中(2010)研究发现中国的资本管制虽然仍有效但约束力有所下降。金荦、李子奈(2005)从货币政策独立性、资本流动和国际收支三方面分析得出中国资本管制有效的结论。张斌(2003)对中国资本管制的分析表明,虽然我国面临相当数量的资本流出,但是从资本管制对稳定国内价格、产出、国际收支平衡和经济增长的贡献来看,我国过去几十年的资本管制是相当成功的。上述相关中国资本管制有效性的文献似乎没有统一的结论,但从时间规律上可以看出中国资本管制有效性呈下降趋势。

综上所述,从不同的判断标准来看,资本管制的有效性是不同的。大量的研究都是针对一国或少数几个国家在特定时期管制措施的效用进行研究,而由于各国所处的经济发展阶段、具有的宏观政策空间、面临的资本流动方向与构成等方面的不同,导致各国家间资本管制效果具有较大差异,这也是研究资本管制有效性的一个局限性。尽管有学者构造了资本管制有效性指数(Nicolas E. Magud et al.,2011;李银华、杨海珍,2011),但在实际分析中仍多以各国所实施的具体管制措施应实现的目标来衡量该措施的有效性。资本管制大多是在一国面临国际短期资本的大幅波动的情况下所采取的临时性措施,在针对一国资本管制的有效性研究中,似乎很少同时将资本管制的成本考虑进来,这是因为精确地衡量资本管制的收益与成本几乎是不可能的,大多数国家采取资本管制往往是客观经济条件的要求和根据其他国家经验的判断(张斌,2003)。这也对我们从全球视角去管制国际短期资本流动,实现资本管制的效用最大化提出了要求。

第五节　国际资本管制合作

一国对国际短期资本流动的管制必然导致这部分短期资本流向其他国家,正如上文中提到“当一国家将其市场流动性仅限于本国,而与邻国的流动性相隔离时，会提高邻国发生金融危机的可能性”。因而，在防范国际短期资本流动对本国的冲击的同时，还应考虑将国际短期资本流动对全球经济的破坏作用降到最低，这才是真正有效的资本管制。全球金融危机后IMF对资本管制有所反思，并已经正式承认在一定条件下发展中国家对外资的流入实施管制是有益的。然而，IMF新的“意见”由于包含了太多的条件和准则而遭到发展中国家的拒绝，与其告诉发展中国家什么时候该做什么，IMF或许应该更专注于帮助政府实施资本管制，并强调全球协调的必要性（Kevin P. Gallagher，2011a；张明、郑英，2011）。加拉赫尔（Kevin P. Gallagher，2011b）认为在全球协调中很少有支持管制，并且在许多国家缺乏推出有效政策的必要机构的情况下，一些新兴经济体——巴西、韩国和中国台湾等在全球金融危机后所实施的资本管制能够取得积极的成果是非常了不起的；呼吁加强对国际资本流动管理的全球合作，以促进经济稳定和增长。

2008年全球金融危机后，发展中国家再次成为国际短期资本流动的目的地，流入额已达到危机前的水平，这导致流入国货币升值和资产泡沫。许多流入国采取了审慎的资本管制措施以阻止投机资本的流入。然而，这可能只是一个局部的补救措施，这些措施应该再加上由发达国家采取行动以充分引导资金流向生产中使用，以避免未来的危机（Kevin P. Gallagher，2011c）。麦肯锡全球研究院、瑞信研究院和洛克·克里克集团投资公司高级顾问泰森2012年在《金融与发展》上发文指出：“有必要在金融市场政策和资本流通方面增加合作与了解。我们拥有一个比以往复杂得多的全球金融体系，然而我们还不知道如何适当地管理这个体系。”可见在应对国际资本（尤其是国际短期资本流动）的冲击中，不仅要加强发展中国家间资本管制的合作，同时也需要发达国家的积极参与与支持，共同维护国际金融体系的稳定，促进各国经济的发展。

第六节　小　　结

2008年全球金融危机以来，IMF对国际短期资本流动的脆弱性与资本管制必要性的认识有所变化，但要在全球范围内达成共识仍须时日。尽管对国际短期资本流动的管制合理性仍存在很大争议，但是以下几个方面的认识得到了大部分研究的肯定：一是短期资本流动的动因是多样化的，特别是投机性的短期资本的流入与利差、汇率升值预期、资产价格差异等资产收益率差异密切相关。二是短期资本流动虽然不是金融危机的根本原因,但是与金融风险的积累密切相关。高度的资本流动提高了宏观经济的不稳定性,特别是加大了汇率和国内利率的波动性,是触发金融危机的重要因素。三是在缺乏一个有效制度框架下,资本管制可以限制国际短期资本流动的负面效应,是预防系统性风险的重要举措。但资本管制本质上是一种市场扭曲行为,“资本管制不是免费的午餐”,而且资本管制的有效性是有限的。四是国际短期资本流动管制发挥成效需要相应的配套政策支持,尤其是全球合作。

现有文献对资本管制的研究主要是案例分析,而且大多是对资本管制的有效性进行研究,即特定时期个别国家所实施的资本管制是否能够实现其最初实施管制所要达到的目标。尽管在 2008 年全球金融危机后,国际短期资本流动呈现出一些新的特征使得传统资本管制措施的有效性逐渐减弱,但是率先摆脱衰退走向复苏的却是那些在危机期间实施了资本管制的新兴经济体。因此,研究中国这样一个新兴大国所面临的国际短期资本流动与实施的资本管制更具现实价值。这为本研究提供了一些新方向:第一,资本的趋利性与国际短期资本流动的长期性使得资本管制也可能是个长期的政策措施,对很多国家,尤其是新兴经济体与广大发展中国家或许是最优选择。第二,作为新兴大国,中国无疑成了国际短期资本流入的首选目的地,影响国际短期资本进出中国的因素具体有哪些,核心因素是什么。第三,中国在参与全球经济活动过程中,资本项目开放滞后于经常项目开放,资本管制体现出哪些阶段特征及其有效性如何。随着全球经济形势的变化与发展,这些问题依然值得探讨与研究,尤其是危机后发达国家相继实施宽松货币政策,通过国际资本流动将其本国债务问题转嫁到全球,资本管制必然成为新兴经济体与广大发展中国家维护本国经济、金融稳定的政策选择。

第三章　国际短期资本流动与资本管制实践

20 世纪 90 年代以来短短的 20 年多间，世界范围内爆发的金融危机多达 9 次，金融冲击既频繁也难以预测，不仅发生的时间难以预测，而且其形式也难以预测。尽管每次危机的表现形式有所不同，但都与国际资本流动，特别是短期国际资本流动[①]有着密切关系。因而对国际资本流动的监控，尤其是对国际短期资本流动的监控成为各国预防和消减金融冲击的重要组成部分。2008 年全球金融危机以来，全球经济复苏的步伐令人失望，特别是欧洲债务危机的爆发与美国财政悬崖危机所暴露出来的美国财政失衡与债务上限问题，给发达国家乃至全球经济的复苏带来很多不确定性与阻碍。IMF 在 2014 年 10 月的《全球金融稳定报告》中指出："全球经济复苏仍然在很大程度上依赖于先进经济体为支持需求、鼓励企业投资和促进资产负债表修复而实施的宽松货币政策。"[②]在看到发达国家宽松货币政策避免其国内经济在金融危机中发生大衰退上所发挥作用的同时，也应清

---

① 在此将国际短期资本定义为实际借贷期限在一年以内，随时可以改变流动方向的国际资本。国际短期资本流动既包括平衡型短期资本等正常资本流动，也包括短期投机资本等隐蔽资金的流动。在实际计算中参照李翀(2004)的界定：长期资本包括长期贷款和直接投资；短期资本包括银行间的拆借、短期的存款、短期的贷款、外汇的投资、债务工具的投资、权益工具的投资、衍生金融工具的投资等。其中，债券和股票虽然在期限上是长期的或无限期的，但由于证券二级市场的存在，投资者可以随时出售债券和股票，债券和股票具有较高的流动性，债券和股票的投资仍属于短期资本。相对广义的短期资本定义，即"国际收支表中不能被经常账户、FDI 账户解释的资本流动"。

② IMF:《全球金融稳定报告》，http://www.imf.org/external/chinesepubsftgfsr2014/02/pdf/execsumc.pdf(2014-10-08)。同时卡门・莱因哈特、肯尼斯・罗格夫(Carment Reinhart, Kenneth S. Rogoff)早在 2009 年 1 月的美国经济学会会年会上，基于所构建的大量历史记录，再次做出了一个令人不安的预测，在其论文《金融危机的后果》(*Aftermath of Financial Crises*)中，他们提出的两个论点在当时引发了质疑，但此后被证明是完全正确的。第一个论点是此类危机刚出现后的经济衰退"很持久且很严重"，第二个论点是政府债务将大量增加，他们的分析表明，自"二战"以来，每次全国性大危机过后的三年内，经过通胀调整的政府债务水平都几乎增长了一倍。

醒地认识到其危害性——助推新一轮的泡沫经济，甚至加大发达国家（尤其是美国）爆发债务危机的可能性，同时向新兴经济体与发展中国家转嫁其债务危机。发达国家长期超宽松金融环境，尤其是美国历次量化宽松政策的实施，使广大新兴经济体和发展中国家受到严重的国际资本波动压力，并给包括发达国家在内的各国宏观经济管理带来了很大挑战。各国对建立新的国际金融体系的呼声越来越高，对国际短期资本流动的监管势在必行。

第一节 国际短期资本流动特征

随着国际金融市场自由化与一体化的深化，金融全球化趋势进一步加强，国际资本（尤其是国际短期资本）的跨境流动更为频繁，国际资本流动不再局限于FDI范畴，短期资本已取代长期资本成为国际资本市场上最主要的流动载体，并对资本流入国的汇率制度安排、宏观调控、区域金融安全和世界货币体系演变产生越来越重要的影响。

21世纪初以来，发展中国家走出东南亚金融危机的阴影，表现出持久活力，其经济增长速度远超发达国家经济增长速度，大量资本流入发展中国家以分享其经济增长果实，并于2001年恢复正的净流入。根据世界银行《2012年全球金融发展报告》：2002—2007年流入发展中国家的国际资本持续增长，从1684亿美元迅速增长到11332亿美元，增长了5.7倍；受2008年全球金融危机的影响与冲击，国际资本迅速撤离发展中国家，2008年资本净流入为8352亿美元，较上年下降了26.3%，至2009年达到危机后的最低水平，为6749亿美元，较2007年下降了40.4%；2010年，发展中国家与新兴经济体率先复苏，国际资本再次大量涌入发展中国家，达到11297亿美元，接近于2008年全球金融危机前的最高水平。（见图3-1）

在国际资本大规模流入发展中国家的同时，资本流动结构也发生了显著的变化，短期资本取代长期资本居于主导地位。2003—2008年，FDI净流入规模稳步增长，从2003年的1528亿美元增长到2008年的6241亿美元，年均增长37.8%；2009年受全球金融危机的影响，下降了36%，为4000亿美元；此后由于在危机中发展中国家表现得比发达国家好，2010年流入发展中国家的净FDI迅速增长了26.5%，达到5061亿美元，接近危机前最

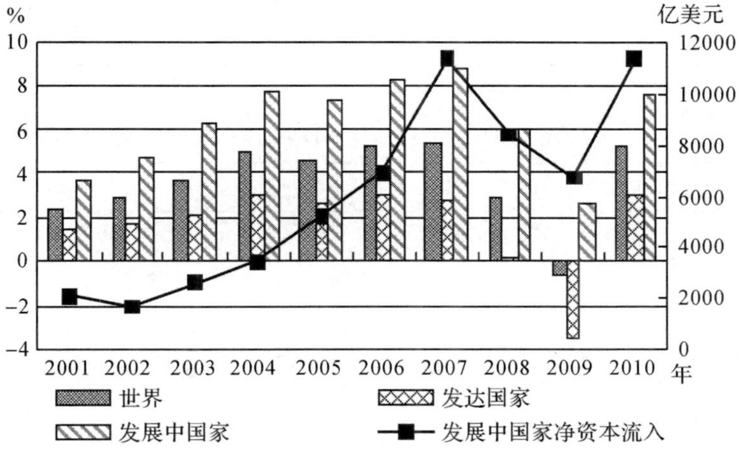

图 3-1　2001—2010 年 GDP 增长率与资本流动

资料来源：GDP 增长率数据来自 IMF 世界经济展望 2013(WEO2013)，资本流动数据来自世界银行全球金融发展报告(GDF2012)。

高水平。而以证券投资和债务资本为代表的国际短期资本增长迅速[①]，从 2003 年的 1088 亿美元增长到 2007 年的 5991 亿美元，年均增幅达 40.6%；随着美国次贷危机引发全球金融危机，发展中国家国际短期资本净流入迅速下降，2008 年短期资本净流入下降到 2110 亿美元，降幅达 66.6%；在后危机时期，国际短期资本再次大量流入发展中国家，2010 年达到 6326 亿美元，超过危机前最高水平，并且占资本总流入的比重再次超过 FDI 所占比重，达到 55.2%。资本流动总量与结构的变化说明发展中国家成为国际资本获利的重要目的地，并且资本流动呈现出短期化与衍生化(见图 3-2，表 3-1)。同时，国际短期资本流动呈现出流动规模巨大、反弹快速且区域分布不均、波动性增强、流入流出更频繁[②]、流动主体多样化、流动方式更加隐蔽、破坏力逐渐增强等特征。

① 这里将国际资本流动中剔除 FDI 所剩余部分均看作短期资本流动，包括证券投资和债务资本。严格意义上证券投资和债务资本也区分长期资本与短期资本，由于数据获取较困难，将证券投资和债务资本均看作短期资本。

② 资本流入测量了非居民对国内资产的净购买或销售，而流出测量居民对外国资产净购买或销售。从该定义应该很清楚，资本流入和资本流出也可以取负值，例如，如果非居民在某一年是国内股净卖家，证券组合投资流入将是负数。同样，如果一个政府偿还外债的一部分，非居民对政府债权的减少被记为负的资本流入，因为非居民是国内政府所发行的债券的净卖家。

表 3-1　2001—2010 年发展中国家净资本流入

单位：亿美元、%

年份	净资本流入	长期资本		短期资本			
		净 FDI	占比	净证券投资	净债务及其他	短期资本	占比
2001	2126	1589	74.7	67	471	538	25.3
2002	1684	1550	92.0	83	51	134	8.0
2003	2617	1528	58.4	263	825	1088	41.6
2004	3473	2085	60.0	369	1019	1388	40.0
2005	5197	3145	60.5	675	1377	2052	39.5
2006	6865	3875	56.4	1077	1912	2989	43.5
2007	11332	5341	47.1	1330	4661	5991	52.9
2008	8352	6241	74.7	−534	2644	2110	25.3
2009	6749	4000	59.3	1088	1662	2750	40.7
2010	11297	5061	44.8	1284	4952	6236	55.2

资料来源：世界银行全球金融发展报告(GDF2012)。

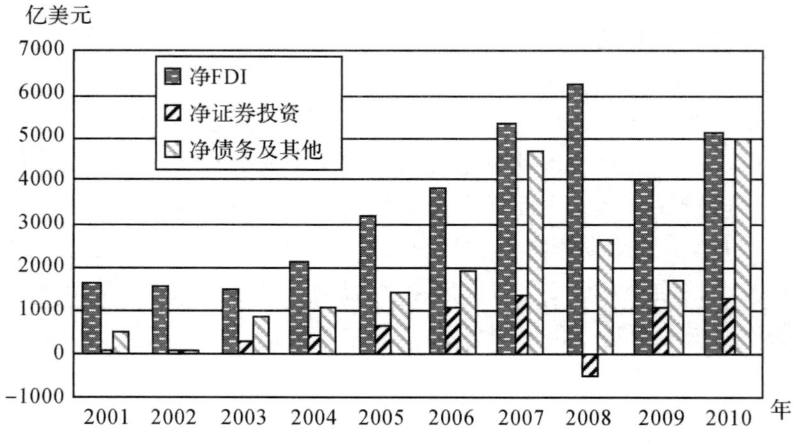

图 3-2　2001—2010 年发展中国家资本流入结构

资料来源：世界银行全球金融发展报告(GDF2012)。

一、流动规模巨大

随着贸易自由化与金融自由化的发展以及国际金融市场一体化程度

的日益深化，全球大量的闲置资本不断冲破资本管制的限制，力图在流动中寻求新的获利机会，从而使资本的跨境流动规模快速扩张，国际短期资本在各种形态的国际资本流动总量中的比重不断增加。据国际清算银行三年一度的全球外汇交易调查显示，2013 年 4 月全球外汇交易市场日均交易额为 5.3 万亿美元，较 2010 年 4 月增长约 1/3。[①] 根据联合国贸易和发展会议的数据，2012 年全球商品出口总额只有 18.2 万亿美元，国际直接投资（FDI）流入额也只有 1.35 万亿美元。[②]（见表 3-2）可见如此巨大的外汇交易中，只有很少一部分是用以满足贸易和直接投资需要的。巨额的外汇交易规模对应的是巨额的国际短期资本流动，这些短期资本不断地转变其币种与资产形态，在国际资本市场中追逐利润。

表 3-2　全球出口、FDI 与外汇交易

单位：万亿美元

年份	出口	FDI（流入）	外汇日交易量
2007	13.9	2	3.3
2010	15.1	1.2	4
2012	18.2	1.35	5.3

资料来源：出口、FDI 数据来自 UNCTAD 数据库；外汇交易量为国际清算银行公布的《2013 年 4 月外汇交易成交额的国际清算银行三年一度的中央银行调查》。

二、流向区域集中

从资本净流入规模和流向区域看，国际短期资本流动快速反弹且区域分布不均。2008 年全球金融危机爆发，国际短期资本流动经历了短暂的逆转，此后在 2010 年出现强烈反弹，流入发展中国家的国际资本达到危机前的 1.1 万亿美元，较 2009 年增长了 68%，其中净债务增长了近 200%，净证券投资增长幅度较小，为 25%。从国家层面看，资本流入主要集中在 10 个中等收入的发展中国家[③]，这 10 个发展中国家的净资本流入占流入所有发

---

① 2010 年该值为 4 万亿美元，较 2007 年的 3.3 万亿美元增长 20%。资料来源：Triennial Central Bank Survey of foreign exchange turnover in April 2013—preliminary results released by the BIS，2013-09-05。

② 资料来源：联合国贸易和发展会议数据库（UNCTAD STAT）。2012 年全球商品出口总额为历史上最高，FDI 流入额历史最高为 2007 年 2 万亿美元。

③ 这 10 个国家分别是：中国、俄罗斯、巴西、土耳其、印度、墨西哥、印度尼西亚、阿根廷、罗马尼亚、哈萨克斯坦。这 10 个国家的国民收入和占全部发展中国家国民总收入的 73%。

展中国家资本的70%①;2010年净流入这10个国家的短期资本比2009年上升79.3%,而流入其他发展中国家的资本只增长了41.3%,前者是后者的近两倍。(见图3-3)2010年,流入前10位发展中国家的净债务资本达到3585亿美元,约为流入其他119个发展中国家总量的3倍;流入前10位发展中国家的净证券投资比2009年增长了30%,而流入其他119个发展中国家的净证券投资只增长了16%。其中,流入中国的短期资本占流入所有发展中国家的短期资本总量的30%,而金砖四国②的短期资本流入量占流入所有发展中国家的短期资本总量的58%。

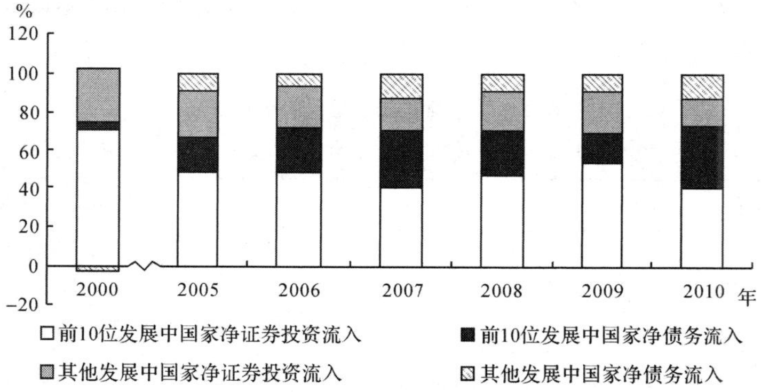

图3-3 2001—2010年流入发展中国家短期资本区域分布

资料来源:世界银行全球金融发展报告(GDF2012)。

三、资本进出频繁

伴随着国际短期资本流动规模的快速反弹,国际短期资本流动的波动性也日益显著,体现为国际短期资本在不同经济体间的频繁进出,以及不同币种与资产间的频繁转换。图3-4给出了1998—2011年美国资产组合形态的短期资本流动与GDP比例关系的变化情况,该图显示美国短期资本流入与流出占GDP比重的时间序列均呈现出方差逐渐扩大的特征,表明权益类和债券类短期资本流动的波动性随着规模扩张而逐步增强。尤其是在美国次贷危机前后,国际短期资本流动的波幅达到了历史最高,而且流动方向逆转迅速,流入流出频率加大。国际资本流动的突发性逆转导

① 资料来源:世界银行《全球金融发展数据库(GDF2012)》。

② 巴西、俄罗斯、印度、中国。

致了20世纪90年代以来区域性货币危机的频繁爆发，每次货币危机爆发前后都存在国际资本流动波动性的异常变化。国际短期资本在全球范围内大规模流动，在不同经济体间频繁进出，以及各种货币间的巨额转换，造成国际资本流动的区域失衡和汇率的巨大波动，而这种剧烈波动常常成为引发国际金融危机的导火线。可以预见，随着金融自由化的进一步深入，更多国家和地区的资本项目开放会进一步为国际短期资本流动的突发性逆转创造条件，国际短期资本流动的波动性会趋于更加剧烈，其对世界经济与金融的危害也会更大。

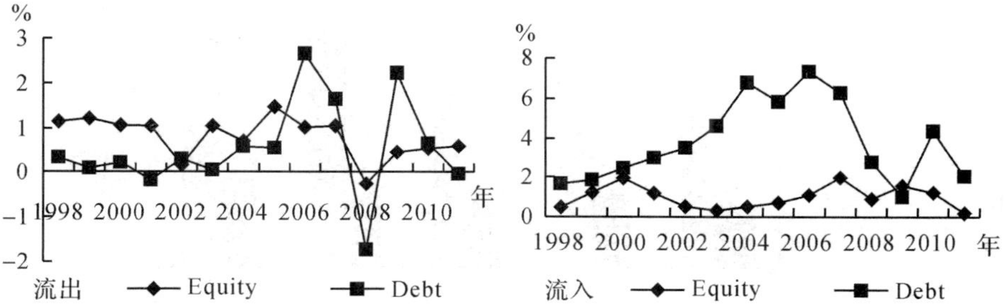

图 3-4　美国债券与权益类短期资本流动占 GDP 的比重

资料来源：根据 IMF Balance of Payment Statistics Yearbook（2012、2007、2006），WEO2013 等相关数据计算整理得到。

四、证券化与衍生化

资产证券化与衍生品市场的高速发展发端于华尔街，借助于现代金融技术和信息技术，证券化、衍生化资产的交易规模和数量迅猛增长，成为国际短期资本流动的重要载体，国际短期资本流动衍生化日益显著。[①] 2008年全球金融危机后，金融衍生品交易量持续增长，至2011年，全球金融衍生品合约交易量达到历史最高——250亿张左右，较2007的155亿张增长了60.9%，即使是2008年全球金融危机的中心地——美国市场，过去5年中期货期权交易量也增长了33.3%。（见图3-5）然而，近年来，各国皆对衍

① 主要指以金融衍生工具作为存在方式和经营方式的国际短期资本流动的扩张。金融衍生工具，又称“金融衍生产品”，是与基础金融产品相对应的一个概念，指建立在基础产品或基础变量之上，其价格随基础金融产品的价格（或数值）变动的派生金融产品。金融衍生工具以另一些金融产品的存在为前提，以这些产品为买卖对象，其生产方式包括以下四种：时间衍生、功能衍生、种类衍生与复合衍生。

生品市场加强了监管，众多交易所将合约规模提高以防止过度投机，2012年交易量出现下滑，为212亿张，较2011年下降了15.3%。其中贡献主要来自新兴市场如巴西、中国、俄罗斯和印度等交易量的爆发。然而2012年交易量的萎缩结束了持续三年的全球衍生品交易量增长趋势。图3-6给出了资本创新的过程，从图中可以看出，随着资本创新的深化，资本越来越脱离本来意义上的实际资本，而逐渐证券化、衍生化为虚拟资本。

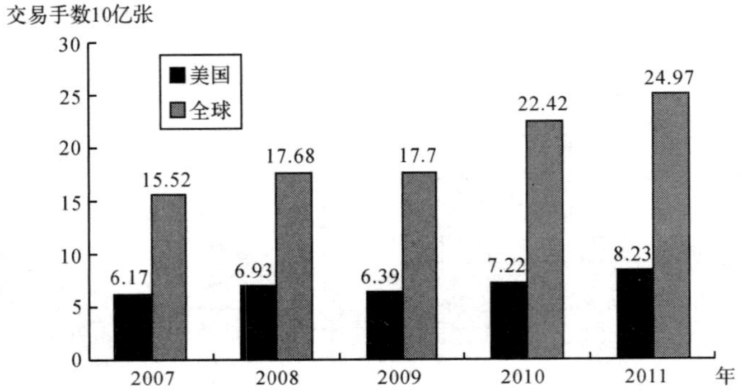

图 3-5 2007—2011 年全球衍生品交易量

资料来源：FIA Trading Volume Statistics(2012)。

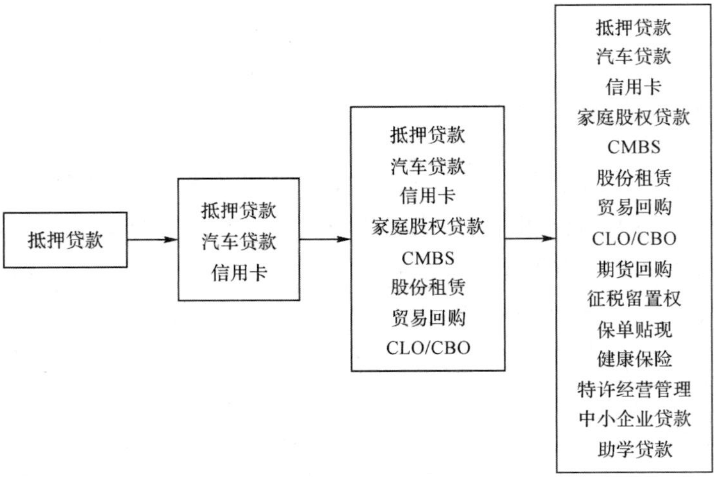

图 3-6 资产创新过程①

资料来源：Moody's Investors Services(穆迪投资服务公司)。

---

① 注：CBO(Collateralized Bond Obligation)，抵押债务；CMBS(Commercial Mortgage Backed Securities)，商业资产抵押贷款证券；CLO(Collateralized Loan Obligation)，抵押贷款。

五、投机性与破坏性

国际短期资本流动呈现出投机性与破坏性不断增强的特点。20 世纪 70 年代以来，私人投资逐步取代政府或银行信贷资金成为国际短期资本流动的主要形式，促成了短期内获得高额收益并分散风险的利益诉求。私人投资通常并不是个人投资者的单兵作战，而是通过机构化来实现的。近年来，机构投资者汇集了大量私人资本并在国际市场中进行资金分配，其中既包括对冲基金、共同基金、养老基金、保险基金等机构投资者，也包括拥有大量自主性资产可以进行投资的商业银行、投资银行等实体。投资者机构化改变了原来私人投资者只能被动地根据市场波动来选择投资策略的模式。由于机构汇集了大量资本，其手中所拥有的基金规模巨大，因此可以在一定的市场范围内对市场价格变化起主导性作用。这些机构投资者常常会利用国际市场的内在缺陷或者国际景气周期差异所导致的套利空间进行套利交易，甚至还可以利用自身足够庞大的资金规模进行跨国投机图利。在投机心理因素的推波助澜下，他们可以在短期内获取巨大收益。在此过程中，跨国投资行为具有高投机性，甚至在特定的情况下有操纵市场的行为，因此往往会对一些规模较小并且存在市场漏洞和监管缺失的经济体构成巨大的冲击，甚至对其整个国民经济造成巨大的破坏。

国际短期资本流动的投机性已经逐渐成为全球经济不稳定的重要根源之一。作为超越国界且规模巨大的资金，国际短期资本通常是全球性金融动荡的制造者或推动者，也时常扮演危机传染主要推动力量的角色。从 20 世纪 80 年代的拉美债务危机以及 20 世纪 90 年代初的欧洲货币体系危机，到 1994 年的墨西哥汇率危机、1997 年的东南亚金融危机以及 1998 年的俄罗斯和拉美国家货币危机，一系列的区域性货币危机都展现了热钱的巨大破坏力。由美国次贷危机所引发的全球范围内的金融危机已经成为“二战”后规模最大的一次，并引发实体经济的衰退，而国际短期资本流动的投机性也成为推动次贷危机国际传导的主要途径之一。为避免 2008 年金融危机导致经济大衰退，美国实施了超低利率与量化宽松货币政策。美国长期积累的财政赤字与债台高筑终在 2012 年底爆发为严重财政悬崖问题，进一步推动了量化宽松政策的实施。

第二节 美国财政悬崖与量化宽松政策

一、美国财政悬崖与债务经济

2012年末、2013年初，“财政悬崖”（Fiscal Cliff）是美国经济压倒一切的核心问题，避免跌入财政悬崖是奥巴马总统获得连任后不得不面对的挑战。事实上，美国所面临的财政悬崖是其财政失衡长期积累的必然结果，是美国财政赤字及国家债务急剧膨胀到不可持续的临界点必然面临的风险。美国长期财政失衡的根源在于其战后一贯实行的债务经济模式及其长期推行的赤字财政政策。美国财政悬崖问题的爆发为危机后美国及世界经济的复苏带来严峻挑战。

（一）财政悬崖的由来与涉及的问题

财政悬崖一词由美联储前主席伯南克在2012年2月底的国会证词中首次提出，用以形容2013年1月1日这一时间节点。具体指美国在2012年底、2013年初的一系列法律调整将使美国政府面临财政支出大幅减少、税率大幅提高的局面，其后果十分严重，或将导致经济增速放缓，甚至是陷入二次衰退，因此被称为财政悬崖。伯南克提及这一现象的目的是想警示美国应该处理好削减财政赤字的长期目标和不危及短期内经济增长之间的关系。

美国面临的财政困境之所以被称为财政悬崖，是因在这同一时间节点三大问题同时汇集。悬崖既高又危，又总是与峭壁相连，届时如跌入悬崖，美国经济有再度陷入衰退的可能。

第一个问题，小布什政府的税收优惠减免和奥巴马政府在2010年12月17日通过的减税、失业保险修正以及创造就业法案于2012年底到期。①

---

① 2001年小布什政府颁布了《经济增长与税收减免协调法案》，将最高所得税税率从39.6%降低到35%；2002年，又将资本利得税税率从20%降到15%，并将对股息征收的个人所得税税率从35%降到15%，减税期限为10年。按照时间表，最高所得税率的降税本应在2011年底结束，但因2008年的金融危机，奥巴马总统被迫将小布什政府的减税时间延长了两年。为刺激消费，奥巴马还宣布从2011年起，将美国工资税从6.2%下调至4.2%，同时出台失业救济金计划，二者所对应的政策周期均为两年。

如果奥巴马政府的2%薪资税减免、失业补偿措施按期结束，美国人的个人所得税就会普遍上涨，约1.6亿工薪阶层的薪资税税率将上升两个百分点，数百万长期失业者将失去救济金。

第二个问题，美国国会在2011年通过的削减支出法案或于2013年生效。如果到2013年元旦美国两党仍未能就今后10年的减赤方案达成共识，则削减支出法案生效，民主、共和两党需从各自主张的政府开支项目中分摊减赤金额，在未来10年内削减政府开支1.2万亿美元。

第三个问题，2013年初美国政府债务再次触及债务上限。[①] 根据美国宪法，一旦美国触及债务上限，美国财政部将停止发行新国债，开始一系列技术操作以留出足够的钱来履行债务，但是这最多只能让政府支撑6—10个月，也就是说，如果债务上限不能进一步上调，美国可能将会违约。公共债务上限是美国政坛的独特机制，相当于两党给财政部发行国债设了一个“弹簧门”。

上述减税和税收优惠到期及自动减赤机制触发，加之美国政府债务再次触及债务上限，恰巧齐聚于2013年1月1日。上述情况并发使美国面临税收提高、开支减少，财政收入增加而美国家庭税负加重的局面，特别是自动削减赤字机制的启动，会使政府财政开支被迫突然减少，使支出曲线看上去状如悬崖。财政悬崖一词也成了美国在2012、2013年面临新的经济不稳定状况的代名词。

(二)财政悬崖对美国与世界经济的影响

财政悬崖对美国与世界经济都是巨大的挑战，其不确定性和负面冲击不容忽视。

1. 财政悬崖对美国经济的影响

根据美国国会预算局的预测，若允许减税措施如期结束，并在2013年自动触发削减开支法案，则削减财政赤字的计划将在短期内对美国经济构成冲击，并加剧美国政府偿还利息的压力。反之，则美国债务在未来数十年将快速增长，在长期内对经济增长构成冲击。

美国经济如果掉入所谓的财政悬崖，经济无疑会重新陷入衰退，失业人口会再度大幅增加。奥巴马和国会对面临的“财政悬崖”问题采取不同

---

① 截至2012年12月18日，美国国债钟显示美国国债规模已经超过GDP总量达到16.38万亿美元，距离债务上限16.4万亿美元只有200亿美元的空间，因而债务上限问题再次挑动了市场紧张的神经。

的解决方案，会对美国经济将带来不同的影响。如果不启动自动减赤机制，美国国内生产总值在2013年仅增加0.8%，可增加就业岗位40万个，当然代价是联邦政府2013年的财政赤字增加400亿美元。如果不削减开支而又延长减税政策，有利的是能使2013年美国的国内生产总值增加2.2%，并增加就业岗位180万个，而不利的是联邦政府财政赤字会因此增加3950亿美元。

2. 财政悬崖对世界经济的影响

财政悬崖不仅给美国经济复苏带来巨大的不确定性，而且也威胁到全球经济复苏。激进的财政削减会让美国经济和全球经济再次陷入衰退，至少也会让全球经济增长在2013年减半，全球经济增速放缓。根据IMF相关数据统计，2012年全球各个经济体的经济预估增长率均低于2011年，而只有美国的经济增长预估值高于2011年，由此看出美国经济的相对强势对维持全球经济信心起着重要作用。财政悬崖一旦终结了美国经济的相对强势表现，必然会打击全球经济的信心，各国财政政策的效应将受到极大限制，目前各国竞相宽松的货币政策所能发挥的空间也要大大缩小，从而冲击全球经济复苏进程。

尽管在2013年新年到来之前，美国民主、共和两党就财政悬崖问题的解决达成了妥协议案，并且该议案于2013年1月1日在国会参众两院投票获得通过[①]，然而美国内外债务不断积累，多次面临债务上限与债务违约风险。美国债务经济模式得以维持的公开秘密，是美元在国际货币体系中的本位货币地位及美联储美元汇率政策的实施。在经济形势向好和债务水平相对较低的年份，美国实施“强势美元”政策，以更低的代价获取更多的国外经济资源，而在美国债务积累到不可持续或短期债务偿还高峰期，实施“弱势美元”政策以减轻自身的债务负担，而美国的债权国不能通过抛售美元来维护自身利益，这就是所谓“美元陷阱”，因为它们在短期内难以有其他替代性选择。美国的这种特殊经济和政治地位，使其债务经济得以长期持续，这种债务经济模式的持续使得美国的经常项目逆差和联邦政府赤字长期并存。随着时间的推移，美国的债务经济发展模式对美国自身及对世界经济都产生了深远的影响。美国联邦政府的债务堆积如山，国债发行额一再地突破国债限额，违约风险及其可能产生的灾难性后果时时使美国

---

① 该议案主要内容包括从2013年开始，美国将调高年收入45万美元以上富裕家庭的个税税率，失业救济金政策在2013年延长一年，把将在2013年年初启动的约1100亿美元政府开支削减计划延后两个月再执行等。

人内心纠结，也不断敲击着债权国民众的神经。面对增长乏力，美国的财政政策几乎没有进一步放松的空间，货币政策乃唯一的政策武器，这也是为什么美联储急于在2012年9月快速祭出第三轮量化宽松政策（QE3）的根本原因。

二、美国量化宽松政策的实施与退出

2008年美国次贷危机爆发后，美国的通货膨胀率急剧下降，失业率大幅飙升。根据以往经验，美联储必须快速降低联邦基金利率以引导实际利率下降来刺激国内需求并稳定经济。因此美国联邦基金利率从2007年9月的5.25%一路快速下调至2009年1月的接近于0%。在联邦基金利率这种短期利率的政策不再具备调节空间时，美联储必须通过其他方法来降低长期利率以达到刺激经济的效果。这正是美国量化宽松政策背后的逻辑。[①] 美联储推出量化宽松政策，会直接影响长期利率：通过买入长期债券（主要是政府债券）增加市场上对长期债券的需求，从而推高长期债券价格，进一步导致长期利率下降。因此，美联储在2008年全球金融危机爆发后连续推出三轮量化宽松政策，以帮助美国经济复苏。

（一）危机后美国三次量化宽松的实施

1. QE1的推出与作用

2008年11月，美联储宣布购买6000亿美元的房地产抵押债券。2009年3月，美联储进一步扩大资产购买规模，决定购买1.25万亿美元的房地产抵押债券，2000亿机构债券和3000亿长期国债。美联储以上这些大规模购买资产的政策被称为QE1。QE1总量规模达到2.35万亿美元，其主要目的有两个：一是通过购买长期债券降低长期利率，刺激经济增长；二是为美国金融市场注入流动资金，以稳定雷曼兄弟破产后造成的金融市场恐慌。

2. QE2、QE3的推出与作用

2010年11月，美联储又推出QE2，宣布购买6000亿美元的长期政府

---

① 量化宽松货币政策（Quantitative Easing Monetary Policy，QE），主要是指中央银行在实行零利率或近似零利率政策后，通过购买国债等中长期债券，增加基础货币供给，向市场注入大量流动性资金的干预方式，以鼓励开支和借贷。一般来说，只有在利率等常规工具不再有效的情况下，货币当局才会采取这种极端做法。量化指的是扩大一定数量的货币发行，宽松就是减少银行储备必须注资的压力。

债券，并于 2012 年 9 月推出 QE3。2010 年之后，美国的金融市场已经基本稳定，因此推出 QE2 和 QE3 的主要目的是为刺激经济而不是稳定金融市场，这是它们和 QE1 的一个重要区别。同时 QE2 和 QE3 之间也存在着显著差别。

首先，所购买的标的不同。在 QE2 中，美联储主要购买政府的长期债券，而在 QE3 中，美联储购买的是房地产抵押债券（Mortgage-Backed-Securities, MBS）。该差异体现了美国两次量化宽松政策的侧重点不同。虽然 QE2 和 QE3 的目的都是为了加快美国经济复苏、增加就业，但二者的动机仍然有一些显著差别。推出 QE2 时，美联储所考虑的一个重要因素是通货紧缩的风险。当时美国的核心通货膨胀率（排除能源和食品价格后的通胀）非常接近于 0（处于 0—0.5%之间）。如果经济继续下行，美国非常有可能陷入类似日本的长期通货紧缩。因此，美联储通过购买长期政府债券对整体经济进行刺激。从事后的效果判断，QE2 对美国经济起到了积极的刺激作用，成功避免了通货紧缩。① QE3 推出与 QE2 推出时所面临的国内环境不同，当时美国的核心通货膨胀率在 2%附近，并没有通货紧缩的风险，而主要面临的是美国房地产市场复苏缓慢造成的失业率居高不下。QE2 推出后，尽管长期政府债券的利率下降，但房贷利率下降的幅度不大。美联储希望通过 QE2 降低长期政府债券利率并进一步拉低房贷利率，但实际情况并未达到美联储的预期。因而 QE3 直接瞄准了与房贷利率挂钩的房地产抵押债券，这样就可以对房地产市场进行更有效的定向刺激，通过降低房贷利率来推动房地产市场复苏，从而加快美国经济复苏的速度。

其次，QE3 和 QE2 购买资产规模存在显著差异。QE2 推出时，美联储提前设定了 6000 亿美元的资产购买上限。但 QE3 并没有规定一个明确上限，而是承诺每个月购买 400 亿房地产抵押债券，直到美国的劳动力市场出现令人满意的复苏为止。② QE3 这种开放式的量化宽松至少比 QE2 有两个明显优势：第一，它对投资和消费者的信心影响更大。开放式的宽松政策充分显示了美联储对经济复苏的支持态度，有利于增强市场对美国经济的信心。第二，开放式的量化宽松使美联储制定未来货币政策更加灵活。根据未来经济复苏的情况，美联储可以灵活决定是否继续甚至加大量化宽松力度。比如美联储 2012 年底决定从 2013 年开始，每个月在购买

---

① 美联储前主席伯南克在 2013 年 Jackson Hole 会议上提到，QE2 成功地降低了 10 年期政府债券 15—45 个基准点，支持了美国经济复苏。

② 由于 QE3 没有设定一个具体的上限和停止日期，因而又被称为开放式量化宽松。

400 亿美元房地产抵押债券的基础上，再追加购买 450 亿美元长期政府债券，每个月购买总规模达到 850 万亿美元。2013 年 12 月，随着美国经济的不断改善，美联储首次宣布削减每月资产购买规模 100 万亿美元。在随后的几个月中，美国经济并没有随着 QE 规模的缩小而恶化，表明美国经济复苏的可持续性。因此美联储在随后几次会议上继续每次削减 100 万亿美元的购买规模，并在 2014 年 10 月底完全退出资产购买计划。

（二）美国量化宽松对经济的影响

量化宽松政策至少从两个方面影响美国经济：首先，它的直接政策效果是把房贷等长期利率维持在一个较低水平，从而刺激房地产和其他消费需求。房地产市场复苏能提高房地产市场投资，拉动 GDP 增长。其次，量化宽松政策可以帮助房地产、股票和其他风险类资产价格回升，增加家庭财富，提高家庭消费信心。通过降低长期利率，债券这种低风险资产的投资回报率会降低。因而市场资金会流入股票等高风险资产，从而推高这些资产价格。资产价格上涨提高了家庭财富水平，可以刺激家庭消费。美国次贷危机造成家庭消费不振的一个主要因素是房地产泡沫破裂后，家庭财富缩水。如果 QE 能帮助提高资产价格，帮助恢复家庭财富，对提高消费信心和经济复苏都有积极作用。虽然 QE 对美国经济有这些积极作用，不少美联储官员还是对 QE 的实际效果和存在的风险提出了质疑。比如达拉斯联储主席费舍、费城联储主席普罗瑟和圣路易斯联储主席布罗特在 QE3 推出不久都提出了反对意见。他们认为美国经济复苏乏力主要是由于财政政策上的不确定性造成，而非总体需求不足，因此进一步进行货币政策刺激效果并不大。相反，他们认为新一轮的量化宽松政策可能会造成未来通货膨胀的风险。另外，持有大量长期债券也为未来美联储退出量化宽松政策造成困难。

美国量化宽松政策对国际资本流动也有很大影响。美元作为世界主要的储备货币，美联储实施量化宽松政策，无疑是等于向全世界发行美元，美国短期利率与长期利率快速下降的同时，国际资本也迅速地由美国向新兴经济体流动。相反，当量化宽松政策退出时，国际资本流动发生逆转，迅速撤离发展中国家而流向美国。美国实施量化宽松政策，在向全世界输出美元的同时，也在向全世界，特别是新兴经济体国家输出通胀，甚至会导致这些国家面临恶性通胀。因为美国利率几乎徘徊在 0 利率水平，额外创造的货币供应导致美元持续贬值，促使大量资金流出美元及美元资产并流向收益率更高的其他货币及其资产，这种货币套利的结果，相当于向一国发行了大量美元。当热钱或流动性大规模流入新兴经济体国家时，这些国家会面临物价上涨、经济过热压力。另外，新创造的大量流动性会导致金融市场上资产价格轮番上涨，如以美元计价的大宗商品价格快速上涨。为了遏制通胀或防范通胀压力，新兴经济体国家不得不采取“适度从紧”的货币政策，以对冲量化宽松政策对本国经济及金融市场的巨大冲击，结果是会在一定程度上导致本国汇率的进一步提高。

（三）美国量化宽松的退出及其影响

2013 年 9 月，美联储启动 QE 退出计划，并于 2014 年 10 月 30 日正式宣布终结 QE3。从此，全球便正式进入了由美国货币政策主导的“后 QE 时代”。2014 年全球经济呈现出分化走势，表现为：欧洲在经历 2013 年的短暂回升之后，2014 年前三季度再次陷入了低迷；新兴市场自 2013 年以来持续下滑；日本的“安倍经济学”在经历 2013 年短暂的回光返照之后，尽显疲态。在这一背景下，美联储宣布终结资产购买计划，给震荡中的全球经济，尤其是新兴市场国家的经济带来巨大挑战。美联储退出 QE 不仅仅指美国宽松货币政策的结束，更意味着近 20 年来，全球流动性泛滥，廉价货币盛宴的时代将宣告结束。美元必定走强，全球流动性的转折点会到来：资金将从新兴市场流出，进入美欧等发达经济体，新兴市场从资本流入地区变为流出地区，这种大变局，对于全球经济而言，意味着极大的冲击和不确定性。

美国 QE 的终结，对于在国际金融市场缺乏话语权的中国，即使拥有足额的外汇储备，在 QE 退出带来的冲击与潜在影响下也难以独善其身。作为新兴市场国家，中国在 2014 年前三个季度经济增速持续下滑，房地产深度调整以及债务杠杆高悬的情况下，美联储终结 QE 对中国的冲击与影响是巨大的，主要表现在以下四个方面：第一，美元走强意味着人民币升值周期的结束，人民币很可能在短期进入贬值通道，2014 年一季度人民币贬值便与此有关。对于中国而言，人民币持续升值有弊，但人民币一旦贬值，将对中国经济的增长信心带来负面影响。第二，美元升值，美元回流意味着大量国际短期资本将流出中国，2014 年 9 月份中国的外汇储备“突然”减少 1000 亿美元，某种程度上反映出国际短期资本撤离中国的迹象。第三，国际资本流出会导致中国资本流动性的收缩，流动性的紧张一定会重创中国的房地产业，2014 年中国房地产市场的调整与 QE 退出导致的流动性减少不无关系，房地产价格的波动又与影子银行和地方债务紧密联动，应对不慎，有可能引发金融领域的系统风险。第四，在中国经济面临投资减速、外贸下滑、产能过剩、房地产调整的艰难时刻，QE 退出的最终风险会传导到中国的实体经济，使中国经济稳定面临挑战。

综上所述，美联储的量化宽松为美国经济以及全球金融市场带来了大量的、低成本的流动性，在促进美国经济复苏的同时也导致了全球大规模的套利资本流动，推高许多国家，尤其是新兴经济体的资产价格，同时也压制了美元汇率。而美国退出量化宽松，提高长短期利率，必然引起国际资本向美国回流，新兴市场从资本流入地区变为流出地区，全球利率上升，美元走强，其他货币走弱，资产价格下降，经济减速等另一番景象。国际资本频繁快速流动必然给广大新兴经济体与发展中国家的经济、金融稳定带来巨大冲击。此时，各国重新定位其国内货币政策显得尤为重要，甚至采取新形式的资本管制也在所难免。

美国利用其自身的霸权地位和经济优势，使其债务经济模式得以长期延续，支持债务经济的金融经济膨胀无度，以致引发金融危机。由次贷危机引发的全球金融危机表明，这种经济发展模式已到了必须反思与改变的时候了。然而，要改变美国的债务经济模式并非一朝一夕所能达成的，其面临的收支结构调整问题与其美元的国际货币定位必然会绑架全球经济的发展。美国暴露出来的财政悬崖问题与历次量化宽松的效果有限均表明：美国基于国内利益最大化的各项政策的推出与实施在侵害世界各国（尤其是新兴经济体与发展中国家）利益的同时，对其自身也不是最优的。以美国为代表的西方发达国家长期实施的低利率与量化宽松政策导致发达国家流动性泛滥，廉价的资本从发达经济体肆无忌惮地流向新兴市场。而美国量化宽松政策的终结，将彻底改变这一流动趋势，新兴市场将从资本流入地区变为流出地区。为避免国际短期资本流动对本国金融体系与宏观经济的冲击，资本管制已被绝大部分发展中国家和部分发达国家所接受并在不同程度上予以实践。

第三节　资本管制的国际实践

一、新兴经济体资本管制实践

自 20 世纪 80 年代以来，在全球资本市场自由化浪潮中，新兴市场逐步放宽资本管制，但 2008 年全球金融危机后短短几年时间里，相继遭遇了两轮大规模的国际资本流入与流出的冲击，于是它们开始重拾并加大资本管制力度以应对国际资本无序流动的冲击，实现经济与金融的稳定。比如，泰国在2010年10月宣布将对外资购买当地债券所获收益征收税率为15%的税收；印度尼西亚在2010年底宣布将对银行业者的短期海外借款设定30%的上限，并要求银行业者在2011年3月前必须将外汇资产中提取的准备金从1%提高到5%，从6月起准备金比率要再提高到8%；韩国在2010年宣布将限制居民的外汇借款，在2011年初进一步将国内银行的外汇衍生品投资限额降低20%。亚太地区的主要新兴经济体在2008年全球金融危机后普遍采取各种资本管制措施来阻挡国际热钱的过度涌入，与其他地区的新兴市场类似，资本管制已成为亚太新兴经济体一种有共性的政策新趋势。① 2008年全球金融危机后，国际资本大量涌入新兴市场国家，据IMF统计，从2010年7月至2011年1月，流入新兴市场国家的资本占其GDP比重达6%。在应对国际资本流动冲击上，传统的单纯依靠资本管制的政策工具监控效力明显减弱，监管手段开始向审慎监管转变，通过强化金融系统抗风险能力，加强对国际资本流动的管理。

（一）新兴经济体传统资本管制措施

20世纪80年代，IMF对资本流动管制一直持反对态度，将开放资本账户纳入成员国得到基金组织贷款援助的条件之一；并于20世纪90年代中期提出修改协议条款，将实现资本账户自由化作为IMF工作目标之一，要求其成员国实现资本项目可自由兑换，放弃对国际资本流动的限制。部分新兴市场国家先后放开了对资本项目的管制，但面对国际资本大规模流入和金融危机的冲击，许多新兴市场国家又开始实施资本管制措施。从墨西哥比索危机(1994)、亚洲金融危机(1997)到巴西金融危机(1999)，许多新兴市场国家都经历了金融危机后资本流动的大幅波动，危机中新兴市场国家诉诸资本管制政策工具应对国际资本流动的冲击。墨西哥、巴西、马来西亚和泰国等国都实施了禁止、事先审批、行政限制、多重汇率、歧视性税收和准备金要求等资本管制措施(见表3-3)，限制资本流出、流入交易和转移的完成，以应对国际资本流动冲击。以下通过马来西亚和智利两国的资本管制来对传统资本管制进行阐述。

① IMF:《全球金融稳定报告：旧风险 新挑战》，中国金融出版社2013年版。

表 3-3　新兴市场国家传统资本管制措施

工具分类	代表国家	具体措施	说明
行政管制	菲律宾	控制与非居民金融机构进行远期保值交易(菲律宾,1994 年)	控制货币市场金融工具
	马来西亚	禁止与商业无关的掉期交易,限制套期保值(马来西亚,1994 年)	禁止与贸易无关的交易
征税/准备金(价格型管制)	巴西、智利、哥伦比亚	对股票市场征税(巴西,1994—1995 年);直接借款的外币负债(智利,1991 年,哥伦比亚,1993—1994 年)	资本市场、外债等领域短期资本管制
其他间接资本管制(数量型管制)	印尼、泰国	对银行和金融公司持有的净外汇头寸提高到资本总额的 25%(泰国,1990 年,印尼,1994 年);通过对表外头寸规定限额,限制银行净外汇头寸(印尼,1991 年)	银行持有外汇净头寸限制
	墨西哥、印度	将商业银行外币负债限制在贷款总额的 10%(1994 年)	对银行负债实行限制

资料来源:金荦:《资本管制与资本项目自由化》,中信出版社 2006 年版;宋林峰:《1990 年代拉美 6 国管理短期资本流动的政策比较和启示》,《拉丁美洲研究》2003 年第 2 期,第 45—49 页;肖凤娟:《资本管制政策研究》,经济科学出版社 2011 年版;河合正弘等:《资本流动管理:亚洲新兴经济体近期的经验教训》,《国际经济评论》2012 年第 5 期,第 85—94 页;IMF, Annual Report on Exchange Arrangements and Exchange Restrictions(1991—2000)。

1. 亚洲金融危机期间马来西亚对国际短期资本的管制

在亚洲金融危机爆发之前,马来西亚有一个高度开放的金融体系。1968 年 11 月,马来西亚成为第八条款国,实现了外汇交易的自由化。1973 年,马来西亚货币林吉特开始浮动。1986 年 7 月,马来西亚进行了一系列重要的金融改革,在采取利率自由化、减少信贷控制、强化金融体系的竞争和效率等措施的同时,进一步放开了对资本账户的控制。1997 年 7 月,泰国货币泰铢的突然贬值拉开了东南亚金融危机的序幕,随后,印尼、菲律宾、马来西亚等国家金融市场开始感受到金融危机和投机冲击的压力,货币纷纷贬值。马来西亚外汇市场和股票市场均遭到严重冲击,并迅速向实体经济传导。经济衰退严重,季度 GDP 增长率一度下降到 −10% 的水平,失业率显著上升,银行不良资产大幅度增加。而货币的大幅度贬值又引发了沉重的通货膨胀压力,零售物价水平由危机前的 2%—3%上升到 6%左右。金融市场动荡的加剧和国内经济的每况愈下,严重影响了国际投资者对马来西亚的信心,资本流入增速下降,资本外流日益严重,外汇储备不断减少。

1998 年 9 月 1 日，马来西亚宣布自当年 10 月 1 日起实行资本和汇兑管制，其主要内容包括：林吉特对美元汇率固定于 3.8 林吉特兑 1 美元；撤销林吉特的离岸交易；林吉特不准在境外流通；从 1998 年 10 月 1 日起，外国证券投资冻结 12 个月。其他对短期资金流动的管制措施还包括：所有进出口均须采用外币结算；马来西亚非居民的林吉特账户之间的账项转移需经当局批准；所有就林吉特金融资产进行的买卖只能通过认可吸收存款的金融机构进行；旅客携带林吉特出入境不得超过 1000 林吉特。在金融市场出现稳定趋势后，为了缓解资本管制的冲击效应，1999 年 2 月 15 日，马来西亚政府对其资本流动管制措施进行了调整，撤销对 1999 年 2 月 15 日以前入境资金的冻结制度，代之以撤资税。同时，设立特别对外账户(Special External Account)记录 1999 年 2 月 15 日以后入境的资金，以与受管制的资本相区别。1999 年 9 月 21 日，马来西亚再次调整资本流动管制措施，撤销特别对外账户，对所有的汇出利润一律征收 10％的课税；同时，时任马来西亚首相马哈蒂尔宣布从国家利益出发马来西亚短期内不会完全撤销资本管制。

马来西亚资本管制措施对于缓解其经济金融的紧张局势产生了积极的影响：第一，冻结林吉特对外账户以及停止林吉特的国际化等措施，有效地降低了林吉特境外离岸市场的投机活动，减轻了针对林吉特汇率的投机冲击压力，保持了货币汇率的稳定。第二，控制了资本的大量外流，稳定了国内金融市场。资本管制实施以后，林吉特汇率水平固定在 3.8 林吉特兑 1 美元，并一直持续到 1999 年底。马来西亚股市也逐渐恢复稳定，股指从管制前的 302.91 点显著回升，到 1999 年底，再度接近 1000 点关口。金融市场的稳定对于恢复国内外投资者的信心具有重要意义。第三，在隔离内外资本流动后，马来西亚经济管理当局重新获得了调整利率的主动权，可以充分利用利率政策，应对经济衰退的压力。利率的显著下降，保证了国内经济体系正常的借贷经营活动的进行，避免企业的大量倒闭和银行坏账的激增，为国内经济复苏提供了重要的推动力量。第四，汇率的基本稳定使工商界有效地避免汇率变动可能带来的损失，准确地控制成本，从而刺激外贸业增长。在货币贬值和国际电子产品市场开始复苏等因素的带动下，马来西亚的出口明显恢复，外贸盈余显著增加，外汇储备大幅度上升。显然，马来西亚资本管制措施本身对于控制资本外流产生了一定的效果，但是，这些措施更大的意义在于：通过隔离国内外资本联系，重新获得了宏观经济政策的自主权，为国内管理当局采取针对经济衰退的及时有效的政策应对争取了时间。

2. 智利对资本流入的管制

20 世纪 80 年代末 90 年代初，智利经济增长较快，国际资本大量流入。为了减少外部冲击对经济产生的不利影响，智利当局采取了一系列政策措施，包括对国际资本流入，尤其是国际短期资本流动进行管制。从 1991 年起，智利政府对所有不是用于增大物质资本投资的外国资本流入，如外国借款、债券和股票投资，实行 20%的无偿准备金要求（Unremunerated Reserve Requirement，URR），即所有这类流入的资本都必须将其一定的比率存入中央银行指定的账户达一定期限，中央银行对此准备金不支付利息。1992 年，智利当局将准备金率从 20%提高到 30%，并规定不限期限长短，所有对外借款的准备金在中央银行的滞留期为一年，这就相当于对国际资本流入的隐性税收。这便是被许多学者广为推崇的“智利模式”的资本管制。URR 最突出的特点是其内在的对短期资本的惩罚更加严厉，这是因为准备金存放在中央银行的期限固定，导致国际资本流入的成本随存放期限的增加而下降。对于期限在一年以下的外资，增加的成本尤其显著。以准备金率为 30%为例，3 个月以内的短期资本流入需要额外支付的隐含税收达到 10%以上；而期限为 36 个月的长期资本流入，URR 的隐含税率仅为 0.86%。

20 世纪 70 年代末后，智利分别在 1978—1982 年、1991—1998 年期间实施过资本管制。这两次资本管制的目的和方式虽然类同——为防止外部资本的冲击，对国际资本流入采取了无偿准备金要求，但实施的效果却大相径庭。

1978—1982 年期间，智利实施了相当严厉的资本管制，对 2—3 年外国贷款实行 25%的无偿准备金率，而短于 24 个月的贷款的准备金率为 100%，即完全禁止期限在 24 个月以内的资本流入，外国资本流入停留最低期限要长达大约 60 个月。尽管实行如此严格的管制，智利仍未能避免货币危机的发生。1981—1982 年，智利比索贬值幅度接近 90%，多家企业与相关银行濒临破产，政府为挽救银行大量举债，经济发展遭到严重打击。探究此次危机根源可以发现，脆弱的宏观经济与薄弱的银行体系是主要症结所在。20 世纪 70 年代中期，智利政府推行经济自由化运动，在大幅度取消对金融体系管制的同时，并未建立起对金融机构有效的审慎管理。监管的缺失以及政府对金融部门的介入增加了逆向选择和道德风险，等同于鼓励银行的高风险经营，其结果是银行部门在国际市场上大量举债，并将大批资金投入到房地产等高风险领域牟取暴利；加上当时智利国内宏观经济形势很差，物价高涨，利率奇高，使其面临外部冲击时的脆弱性加剧。随着

1981 年国际市场环境的变化，石油价格上涨和初级产品价格下跌使智利经常项目出现大量赤字，1982 年墨西哥宣布停止偿还外债产生了严重的“传染效应”，使智利开始出现大量资本流出，最终导致了危机的发生。

20 世纪 90 年代，智利实施的资本管制的内部经济环境得到极大改善。从 20 世纪 80 年代中期至 20 世纪 90 年代，智利对金融系统进行了大规模的改革：对银行经营活动制定了严格的规制，建立了广泛的现场考察制度；加强对金融机构的审慎管理，只有达到一定评级的金融机构才能在国际市场融资；严格限制关联贷款；要求银行公布其资产质量的信息；强化资本充足率要求；对银行施加流动性管理的法则；等等。同时，智利经济也从 1981—1983 年的萧条中缓慢恢复，尤其是 20 世纪 80 年代中期以后智利贸易条件的改善带动了经济增长，1986—1992 年期间 GDP 年均增长为 6%。智利在宏观经济调整、银行体系改革和金融监管等方面取得了显著的成效，夯实了应对外部冲击的经济基础，从而在 20 世纪 90 年代全球性的金融风暴中成功避免了恶性危机的传染。由此可见，资本管制措施的成效需要具备一定的前提条件，即宏观经济基础和金融监管体系的改善。仅靠资本管制本身，是难以消减一国经济对抗外部冲击的脆弱性的。

(二)新兴经济体资本管制新特点

在经历了多次区域性金融危机后，新兴经济体在应对国际短期资本流动冲击方面进行了不断探索并取得了较好的效果。新兴经济体资本管制较为显著的一个特征是在亚洲金融危机后对资本管制的强度有所减弱，而在 2008 年全球金融危机前都有所加强，表现在图 3-7(a)中各区域的柱形图呈洼状。同时，2005—2007 年期间，新兴经济体普遍加强了宏观审慎监管，尤其是亚洲国家提升幅度较高，这在很大程度上解释了为何该地区能够较好应对 2008 年全球金融危机。(见图 3-7)而 2008 年全球金融危机后，新兴经济体与发展中国家进一步加强了资本管制强度。表 3-4 显示了 2008 年全球金融危机后 2009 年 7 月—2011 年 6 月间 12 个新兴经济体国家资本管制的变化，其中资本管制加强的措施有 37 个，管制放松的措施有 23 个，总体趋向于管制加强，这被 IMF 认为是危机后新兴经济体与发展中国家率先复苏的一个重要原因，也是数十年来 IMF 首次承认资本管制是必要的。2008 年全球金融危机以来，新兴经济体资本管制呈现出一些新的特点与举措。

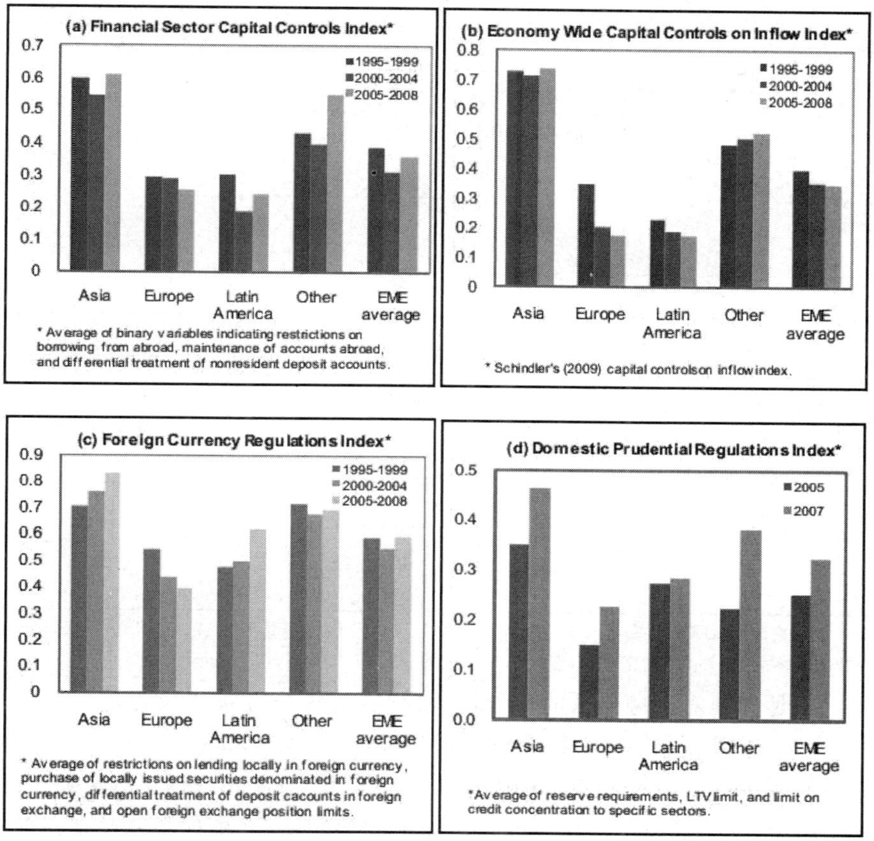

图 3-7 1995—2008 年新兴经济体资本管制与审慎管理情况

资料来源：转引自 Mahvash S. Qureshi 等(2011)。

表 3-4 资本管制与审慎汇兑管制措施的变化

	资本管制												审慎汇兑管制措施					
	基于数量的管制				基于时间的管制				基于价格的管制				外汇衍生品		其他外汇资产和负债		累积数	
	非居民		居民		非居民		居民		非居民		居民							
	+	−	+	−	+	−	+	−	+	−	+	−	+	−	+	−	+	−
巴西									9	1			1		1		11	1
中国		2																2
哥伦比亚			1	2						2							1	4
印度															4	1	4	1

续 表

	资本管制												审慎汇兑管制措施					
	基于数量的管制				基于时间的管制				基于价格的管制				外汇衍生品		其他外汇资产和负债		累积数	
	非居民		居民		非居民		居民		非居民		居民							
	+	−	+	−	+	−	+	−	+	−	+	−	+	−	+	−	+	−
印度尼西亚					2										3	1	5	1
以色列													1				1	
菲律宾				1														1
俄罗斯															4	1	4	1
南非				3												4		7
韩国													4		4		8	
泰国				3										2				5
土耳其															3		3	
总数		2	1	9	2				9	3			6	2	19	7	37	23

资料来源：IMF《汇兑安排与汇兑限制年报》，"＋"表示加强资本管制或审慎汇兑管制，"－"表示放松资本管制或审慎汇兑管制，变化的时间范围是 2009 年 7 月—2011 年 6 月。

一是加强对金融体系的监管，以限制货币供应过快增长与信贷过度投放。主要手段包括提高银行业贷款损失计提、增加资本充足率标准，限制金融机构资产负债表的货币和期限错配。例如，在 2008 年全球金融危机前，印度中央银行(RBI)通过提高金融机构房地产贷款拨备，确保了印度银行业房地产风险敞口处于可控范围。中国、新加坡等也收紧房地产信贷政策，通过降低物业贷款成数、限制非居民贷款等措施，遏制房地产泡沫和外资流入。

二是对跨境资本交易征收托宾税，增加外资交易成本，控制资本流入，从而阻止市场的投机行为。例如，2009 年 10 月，巴西对流入股票和债券市场的外国投资征收 2%交易税。2010 年，巴西将外国资本在固定收益市场金融交易税(IFO Entry Tax)从 2%提高到 6%，金融衍生品市场保证金比例从 0.38%大幅提高到 6%，同时对投资债券和其他金融市场外国资本征收 4%的所得税。2010 年 10 月，泰国政府迫于泰铢升值和股市上涨的压力，为了制止泰铢汇率上涨及国际热钱的流入，宣布将对外资投资债券所获得的资本收益和利息收益征收 15%预扣税。

三是对资本流入强制管制与放松资本流出管制。在国际资本流动异常时期，印度等少数经济体通过行政性措施，对资本流入进行直接管制，限制某类资本流入或规定流入数量，目的是缓解未来的金融风险，防止短期过度资本流动的冲击。同时，南非等国家也进一步放松流出资本的限制。通过减少资本流出的管制，鼓励资本输出，不仅能增加资本流出数量，减少净资本流入规模，而且可借此方式实现国内金融机构和市场更广泛参与国际竞争，为本国投资者提供更多分散风险的机会。（见表 3-5）

表 3-5　2008 年全球金融危机后新兴经济体资本管制措施

政策工具	国家案例	主要目标
限制直接或间接的外汇敞口	韩国（2010 年 6 月）限制了外资银行外汇远期合约头寸与资本金的比例不超过 2.5 倍。企业用于出口外汇避险交易的比例从 125%减少到 100% 印尼（2010 年 12 月）规定银行短期外币资产不得超过资本的 30% 中国台湾（2010 年 10 月）禁止外资购买定期存单	间接降低私人部门，特别是银行业对外举债，减少了在岸市场的套利交易
对国外投资设定数量上限	印度（2010 年 8 月）规定境外机构投资者在公司债和国债市场的额度分别为 150 亿美元和 50 亿美元。 智利要求海外债券和 ADR 发行金额不少于 2500 万美元，发行者中非金融机构长期信用等级要高于 BBB 级，金融机构长期信用等级要高于 BBB +级	对外国投资总额度进行动态逆周期管理，资本流入过多时，减少额度上限，资本流入较少时，放松流入限制
减少流入渠道	印度（2007 年 10 月）禁止共用票据（Participatory Notes）的发行	避免外资借助该渠道进入印度金融市场
限制外国资本购买央行票据	印尼（2010 年 6 月至今）减少 1 个月和 3 个月央票发行，以 9 个月和 12 个月央票取代，增加不可交易 6 月期定期存款发行，主要面向印尼国内运营的银行	降低流入资本的波动，解决短期央票吸引更多套利交易的问题
鼓励本国居民对外投资	马来西亚（2010 年 10 月）海外投资雇员的公积金标准从 7%提高到 20% 菲律宾（2010 年 11 月）提高居民从授权代理银行购买外汇和外国资产的上限，私营部门外汇贷款允许提前还款 南非（2009 年 10 月）将居民离岸投资的限额从每人每年 200 万兰特提高到每人共 400 万兰特，一年后提高到每人每年 400 万兰特。2010 年 3 月允许银行对外投资不超过非股权负债的 25%，到 11 月进一步提高 5%，目前根据机构情况执行 25%—35%比例。10 月，取消对移民 10%的资本税	

资料来源：Mahmood Pradhan, et al: Policy Responses to Capital Flows in Emerging Markets, IMF Staff Discussion Notes, 2011.

二、发达国家资本管制实践

纵观一个半世纪以来，西方发达国家资本市场也经历过资本自由流动—资本管制—资本自由流动这样一个往复循环的过程。

第二次世界大战前，出于战时资金需求与战后经济恢复的需要，西方国家相继加强与放松了资本管制。1870—1914 年，国际资本自由流动出现了第一次高潮。这次资本自由流动是基于英镑为本位的金本位制以及国际劳动力的大量转移，这一时期资本管制没有存在的必要。1914—1918 年，第一次世界大战是西方主要国家现代意义上的资本管制发端期，这一时期的资本管制措施以配合贸易管制的汇兑管制形式为主。战时各参战国先后退出金本位制，并通过禁止外汇的自由交易、黄金输出和资本外流来为战争筹备资金。1918—1929 年，第一次世界大战结束后，西方国家先后建立起金块本位制和金汇兑本位制，并开始取消"一战"时所实施的资本管制。1929—1933 年，资本主义国家经济危机爆发后，几乎所有西方国家都陷入了国际收支深渊，金本位制全面崩溃，通货膨胀急剧恶化，西方国家为保障自身利益再次实施资本管制政策，例如，1934 年德国政府限制外汇交易和货币出入境。1939—1945 年，第二次世界大战爆发后，参战国立即实行全面严格的外汇管制。1940 年，在 100 个国家和地区中，只有 11 个国家没有正式实行外汇管制，实行管制的国家中外汇管制范围也较以前更为广泛。

第二次世界大战后，在布雷顿森林体系下为维持名义汇率的稳定，导致了对国际资本流动管制的加强。为改善国际收支、增加国家储备，西方国家普遍实行汇兑管制，通过资本管制来减轻战后低利率政策对汇率产生的贬值压力并保持官方储备水平，从而促进充分就业、恢复经济增长。澳大利亚、加拿大、芬兰、新西兰、瑞典和英国纷纷在"二战"后建立起汇兑管制的核心基础，而其他多数国家是在战争结束后的经济复兴时期开始实行汇兑管制。至 20 世纪 60 年代前半期，西方国家资本管制才开始逐步出现松动的迹象。西德于 1958 年取消了对资本流出的管制，但对资本流入的管制依然存在，以应对国际收支盈余对德国马克产生升值压力。日本在 1960 年废除对经常项目交易的管制，并逐渐放松与进出口有关的资本项目交易的管制。20 世纪 60 年代后半期固定汇率体制得到强化之后，国际资本流动管制更加突出，1964 年由于美国采取了不鼓励资本流出政策，使资本项目可兑换陷入停步不前的状态，而一些欧洲国家和日本也从自身利益出发采取了限制资本流入的措施。1971 年布雷顿森林体系崩溃，出于维持名义汇率稳定的需要，在一定程度上导致了对国际资本管制的加强。如意大利在 1972 年提高了管制强度，对银行在 1975 年的对外借款实施最高限量，并对以后年份的所有外汇交易实施严格的管制。

20 世纪 70 年代末至 90 年代中期，主要发达国家相继放松资本与汇兑管制，实现资本项目自由化。例如，英国在 1979 年取消了其尚存的管制手段，德国在 1981 年取消了尚存的对资本流入的管制，澳大利亚于 1983 年取消了对资本项目的管制，丹麦从 1988 年开始实现资本的自由流动。1990 年，比利时、爱尔兰、意大利、卢森堡实现了资本的自由流动。基本上同一时期，奥地利、芬兰和瑞典也都实施了部分的资本项目自由化。随后葡萄牙和西班牙在 1993 年初、希腊在 1994 年、爱尔兰在 1995 年也先后采取了资本项目自由化措施。1995 年冰岛成为最后一个实现资本项目可兑换的发达国家。

综上所述，在国际收支中处于强势地位的国家诸如德国、日本等倾向于对资本流入进行管制，而在国际收支中处于劣势的国家如法国、意大利等则倾向于对资本流出进行管制。但总体来说，在发达国家中，对资本流入进行管制的国家比对资本流出进行管制的国家所推行自由化的时间要早。

事实上，发达国家并没有实现资本自由流动，更没有哪个国家宣布实现了资本项目完全可兑换。发达国家基本取消了汇兑的管制和限制，但并没有取消对交易的管制和限制。美国、欧洲、澳大利亚的企业并购和某些行业的股权投资依然存在歧视和行政审查管制。表 3-6 列出了西方四国资本管制现状，从中可以看出发达国家也并不像他们自己所鼓吹的资本市场自由流动，美国和澳大利亚对非居民在本地涉及资本交易的相关销售或发行管制非常严格，德国与日本对居民在国外涉及资本交易的相关购买管制得比较严格。因此，资本管制作为资本项目自由化的对立面在发达国家并没有从根本上消除，只是发达国家与发展中国家在资本管制强度、管制范围及管制措施上有所差别。

表 3-6 西方四国资本管制现状

		美国	德国	澳大利亚	日本
①股票市场 ②债券市场 ③货币市场工具 ④集体投资类证券 ⑤衍生品及其他衍生工具	对非居民在本地购买(PLNR)	①	①②	①	①
	非居民在本地销售或发行(SLNR)	①②③④⑤	①②	②③④⑤	
	居民在国外购买(PAR)	①②③④⑤	①②③④⑤		
	居民在国外销售和发行(SAR)	②	①		
⑥商业信贷 ⑦金融信贷 ⑧信贷担保	居民对非居民(R→NR)	⑧	⑦	⑥⑦	⑦
	非居民对居民(NR→R)	⑧			
资本管制指标数		9	10	8	7

资料来源:《汇兑安排与汇兑限制年报(2011)》,国家对应列中的数字表示对该项实施了资本管制。

三、资本管制的国际共识

有研究表明,在布雷顿森林体系崩溃前的30多年时间里,全球各国没有出现一次严重的金融危机。1973年布雷顿森林体系崩溃之后,全球发生了13次严重的金融危机。尽管这13次危机跟1933年全球各国放弃金本位之前的金融动荡的严重程度无法相提并论[①],但是金融危机的频繁爆发,以及国际因素成为后布雷顿森林体系时期金融动荡的主导因素,将国际金融合作再次推向风口浪尖,国际上亟须形成一种新的国际金融运作模式,使全球金融和经济恢复活力。新的国际金融体系的构建包括建立一个全新的国际货币体系,改革现行全球金融机构和金融运作模式,以及建立一个有效的全球性的金融监管体系。正如丹尼·罗德里克(2013)在《全球资本的"交通规则"》中所言:在这个不同主权国家以不同方式监管金融的世界,需要"交通规则"来管理相互独立的国家政策之间的交叉地带。如果认

① 1929、1907、1893年的金融动荡分别导致世界经济下滑7%、8%,10%左右,2008年全球金融危机导致全球经济下滑2.1%。

为所有国家都会向自由资本流动的理想状态靠拢，这样的假设会让我们不再努力制定这样的“交通规则”。因此，资本管制的全球合作不仅为发展中国家所需要，西方发达国家也应该扭转其一贯所采取双重标准的做法。[①]

第四节 小 结

21世纪以来，国际金融市场自由化与一体化得到长足发展，金融全球化趋势进一步加强。国际短期资本已取代长期资本成为国际资本市场上最主要的流动载体，并对资本流入国的汇率制度安排、宏观调控、区域金融安全和世界货币体系的演变产生越来越重要的影响。国际短期资本流动呈现出流动规模巨大、快速反弹且区域分布不均、波动性增强、流入流出更频繁、流动主体多样化、流动方式更加隐蔽、破坏力逐渐增强等特征。国际短期资本流动的投机性已经逐渐成为全球经济不稳定的重要根源之一。作为超越国界且规模巨大的资金，国际短期资本通常是全球性金融动荡的制造者或推动者，也时常扮演危机传染主要推动力量的角色。为避免国际短期资本流动对本国金融体系与宏观经济的冲击，资本管制已被绝大部分发展中国家和部分发达国家所接受并在不同程度上实践。事实上，发达国家所鼓吹的资本自由流动，是以其自身利益最大化为根本目的，所推崇的国际金融体系是双重标准价值体系主导下的资本市场自由化。资本管制作为资本项目自由化的对立面在发达国家并没有从根本上消除，只是发达国家与发展中国家在资本管制强度、管制范围及管制措施上有所差别。

国际短期资本与生俱来的高投机、高风险、高流速、大容量、无国界的特征，使得国际短期资本流动成为突发性金融危机的始作俑者。历次金融危机表明，对国际短期资本流动有效监管的缺失不仅会危及本国金融体系与经济稳定，甚至可能波及全球范围并触发全球性金融危机。国际短期资本已成为当代国际金融市场中无所不及、无所不能的“看不见的手”。无疑，面对如此强大的以操纵市场、兴风作浪为能事的国际金融资本，改革现行的国际金融体系、加强国际金融监管合作已经刻不容缓。

---

① 西方国家在向发展中国家鼓吹资本项目自由化的同时，设置种种资本管制措施为本国牟利。

第四章 资本管制决定因素的一般理论与实证分析

2008 年全球金融危机的爆发对全球经济造成重大损失,伴随其后的欧洲债务危机的蔓延、美国财政悬崖与债务违约等风险的暴露均使得世界经济的复苏更加扑朔迷离。然而在 2008 年全球金融危机中实行资本管制的国家所遭受的打击最轻并率先实现经济复苏,这一现象引起了各国政府和经济学界对资本管制和资本项目自由化问题的高度关注,并对自由化经济理论进行重新认识。2008 年金融危机后,国际社会,特别是 IMF 的经济学家都在对宏观经济政策进行反思,既包括对传统宏观经济政策——货币政策与财政政策的反思,同时也强调了金融规制的重要性,包括:(1)对关于货币政策目标和工具的单一性的反思,即货币政策只有保持低而稳定的通货膨胀一个目标,而实现这个目标只需利用政策利率一个工具;(2)对其长期以来依据华盛顿共识的危机处理方案及实践的反思,反思的一个重要成果是修正了国际经济组织长期以来对财政政策的偏见及对其实施顺周期财政政策的纠正;(3)金融规制是宏观经济政策的重要内容和政策工具,肯定了金融中介的重要性。2011 年 4 月,IMF 发布了一份执行董事会的会议纪要,指出部分已经实施适当宏观经济政策的新兴市场国家可以实施审慎的资本管制措施以应对大规模资本流入,这是 IMF 数十年来首次表态支持资本管制。[①]

事实上,长期以来,不少著名经济学家一再强调金融市场具有内在的不稳定性,特别是 1999 年保罗 · 克鲁格曼(Paul R. Krugman)在蒙代尔—

---

① 同时,IMF 对各国实施资本管制给出了一组约束条件,即一国已经积累了足够的储备,调整了利率,并采取措施让本国货币升值,只有满足该条件下,资本管制作为最后的临时手段才可以使用。

弗莱明模型(Mundell, Fleming)基础上所提出的“三元悖论”①。“三元悖论”的一个推论是,在面对金融全球化所引发的金融危机时,资本管制无疑成为潜在的有价值的工具,可以用于管理汇率的波动性,避免货币错配,限制国际资本的投机活动,并为独立货币政策提供运作空间等。但与主张自由主义的主流经济学家相比较而言,这些声音总体上仍显得过弱。资本管制仍是事实上的理论禁区。

但在全球经济现实中,这一禁区实际上已被打破。为了应对跨境资本流入可能对本国经济金融产生的不利影响,自 2009 年以来,包括巴西、印度、韩国、马来西亚等在内的新兴经济体已经不得不实施了包括资本流入预扣税、最低投资期限、外币准备金等资本管制措施。由于各国所处的发展阶段、内外环境以及所采用的具体措施不同,资本管制的效果往往呈现较大的差异性。巴西是 2008 年全球金融危机后首个对资本流入实施资本管制的国家②,尽管资本管制措施未能及时减缓雷亚尔升值,但是通过固定和可变收益资产的到岸与离岸价格差异来判断,巴西的资本管制有效地分割了巴西与全球投资市场,阻止了国际投机资本的大量流入(Marcos Chamon et al., 2013)。2010 年年中以来,韩国采取了一系列措施放缓资本流入的速度③,然而这些措施未能减缓韩元大幅升值(Kevin P. Gallagher, 2012a)。

本章探讨了资本管制一般理论的进展,根据消费者福利最大化,构建了资本管制的基础理论模型,采用最优控制理论对该模型进行求解,得到实施资本管制的必要条件,并采用面板离散选择模型对理论解进行了实证检验。

第一节 资本管制理论的最新进展

资本管制是国际经济学界最具争议性的问题之一。长期以来,国际社

① 三元悖论(The Impossible Trinity),也称三难选择,即在开放经济条件下,固定汇率制度、资本自由流动、独立的货币政策是三个不可调和的目标,任何国家都不可能同时实现这三个目标,最多只能达到其中的两个。

② 采取的措施依次包括资本流入预扣税、美国上市股票税、准备金要求、对金融衍生工具征税,其中多次调高资本流入预扣税,由 2009 年 10 月 19 日起的 2%调高至 2010 年 10 月 3 日的 4%、2010 年 10 月 17 日的 6%。

③ 这些措施包括限定银行远期外汇头寸、对外国投资者购买本地债券进行征税以及对银行海外债券进行征税等。

会主流观点并不支持资本管制，认为应该实现资本项目自由化或解除资本管制。其理由包括：第一，资本自由流动可以改善资源配置，推动全球经济，特别是发展中国家的经济增长。第二，资本管制是无效的，而且管制成本往往很高，会导致市场价格扭曲、宏观经济失衡和腐败。第三，资本管制会降低有效资本供给，增加中小企业的融资成本。第四，资本的自由流动可以使国内居民得以分散金融风险。持这些观点的有著名经济学家米什金（Fredcric S. Mishkin）、麦金农（Ronald I. Mckinnon）、肖（E. S. Shaw）、IMF 前首席副总裁斯坦利·费舍尔（Stanley Fischer）等。

但事实上，另一些著名经济学家对资本项目完全自由化是否明智，特别是实行资本项目完全自由化对发展中国家是否有利早有疑虑。托宾税的提出就是为了对外汇交易征税以抑制投机资本对国际金融市场的冲击（James Tobin，1978）。巴格瓦蒂和库珀均指出，在信息不完全的条件下，资本的自由流动将加大市场扭曲、制造道德风险、鼓励过度投机并最终导致成本高昂的重大危机（Jagdish Bhagwati，1998；Richard N. Cooper et al.，1999）；20 世纪末期，著名经济学家罗德里克、克鲁格曼、斯蒂格利茨等都提出类似观点，认为应对国际资本流动加以某种限制（Dani Rodrik，1998；Paul Krugman，1999；Joseph E. Stiglitz，2000）。

自 2008 年下半年以来，肇始于美国次贷危机的全球经济与金融危机肆虐，国际短期资本的大规模流动的严峻形势，使得资本管制走到前台。新一轮大规模资本流入，导致新兴市场国家外汇储备飙升、国内的流动性过剩加剧，并推动了通货膨胀与资产价格上涨，也给新兴市场国家带来了本币升值压力。实行资本管制已势在必行。IMF 2011 年 4 月发布的《世界经济展望》也为此提出警示，指出国际短期资本流动多变性可能会在新兴市场和先进经济体长期存在，关键是要确保这一多变性不会损害金融稳定与经济增长，决策者们需正确地综合运用宏观经济政策和审慎措施，以便保持经济强劲增长并更好地应对资本流动的不确定性。

关于资本管制与资本项目自由化的早期研究主要集中于其对经济增长的影响方面，而最新的研究更多地关注二者对福利的影响。博斯克英等人（Raouf Boucekkine，et al.，2012）的研究表明实施资本管制会使福利增加，从而推动封闭经济条件下的经济增长，并进一步研究了资本项目自由化的前提条件，给出了一种阈值，这一阈值被看作是资本管制与资本项目自由化间更替的制度门槛，如低于该值时资本项目自由化会使福利恶化。彼德森国际经济研究所资深研究员奥利维尔·珍妮等（Olivier Jeanne，Anton Korinek，2010）认为资本自由流动会产生负外部性，应通过庇古税机制加以纠正,如对资本流入实施征税,资本管制减弱了宏观经济的波动性并能提高消费者的福利。最新研究表明资本管制仍然是对市场失灵的修正,其有助于提高消费者福利。

波士顿大学助理教授加拉赫尔(Kevin P. Gallagher,2012a)认为将新兴经济体实施的资本管制看作是金融保护主义是错误的,“资本管制是纠正由于信息不完善、危机蔓延、不确定性及其他因素导致的市场失灵的手段,是促进发展中国家稳定和增长的工具”,与其说是“新保护主义”,不如说是“新修正主义”。哥伦比亚大学经济学教授施密特·格罗和马丁·乌利贝(Stephanie Schmitt-Grohé, Martín Uribe ,2012)认为,小的开放经济体钉住名义汇率的外部性最终导致了大量失业、过度借贷并抑制消费增长。根据他们的观点,最佳资本管制措施的实施应该是顺周期的:在经济景气时限制资本流入,而在经济不景气时实施补贴措施鼓励资本流入。

实证研究方面:国际货币基金组织经济学家 Kose 等人(2009)的研究表明资本项目自由化对经济增长的影响取决于研究的国家与时间跨度。加利福尼亚大学经济学者 Joshua Aizenman 等(2011)采用 1990—2010 年的分类数据(资本流入与流出、FDI、股权投资、短期债务等)对 100 个国家就本次全球金融危机对经济增长的影响进行了实证分析,得出与 Kose 等人(2009)的观点相一致的结论,认为资本项目自由化只有在那些超过一定制度门槛的国家才能对经济增长起促进作用。金融全球化对经济增长作用的理论研究为实证研究指明了新的方向,而实证研究反过来有力地佐证了理论研究的相关结论。即资本的自由流动对经济的促进作用是有条件的,当条件不具备时盲目开放金融市场必然会降低本国的福利水平,甚至导致难以控制的灾难性后果。

国内学术界尽管对资本管制重要性的认识比较一致,但并没有涉及资本管制的一般理论研究。对资本管制的认识,仅停留在国际资本流动的潜在风险及管制的必要性上。张明等(2011)认为,国际短期资本的大量涌入对中国政府管理国际短期资本流入带来挑战,这是对国际资本流动的风险提出的警示。余永定等(2012)提出资本管制是中国金融和经济稳定的最后一道防线,可见资本管制对中国宏观经济与金融稳定的重要性。然而,这些认识在一定程度上也反映出中国金融市场抗风险的脆弱性,同时也对中国金融理论界提出新要求:对资本管制的认识不能简单地停留在“是”或“否”的判断上,而应有准确的时机把握和充要条件的界定。

综上所述,当前关于资本管制的理论和实践研究相对薄弱,尽管对资本管制的理论研究由过去注重资本流动与资本管制对经济增长的影响向更加注重是否有利于提高国民福利转变，但依然缺乏对广大发展中国家与新兴经济体实施资本管制的理论基础。因此，有必要对资本管制理论进行一般性拓展，探讨实施资本管制的前提条件及其重要影响因素。

第二节　福利视角下资本管制理论模型

一、资本管制的次优性

从理论上讲，资本在全球范围内不受限制地自由流动，通过自由竞争的市场机制可使资本配置达到帕累托最优，从而增加各个国家的社会福利。但众所周知，完全理想状态的市场经济并不存在，垄断、外部性及信息不完全等市场扭曲因素无法消除，因而不能满足帕累托最优条件，依靠市场自发的调节机制也就无法实现资本流动的内外均衡。因此，资本管制以其合理性和必要性而变得不可忽视。资本管制的行政、税收和限额等措施能够提高经济效益，稳定宏观经济，并促进社会整体福利水平的提高。在资本自由流动无法达到最优状态的情况下，资本管制的合理性与必要性便是“次优理论”(Second-best Argument)的一个典型案例。

资本管制对于资本账户尚未完全开放的国家是次优选择，主要基于以下三方面的原因：第一，对本国不成熟金融市场的保护。对于金融市场发展相对落后和不完善的国家，特别是新兴经济体和广大发展中国家，实施资本管制可以有效地规避来自外部的周期性因素的冲击。第二，弥补本国财政政策和货币政策的局部“失灵”。一国的财政政策和货币政策经常会存在局部“失灵”的状况，此时，资本管制在应对国际短期资本流入与流出对国际收支和本国金融市场的冲击方面会起到一定的作用。第三，防范本国金融体系的系统性风险。国际短期资本的大规模流动、频繁进出与瞬间逆转，通常会使一国金融体系的系统性风险迅速放大，比如银行等金融机构的业务风险与道德风险。

二、基础理论模型构建

资本管制作为完全自由市场经济难以达到最优状态下的次优政策选择，会改善一国的福利水平。据此，可以基于一些基本假设构建资本管制次优理论的基础模型，将资本管制特指为对国际资本流入征税（相应地，该方法也可以应用于对其他资本管制措施的研究）。假定决策者已知代表性消费者的决定，国际市场上按国际利率借贷（设本国为开放型小国）为本国的公共支出融资以提高本国的福利，决定是否以及何时采取资本管制。根据初始条件（如初始债务存量）和借款条件，如果完全依赖于金融市场而未采取进一步的调控措施可能会导致公共债务的恶化，并最终损害消费者的福利。因此，资本管制相当于在次优条件下的最佳政策选择。

模型中开放型经济小国在国际金融市场上以固定利率 $r>0$ 对外汇资产 $a(t)$ 进行交易（参照 Makris 的研究，假定只有外汇资产可以在国际金融市场上交易）。[①] 初始时，政府对本国消费者在外汇资产上的投资（资本流入）收益进行征税，税率为 $\tau(t)>0$，由此获取的收入用于支付公共支出 $g(t)$ 和公共债务 $h(t)$ 的利息。因此政府的预算约束方程为：

$$\dot{h}=rh+g-\tau a \tag{4-1}$$

其中，初始债务存量 $h_0\geqslant 0$ 已给定，$a(t)$ 是私人财富。[②]

消费者是政策（即变量 g 和 τ）的接受者，从公共物品与私人产品消费中获取效用，其面临的效用最大化问题为：

$$\max\int_0^{\infty} e^{-\rho t}\left(\frac{c^{1-\frac{1}{\sigma}}}{1-\frac{1}{\sigma}}+\alpha\frac{g^{\beta}}{\beta}\right)dt \tag{4-2}$$

满足如下预算约束：

$$\dot{a}=(\gamma-\tau)a+y-c \tag{4-3}$$

其中贴现率 $\rho>0$，$\beta<1$，消费替代弹性 $\sigma<1$，初始财富 $a_0\geqslant 0$ 是给定的，$\frac{c^{1-\frac{1}{\sigma}}}{1-\frac{1}{\sigma}}$ 为时刻 t 消费 c(t) 的即期效用，$y>0$ 是外生收入流。消费者并不是信息完全的，他并不清楚国际利率相对于贴现率的状况。事实上，根据代表性家庭消费最优，我们可以得到标准的欧拉方程：

$$\dot{c}=(r-\rho-\tau)c \tag{4-4}$$

式（4-4）表示在任意时间消费的增长率为 $\sigma(r-\rho-\tau)$。要使得消费者效用最大化所对应的目标函数渐进有界，还需要引入其他参数条件。按常

---

① 模型构建参照了 Makris（2001），并在其研究的基础上加入公共支出，从而建立更为广泛的次优问题。

② 精确而言，私人财富包括公共债务和私人持有的外汇资产，但由于假定只有外汇资产可以在国际金融市场上交易，因此这里用外汇资产代表私人财富，公式（4-1）满足均衡。

理，消费者所持有的外汇资产在剔除税收后的净收益率$(r-\tau)$必须是非负的，即$\tau(t)\leqslant r$，则在$\sigma<1$情况下，若$\rho>r$，则金融完全自由化$[\tau(t)=0]$会导致私人财富越来越大$(\frac{\dot{a}}{a}>0)$，而私人消费却越来越小$(\frac{\dot{c}}{c}<0)$这样一种不稳定状态，在该状态下经济系统不是渐进稳定的。据此，我们假定。因此最大化目标函数式(4-2)所包含的政府决策问题涉及的决策变量$\{g(t),\tau(t),t_1\}$满足约束条件

$$\begin{cases}\dot{a}=(r-\tau)a+y-c\\ \dot{h}=rh+g-\tau a\\ \dot{c}=\sigma(r-\rho-\tau)c\\ \tau\leqslant r, a_0, h_0 \text{ 已知}\end{cases} \tag{4-5}$$

其中，当$t\in[0,t_1)$时，$0<\tau(t)\leqslant r$；当$t>t_1$时，$\tau(t)=0$。即目标函数式(4-2)与约束条件式(4-5)构成资本管制次优理论的基础模型。下文中将t_1前的经济制度定义为制度1，t_1后的制度定义为制度2，即制度1是实施资本管制，制度2是金融完全自由化，这也符合绝大多数国家资本项目开放的进程。采用Tomiyama (1985)提出的多阶段最优控制法来确定最优化问题中制度更替的时间t_1。以下将根据不同条件分析政府的最优政策选择，首先讨论公共支出为外生的条件下的最优选择，其次拓展到内生条件下的最优选择。

第三节　不同条件下资本管制的决定因素

从上述基础理论模型可以看出，政府的决策涉及公共支出$g\geqslant0$、征税税率以及征税的时间，政府通过这些变量来影响消费者的福利水平。政策选择将会在两种条件下进行，其一是公共支出由外生给定的即为常数条件，其二是公共支出由内生给定的情况下，从而可以得出在不同条件下资本管制对许多发展中国家来说均是最优的政策选择。

一、公共支出外生条件下的最优政策选择

在采用最优控制理论对上述次优问题的求解过程中，先考虑公共支出$g\geqslant0$为常数条件下政府的最优政策选择问题，此时目标函数(4-2)不受公共支出项的影响，因而可以假定$\alpha=0$，直接剔除公共支出项。定义$x(t)=$

$x[a(t),h(t),c(t)]$为状态变量的连续向量函数，其一阶差分在实数领域 R 分段连续，对应的决策规则为 $f_x^i[x(t),\tau(t)]$，其中 $i=1,2$。令 D 为制度 1 的控制区域，$D=(0,r]$，假定 $\tau(t)$在 D 内分段连续，则$[x^*(t),\tau^*(t),t_1^*]$是最优解的必要条件符合命题 1。

命题 1　存在实数 λ_0^i 和连续向量函数 $\lambda_x^i(t)$，$i=1,2$，$x=x(a,h,c)$，其中 $\lambda_x^1(t)$对 $t\in[0,t_1)$是分段连续的，$\lambda_x^2(t)$对所有 $t\in[t_1,\infty)$也是分段连续的，使得：

制度 i 下的现值哈密尔顿函数为$(i=1,2)$，

$$H^i[x(t),\tau(t),\lambda_x^i(t)]=\lambda_0^i U(c(t))+[\lambda_x^i(t)]^T f_x^i[x(t),\tau(t)] \tag{4-6}$$

现值拉格朗日函数为：

$$L^i[x(t),\tau(t),\lambda_x^i(t),\pi(t)]=H^i[x(t),\tau(t),\lambda_x^i(t)]+\pi(t)[r-\tau(t)] \tag{4-7}$$

其中，对所有 t，有库恩-塔克乘数 $\pi(t)\geqslant 0$，则

1.1　$\lambda_0^i=0$ 或 1，且$(\lambda_0^i,\lambda_x^i(t))\neq(0,0)$；

1.2　$\lambda_c^i(0)=0$；

1.3　对所有 $\tau\in D$，有

$\dfrac{\partial \mathrm{H}^1[x(t),t(t),\lambda_x^i(x)]}{\partial \tau}\leqslant 0$，$\dfrac{\partial \mathrm{L}^1[x(t),\tau(t),\lambda_x^i(t)]}{\partial \tau}=0$，$\pi(t)\geqslant 0$ 和 $\pi(t)(r-\tau)=0$；

1.4　令 $H^{i*}(t)$是哈密尔顿函数最大值，$H^{i*}(t)=H^i[x^*(t),\tau^*(t),\lambda_x^i(t)]$，函数 $\lambda_x^i(t)$对向量 $x=x(a,h,c)$满足$\dot{\lambda}_x^i(t)=\rho\lambda_x^i(t)-\dfrac{\partial \mathrm{H}^{i*}(t)}{\partial x(t)}$；

1.5　对向量 $x=x(a,h,c)$，有$\dot{x}^*(t)=\dfrac{\partial \mathrm{H}^{i*}(t)}{\partial \lambda_x^i(t)}$；

1.6　假定 $t_1^*<\infty$，

如果 $t_1>0$，对所有向量 $x=x(a,h,c)$则必须满足

$$\lambda_x^1(t_1^*)=\lambda_x^2(t_1^*)\text{，且 } H^{1*}(t_1^*)=H^{2*}(t_1^*) \tag{4-8}$$

否则 $t_1=0$，$\lim\limits_{t_1^*\to 0} H^{1*}(t^1)\leqslant \mathop{lim}\limits_{t_1^*\to 0} H^{2*}(t_1^*)$。

对向量 $x=x(a,h,c)$，转换条件为$\lim\limits_{t\to\infty} e^{\rho t}\lambda_x^2(t)x(t)=0$

1.7　假定 $t_1^*=\infty$，则 $\lim\limits_{t_1^*\to\infty} H^{1*}(t_1^*)\geqslant \lim\limits_{t_1^*\to\infty} H^{2*}(t_1^*)$。

对向量 $x=x(a,h,c)$，转换条件为$\lim\limits_{t\to\infty} e^{-\rho t}\lambda_x^1(t)x(t)=0$。

除了条件 1.2、1.6、1.7，上述给出的其他一阶条件都是完全标准的。条件 1.2 可直接由状态变量——消费的初始值是自由的所隐含的转换条

件得到。条件1.6、1.7是不同最优替换时间存在的必要条件。条件1.6中的式(4-8)是制度发生更替的最优时间存在内点解的必要条件，即在最优时间 $t_1>0$，伴随状态变量都连续，而且哈密尔顿函数在 t_1 也连续，且后者实际上是存在最优内点解 t_1 的充要条件。1.6、1.7分别列出了角点解 $t_1=0$（瞬间实现资本项目完全自由化）和 $t_1=\infty$（长期实施资本管制）存在所需满足的必要条件（非充分条件），其对应的经济解释是：条件1.6表明如果存在制度更替，若更替时间点大于0，则此时两种制度下福利相等；若更替时间为0，即瞬间实现了制度1向制度2的更替，则在此瞬间制度2下的福利不小于制度1下的福利。条件1.7表明如果最优制度是永久的资本管制，则在足够长的时间内，制度1下总的福利总是大于制度2下的总福利。

根据以上分析，可以列出该次优问题存在最优解所需满足的一阶条件，为分析的方便在式子中省略了制度和时间指标。

$$\begin{cases}\pi=-[(\lambda_h+\lambda_a)a+\lambda_c\sigma c]\\ \dot{\lambda}_a=(\rho-r+\tau)\lambda_a+\tau\lambda_h\\ \dot{\lambda}_c=[\rho-\sigma(r-\rho-\tau)]\lambda_c+\lambda_a-c^{\frac{1}{\sigma}}\\ \dot{\lambda}_h=(\rho-r)\lambda_h\end{cases} \tag{4-9}$$

对应式(4.8)可写出制度更替时间 t_1 存在的必要条件，其中 $t\in(t_1,\infty)$ 时 $\tau(t)=0$，且伴随状态变量与状态变量在 t_1 都连续（所有序列用带“^”的字符表示）。

$$H^1(t_1)=\frac{\hat{c}^{1-\frac{1}{\sigma}}}{1-\frac{1}{\sigma}}+\hat{\lambda}_a\{[r-\tau(t_1)]\hat{a}+y-\hat{c}\}+\hat{\lambda}\sigma[r-p-\tau(t_1)]\hat{c}+\hat{\lambda}_h[r\hat{h}+g-\tau(t_1)\hat{a}] \tag{4-10}$$

$$H^2(t_1)=\frac{\hat{c}^{1-\frac{1}{\sigma}}}{1-\frac{1}{\sigma}}+\hat{\lambda}_a[r\hat{a}+y-\hat{c}]+\hat{\lambda}_c\sigma[r-p]\hat{c}+\hat{\lambda}_h[r\hat{h}+g] \tag{4-11}$$

因此，$H^1(t_1)=H^2(t_1)$ 等价于

$$\tau(t_1)(\sigma\hat{\lambda}_c\hat{c}+\hat{\lambda}_a\hat{a}+\hat{\lambda}_h\hat{a})=0 \tag{4-12}$$

即 $\tau(t_1)\pi(t_1)=0$，如果 $\tau(t_1)>0$，则它隐含 $\pi(t_1)=-(\sigma\hat{\lambda}_c\hat{c}+\hat{\lambda}_a\hat{a}+\hat{\lambda}_h\hat{a})=0$。

由于 $\pi(t_1)\geqslant 0$，因而，在时刻 t_1，$\pi(t_1)=0$，对税率的约束解除，此后政

府停止对国际资本流入征税；在 $t<t_1$ 时，$\pi(t_1)>0$，即对税率的约束一直到 t_1，所以对任意 $t\in(0,t_1)$，有 $\tau(t)=r$。

如果 $0<t_1<\infty$ 存在，则经济体最终会进入制度 2，且 $t>t_1$ 时 $\tau(t)=0$。根据式(4-9)能够分别得出各制度下的解，制度 1 对所有 $t\in[0,t_1]$ 有效，得 $\tau=r$；而制度 2 对所有 $t\in(t_1,\infty)$ 有效，此时 $\tau=0$。由于 $c(0)$ 无限制和 (c,h,a) 的连续性以及它们在 t_1 的伴随状态得 $\lambda_c(0)=0$，利用边界条件组 $[a_0,h_0,\lambda_c(0)]$ 可得到最优的制度更替时间方程：

$$\frac{\sigma\rho}{\sigma\rho+r}[a_0+y(r^{-1}+t_1)]=[a_0+r^{-1}(y-g)-h_0]\left[\frac{1-\dfrac{(1-\sigma)re^{-\sigma\rho t_1}}{\sigma\rho+r(1-\sigma)}}{1+\dfrac{\sigma re^{-(r+\sigma\rho)t_1}}{\sigma\rho+r(1-\sigma)}}\right] \tag{4-13}$$

据此可得到以下结论：

命题 2　存在内点解——即在有限时间内发生制度更替的必要条件。

2.1　$0<t_1<\infty$ 存在的必要条件为：

$$\frac{r}{r+\sigma p}\left(a_0+\frac{y}{r}\right)>h_0+\frac{g}{r} \tag{4-14}$$

2.2　在 $y=0$ 的特定状态下，$0<t_1<\infty$ 存在的必要条件简化为：

$$\frac{r}{r+\sigma p}a_0>h_0+\frac{g}{r} \tag{4-15}$$

此时该条件也是充分的。

从命题 2 可以得出一些结论。制度是否发生更替取决于两方面的比较：一方面是初始债务和未来支出的贴现流的总和即总支出；另一方面是初始财富和未来收入的贴现流的总和即总财富，其中贴现率取值为利率。政府若要在将来某个时间点更替到制度 2 则必须满足本国所具有的总财富远远大于其总支出。这一结果与 Kose 等的研究结论一致，他们认为只有当初始财富和收入的现值流的总和所表达的总财富的测量值超过一定阈值时取消资本管制才是可取的。同时，简化的转换条件式(4-15)还包含了以下经济含义：其一，过大的初始债务 h_0 使得资本流动完全自由化是次优的，这与 Aizenman 等的结论在某种程度上是一致的，他们认为危机期间，那些具有较高短期债务的国家表现得尤为糟糕。其二，当一个国家具有充足的初始国内私人资产存量(即 a_0)时，更替到资本流动完全自由化可能是最优的。

同理，将外生的收入路径 $y(t)$，$t\geqslant0$ 代入制度更替条件(4-13)式，可以分析经济周期变化对制度更替的影响。尽管我们的分析受到一些不确定性情况的限制，但从(4-14)式仍可得出一些初步的结论——资本管制政策的实施应是逆周期的：当y(t)越大，经济越繁荣，则制度更替的必要条件(4-14)式越容易满足，即繁荣时资本项目有自由化倾向，此时要抑制热钱流入，控制经济过热；相反，当y(t)越小，经济进入衰退，则制度更替的必要条件越难于满足，即衰退时有抑制资本项目自由化的倾向，此时在防止资本外逃的基础上，应适当放松资本管制鼓励资本流入。

最后，制度更替的条件还受利率、偏好以及贴现率等参数的影响，根据(4-14)式可以检验次优政策对这些参数的敏感程度。首先就利率而言，在制度更替前它等于税率，利率的提高意味着债务成本的上升和更高的税收收入，债务成本的上升使得(4-14)式右半部分变大，而税收收入的增加使得(4-14)式左半部分变大，两者的作用相反，因此利率对制度更替的效应是不确定的。其次，偏好与贴现率作用于(4-14)式的左半部分，从中可以看出跨期替代弹性越高和贴现率越大，则(4-14)式左半部分越小，从而资本流动自由化的可能性越小。在资本管制制度下，最优消费是下降的($\dot{c}=-\sigma\rho c<0$)，跨期替代弹性越高，贴现率越大，且期初消费越大，则消费下降得越陡峭；此时，资产积累是毫无意义的，因为资产积累的收益都完全被征税了($\tau=r$)，税收收入逐渐下降，制度更替越不可能发生。

下面分析最优角点解的可能性。通常情况下，当条件(4-14)不再满足时会有角点解。

命题3 角点解——瞬间实施资本项目自由化与永久实施资本管制都是次优的。

3.1 角点解 $t_1=0$(从 $t=0$ 时实行资本项目自由化)总是次优的。

3.2 如果条件(4-14)不满足，则角点解 $t_1=\infty$ 是最优的，这时消费收敛于0。

命题3的第一个结论是比较合理的，因为建立在税率 $\tau=0$ 的模型上的资本项目自由化只会增加债务，在其他条件不变的情况下，其结果是动态次优的。第二个结论表明在制度更替的条件式(4-14)不满足时永久实施资本管制是最优的，即跨期支出超过跨期收入时必然会导致长期的资本管制，并且最优资本管制会导致 $\tau=r$，根据最优消费原则，其作为次优问题的一个约束条件，意味着消费将趋近于0，这与福利最大化原则相违背。

二、公共支出内生条件下的最优政策选择

现在考虑 g 为内生条件下的政府最优政策的选择。为了计算的方便，

根据命题 2 的分析，$y=0$ 时制度更替的条件与 $y>0$ 时同样是定性的，因此在公共支出内生条件下，只需分析 $y=0$ 时的最优政策选择。此时，最优问题可表示为：

$$\max_{g,\tau,t_1}\int_0^{\infty}e^{-\rho t}\left(\frac{c^{1-\frac{1}{\sigma}}}{1-\frac{1}{\sigma}}+\alpha\frac{g^{\beta}}{\beta}\right)dt \tag{4-16}$$

约束条件同式(4-5)，必要条件与式(4-9)类似。并且，对 g 取最优得到：

$$g(t)=g[\lambda_h(t)],\text{其中 } g[\lambda_h(t)]=\left[-\frac{\lambda_h(t)}{\alpha}\right]^{\frac{1}{\beta-1}}。 \tag{4-17}$$

最优的制度更替时间所需满足的必要条件仍为式(4-12)，即两种制度下福利相等。与之前的分析相同，假定在制度 1 下，政府设定的最大税率为 $\tau(t)=r$，其中 $t\leqslant t_1$，这便很容易求出两种制度下的动态系统解。根据式(4-9)求得 λ_h，$\lambda_h(t)=\bar{\lambda}_h e^{(\rho-r)t}$，在资本管制制度下的一般解为：

$$\begin{cases}\lambda_a(t)=\lambda_{a1}e^{\rho t}-\bar{\lambda}_h e^{(\rho-r)t}\\ \lambda_c(t)=\lambda_{c1}e^{\rho(1+\sigma)t}+\dfrac{\bar{\lambda}_h}{r+\rho\sigma}e^{(\rho-r)t}+\dfrac{(c_1^{-\frac{1}{\sigma}}-\lambda_{a1})}{\sigma\rho}e^{\rho t}\\ c(t)=c_1e^{-\sigma\rho t}\\ a(t)=a_1+yt+\dfrac{c_1}{\sigma\rho}e^{-\sigma\rho t}\\ h(t)=h_1e^{rt}+a_1+y(r^{-1}+t)+\dfrac{(\beta-1)g(\bar{\lambda}_h)e^{\frac{\rho-r}{\beta-1}t}}{\rho-\beta r}+\dfrac{rc_1}{\sigma\rho(\sigma\rho+r)}e^{-\sigma\rho t}\end{cases} \tag{4-18}$$

在资本项目自由化下($\tau=0$)，解为：

$$\begin{cases}\lambda_a(t)=\lambda_{a2}e^{(\rho-r)t}\\ \lambda_c(t)=\lambda_{c2}e^{[\rho(1+\sigma)-r\sigma]t}-\dfrac{\lambda_{a2}-c_2^{-\frac{1}{\sigma}}}{\sigma\rho+r(1-\sigma)}e^{(\rho-r)t}\\ c(t)=c_2e^{\sigma(r-\rho)t}\\ a(t)=a_2e^{rt}-\dfrac{y}{r}+\dfrac{c_2}{\sigma\rho+r(1-\sigma)}e^{\sigma(r-\rho)t}\\ h(t)=h_2e^{rt}+\dfrac{(\beta-1)g(\bar{\lambda}_h)e^{\frac{\rho-r}{\beta-1}t}}{\rho-\beta r}\end{cases} \tag{4-19}$$

当在有限的时间内($0<t_1<\infty$)发生制度更替，此时依据贴现率与利率的相对大小有不同解。若 $r>\rho$，则转换条件隐含 $\lambda_{c2}=a_2=h_2=0$，并且满足

$\rho>\beta$，在这种状况下，消费和私人资产随着时间的延伸而趋向于无穷大$(+\infty)$。但由于$\beta<1$，可得公共（支出）债务趋向负无穷大，这是一个无关解，可由问题初始状态要求公共债务渐近非负而拒绝（类似于非蓬齐博弈条件），因此$r>\rho$时无解。而在模型设定中包含了$r\geqslant\rho$，故$\rho=r$，即利率和贴现率相等，因此可以得到整个时期公共债务的伴随状态变量λ_h和公共支出都是常数。如果$0<t_1<\infty$存在，则可得最优转换时间方程：

$$\frac{\sigma a_0}{1+\sigma}\frac{1+\sigma e^{-r(\sigma+1)t_1}}{1-(1-\sigma)e^{-\sigma r t_1}}=a_0-\frac{g[\lambda_h(t_1)]}{r}-h_0 \tag{4-20}$$

该方程和式(4-13)类似，将$\rho=r$、$y=0$和$g=g[\lambda_h(t_1)]$代入式(4-13)即可得式(4-20)。公共支出外生条件下，可以通过系统伴随状态变量分别解出系统状态变量，并获得简化方程式(4-13)所定义的最优时间t_1的存在性。而公共支出内生条件下情况有所变化，因为政府提供的公共物品的数量依赖于公共债务的伴随状态变量。因此，必须解出伴随状态系统以导出$\lambda_h(t_1)$的表达式。根据计算可得：

$$\lambda_h(t_1)=\frac{1+\sigma}{\sigma}\frac{(\sigma r a_0)^{-\frac{1}{\sigma}}[1-(1-\sigma)e^{-\sigma r t_1}]^{\frac{1+\sigma}{\sigma}}}{(1-\sigma)e^{-r(1+\sigma)t_1}[1-e^{r(1+\sigma)t_1}]-(1+\sigma)e^{-rt_1}} \tag{4-21}$$

其中，$c_1(t_1)=\sigma r a_0[1+(\sigma-1)e^{-\sigma r t_1}]^{-1}$。因此可以得到如下命题：

命题4　公共支出内生条件下，在有限时间内发生制度更替即$0<t_1<\infty$存在的必要且充分条件是

$$\frac{a_0}{1+\sigma}>h_0+\frac{1}{r}\left[\frac{(1+\sigma)(\sigma r a_0)^{-\frac{1}{\sigma}}}{\alpha\sigma(1-\sigma)}\right]^{\frac{1}{\beta-1}} \tag{4-22}$$

在一般意义上，本命题的结论和公共支出外生状态下的结论是一致的。令$\rho=r$和$y=0$，条件式(4-14)简化为$\frac{a_0}{1+\sigma}>h_0+\frac{g}{r}$，类似的条件式(4-22)可以写为$\frac{a_0}{1+\sigma}>h_0+\frac{g_{\min}}{r}$，其中$g_{\min}=\left[\frac{(1+\sigma)(\sigma r a_0)^{-\frac{1}{\sigma}}}{\alpha\sigma(1-\sigma)}\right]^{\frac{1}{\beta-1}}$。因此，是否在将来某个时间点开放资本项目取决于初始的财富和初始债务与最小未来公共支出流现值加总的比较，其中用利率代表贴现率。

但是，由于$g_{\min}$是内生的，模型中基本参数的影响与支出是外生情况下的影响会有所区别。最小公共支出受利率r、公共支出效用弹性β以及初始财富a_0的影响，其中利率和效用弹性的影响是明确的，这两个参数越大，则$g_{\min}$越大，式(4-22)右半部分越大，从而在有限时间内越难以替换到金融完全自由化。由于公共支出的最低水平也正向取决于初始财富a_0，使得初始财富a_0的影响是不确定的：由式(4-14)可知更为富裕的国家(a_0越大)在给定的公共支出水平下更容易取消资本管制实现资本项目自由化；但

是，在公共支出内生的情况下，更大的 a_0 会使得公共支出 g 更高，从而降低了资本项目自由化的可取性。根据式(4-22)可得出中等财富水平的国家更易实现资本项目的自由化。

综上所述，可以将以上命题的结论归结为四点：第一，一国放开资本管制实现资本项目自由化必须满足其前提条件，即总财富大于总支出，当该条件不满足时则应实施资本管制，而一些重要因素决定总财富与总支出的关系。第二，当一国公共支出的目标是社会福利最大化时，中等财富水平的国家更易实现资本项目自由化。第三，资本管制的实施应是逆周期的：当经济繁荣时资本项目有自由化倾向，此时应加强资本管制抑制国际短期资本（尤其是国际短期投机资本）流入，控制经济过热；而经济衰退时有抑制资本项目自由化的倾向，此时在防止国际短期资本外逃的基础上，应适当放松资本管制鼓励国际资本（尤其是国际长期资本）流入。第四，资本市场的开放是渐近有序的，贸然间实现资本市场完全自由化或者永久实施资本管制都是次优的。长期以来，中国的资本管制实践与上述四个结论相吻合，本书将在第六章对中国资本管制进行详细阐述。

第四节 资本管制决定因素的实证检验

一、数据来源和描述

数据来源于 IMF 世界经济展望（WEO）数据库、世界银行数据库和 Chinn-Ito(2011)。有效样本包含了 1980—2011 年 61 个发展中国家 6 个宏观经济指标 1980—2011 年的数据。[①]

综合考虑数据的可靠性和可得性，采用金融开放程度指标 KAOPEN[②] 作为资本管制的代理变量。根据 Chinn-Ito(2011) 可获得 182 个国家 1970—2011 年的 KAOPEN 指标，从中可以看出 KAOPEN 指标取值介于 －1.8639—2.439 之间，取值越大意味着金融开放程度越高，即资本管制强

① 实证分析采用发展中国家数据，当然发达国家早期也广泛实施过资本管制政策，由于数据不完整，且发达国家基本上已实现了资本项目自由化，所以在实证研究中不考虑发达国家。

② 该指标数据可从 Chinn-Ito(2011) 中获取，是根据 IMF 发布的《汇兑安排和汇兑限制年报》中的四大类信息进行主成分分析计算得到的指标，包括是否存在多重汇率、经常账户管制程度、资本账户开放程度、是否要求上缴出口收入。

度越弱。图 4-1 是 KAOPEN 测度的平均值，其中虚线代表的是发达国家，实线代表的是发展中国家。从该图可以看出，发达国家的金融开放水平一直都高于发展中国家。1970—2011 年，发展中国家 KAOPEN 指标均值为 −0.285，发达国家 KAOPEN 指标均值为 1.1698；而所有国家 KAOPEN 指标均值为 −0.000615，非常接近于 0。因此，可以将被解释变量"资本管制"记为 Y：当一国的 KAOPEN 指标小于等于 0 时，$Y=1$；当一国的 KAOPEN 指标大于 0 时，$Y=0$。其经济含义是，当 $Y=1$ 时，实施资本管制。以下将主要针对发展中国家实施资本管制的决定因素进行分析。

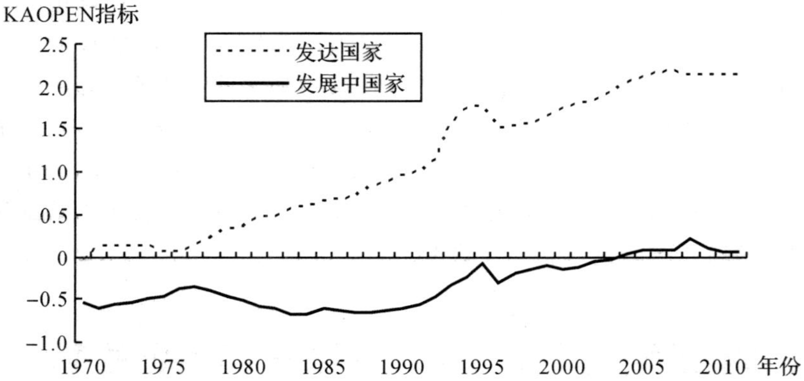

图 4-1　KAOPEN 资本管制测度趋势

资料来源：根据 Chinn-Ito(2011) 中 KAOPEN 指标分类测算所得，http://web.pdx.edu/~ito/Chinn-Ito_website.htm。

解释变量的选取：资本管制作为国家宏观经济调控的重要手段，根据公式 4-14、4-15、4-22，其主要决定因素涉及以下指标：r 国际借贷利率、初始财富 a 和收入 y、公共债务 h，政府支出 g。根据数据的可得性，采用以下宏观经济指标作为各指标的替代变量：外债平均利息率（外债成本）、人均 GDP 、GDP 增长率、外债占 GNI 比、储备与外债比、总投资占 GDP 比。根据理论分析，各指标对资本管制作用方向的符号见表 4-1。

表 4-1　解释变量列表

变量代码	变量简称	变量含义	符号	对资本管制的影响
X1	NGDP_RPCH	GDP 增长率	＋	逆周期，繁荣时加强资本管制，萧条时适当放松管制
X2	PPPPC	人均 GDP	－	越富裕管制得越少

续　表

变量代码	变量简称	变量含义	符号	对资本管制的影响
X3	NID_NGDP	总投资占 GDP 比	—	投资越大，所需资金越多，因而会放宽管制
X4	EDSG	外债占 GNI 比	+	外债越高，对经济的不利影响越大，越有可能采取资本管制
X5	RTD	储备与外债比	—	储备越大，应对国际短期资本逆转的空间越大，直接采取资本管制的可能性越小
X6	IED	外债平均利息率（外债成本）	+	外债成本越高，即借债利息率越大，越难在国际上融资，越有可能采取资本管制措施
X7	CRI	发生全球性金融危机	+	危机的爆发往往伴随大量短期资本的异常流动，此时有必要加强资本管制

注：外债平均利息率为利息支付占 GNI 比与外债占 GNI 比两个值的商。变量 X1、X2、X3 的数据来自 WEO 数据库，变量 X4、X5、X6 的数据来自世界银行数据库。变量 X7 为发生全球性金融危机，即 1997、2008 年取值为 1，其余年份取值 0。

二、模型和实证结果

根据以上分析，可以通过建立如下的 xtlogit 模型来检验资本管制的决定因素：

$$P(Y_{it}=1)=F(\alpha+X_{it}^{'}\beta+\nu_i) \tag{4-23}$$

式(4-23)中的下标 i 表示第 i 个国家。方程左边的 $P(Y_{it}=1)$ 表示第 i 个国家实施资本管制的概率。右边 X 为解释变量(见表 4-1)。

对该离散二值选择模型分别进行随机效应模型和固定效应模型拟合，并通过 Hausman 检验得到 P 值为 0，因此将采用固定效应模型进行分析。对模型用 STATA 中的 xtlogit 命令进行固定效应拟合，结果见表 4-2。接着用 mfx 命令对该模型中的解释变量的偏效应和标准差进行估计，结果见表 4-3。

表 4-2　xtlogit 固定效应模型拟合结果

解释变量	被解释变量：y	
X1	0.0585982***	(3.94)

续 表

解释变量	被解释变量:y	
X2	−0.0001233***	(−3.65)
X3	−0.0291694*	(−2.45)
X4	−0.0287897***	(9.44)
X5	−0.0030089**	(−2.60)
X6	20.10382***	(4.41)
X7	−0.7613625**	(−2.94)
极大对数似然值	−587.63846	
模型卡方检验	308.49[0.0000]***	
观测值	1697	

注:括号中为z统计量;*、**、***分别表示在5%、1%和0.1%水平上显著;括号内是对模型整体进行卡方检验的显著性P值。

表4-3 资本管制的决定因素估计

解释变量	被解释变量:y	
	边际效应	标准差
X1	0.0087989	(.00327)***
X2	−0.0000185	(.00001)**
X3	−0.00438	(.00267)
X4	0.004323	(.001)***
X5	−.0004518	(.00023)*
X6	3.01873	(.72216)***
X7^	−.1378233	(.06246)**

注:^表示由0到1,即发生全球性金融危机;*、**、***分别表示在10%、5%和1%水平上显著。

依据表4-3中的结果可以对资本管制的决定因素进行分析:(1)GDP增长率的边际效应在1%水平下显著为正,与预期的符号一致,这表明由于发展中国家的经济基本面好于发达国家,吸引了更多的国际短期资本涌入从而导致资本管制的加强。(2)人均GDP的边际效应在5%水平下显著为负,即越富裕的国家实施资本管制的可能性越小,这与理论分析中的总财富超过总支出时政策选择由资本管制向资本项目自由化转变相吻合。(3)总投资占GDP比在10%水平下不显著,但在15%水平下显著为负,表明投资越大,所需资金越多,从而会放松资本管制。(4)外债占GNI比的边际效应在1%水平下显著为正,与理论预期一致,表明过高的外债是实施资本管制的重要决定因素。(5)储备与外债比的边际效应在10%水平下显著为负,与理论预期一致,即储备规模越大,放松资本管制的可能性越大,表明一国在实现资本项目自由化的进程中必须加强储备的积累。(6)外债平均利息率的边际效应在1%水平下显著为正,与理论分析一致,表明外债平均利息率越高,借债成本越高,总支出越大,制度更替的条件越难于满足,从而实施资本管制。(7)虚拟变量是否发生全球性金融危机对资本管制的边际效应在5%水平下显著为负,与理论预期不一致,这一方面反映了从长期来看发展中国家是趋向于金融开放的,另一方面反映了发展中国家在应对国际短期资本流动逆转时往往处于被动地位,国际短期资本的高隐蔽性、高速流动、频繁进出使得发展中国家作为短期行为的资本管制本身,既难以掌控,其效率也难以显著和持续。

综上所述,可以看出,加强资本管制的主要决定因素依次为外债平均利息率(外债成本)、GDP增长率、外债占GNI比;放松资本管制的主要因素依次为储备与外债比、总投资占GDP比、人均GDP。其中外债成本的边际效应最大为3.02,表明资本管制对利率变化最为敏感。2008年全球金融危机后相继爆发的欧洲债务危机、美国财政危机等都是源于债务的积累导致的债务成本越来越高难以为继,而不得不采取临时救援措施以纾困。而相对于外债的增长,外汇储备的积累能够增强抗击金融风险的能力。在1997年的亚洲金融危机期间,中国多次保证人民币不贬值,也是依赖于充足的外汇储备。实证结果基本上与上文中理论推导的结论相符,有效验证了理论假设的合理性与命题的正确性:资本项目自由化必须满足其前提条件,即总财富大于总支出,当该条件不满足时则应实施资本管制。

第五节　小　　结

采用最优控制理论对一国政府是否应该对国际资本流动实施资本管制(例如征收国际资本流入税),以及何时实施资本管制这样一个次优问题进行的理论研究表明:第一,一国放开资本管制实现资本项目自由化必须满足其前提条件,即总财富大于总支出,当该条件不满足时则应实施资本管制,而一些重要因素决定总财富与总支出的关系。第二,当一国公共支出的目标是社会福利最大化时,中等财富水平的国家更易实现资本项目自由化。第三,资本管制的实施应是逆周期的:当经济繁荣时资本项目有自由化倾向,此时应加强资本管制抑制国际短期资本(尤其是国际短期投机资本)流入,控制经济过热;而经济衰退时有抑制资本项目自由化的倾向,此时在防止国际短期资本外逃的基础上,应适当放松资本管制鼓励国际资本(尤其是国际长期资本)流入。第四,资本市场的开放是渐近有序的,贸然间实现资本市场完全自由化或者永久实施资本管制都是次优的。

同时,采用61个发展中国家1980—2011年的数据对上述理论结论进行了实证检验并得出:加强资本管制的主要决定因素依次为外债平均利息率(外债成本)、GDP增长率、外债占GNI比;放松资本管制的主要决定因素依次为储备与外债比、总投资占GDP比、人均GDP。这一研究结果对中国推进资本项目自由化具有重要的理论意义。中国政府在积极鼓励国际贸易使用人民币结算,推进香港离岸人民币市场发展的同时,仍应灵活运用资本管制措施,有效控制国家债务与公共支出,优化外汇储备资产结构、创新外汇储备运用;审慎、渐近、可控、有序地推进利率市场化,逐步缩小国际利差以压缩国际投机资本的获利空间;积极推进金融业对内、对外开放和资本项目自由兑换,加强与国外金融部门、金融机构的协作,防范与规避国际短期投机资本"大进大出"的负面冲击。

第五章　中国国际短期资本流动影响因素的实证分析

随着经济金融全球化的深化，国际短期资本流动已经成为国际资本流动的主体。国际经验表明，积极引进和利用国际资本是推动东道国经济发展的重要力量。但是，在内外各种因素的影响下，国际资本，特别是短期资本的大进大出，容易对一国经济产生较大的冲击，一定条件下还有可能引发货币金融危机甚至政治、经济和社会危机。中国作为新兴大国，对国际资本，尤其是国际短期资本具有更大的获利空间与更为安全的政治环境，在这种情况下，国际短期资本大举进入中国攫取高额短期垄断利润并迅速撤离已成为超级垄断资本的惯用伎俩。为了有效地避免国际短期资本大进大出对中国经济发展与金融稳定的冲击，有必要掌握中国国际短期资本流动的存量与流量的真实状况，并进一步探讨引起中国国际短期资本存量与流量波动的经济与政策影响因素。

第一节　中国国际短期资本流动的测算与特征

一、中国国际短期资本流动规模的测算

在中国经常项目已经开放、资本项目部分开放的背景下，进出中国的国际短期资本的渠道和途径日益多样化，国际收支平衡表所记录的国际短期资本流动情况已经不能够比较真实、全面地反映进出中国的国际短期资本流动的规模。对此，本书将分别采用不同的估算方法，并综合这些方法的计算结果来对中国国际短期资本流动的规模进行统计估算，以此分析中国国际短期资本流动的现状与特征。

(一)国际短期资本流动的测算方法

1. 非直接投资净额调整法

国际货币基金组织(IMF)和国际清算银行(BIS)等机构经常运用该方法对国际短期资本流动进行核算,其计算过程分两个步骤:首先计算出非直接投资形式的资本流动规模,然后根据一定的原则对这一规模进行适当的调整,所得结果即为国际短期资本流动的规模。

其中非直接投资净额计算如下:

非直接投资净额=资本和金融项目差额-直接投资差额

而对初步估算结果的调整方法包括净误差和遗漏项调整法与分项调整法。

(1)净误差和遗漏项调整法。

由于种种原因,国际收支统计难免存在误差,这就需要对上述结果进行适当的调整。比较直接的做法是将国际收支表中的净误差和遗漏项看作非直接投资形式的资本流动。这一直接调整法存在不合理的地方,因为净误差和遗漏项的统计含义是主要方面,其包含的经济含义只是在中国经济转型的特定时期里"经济快速发展与经济结构调整滞后之间的矛盾"所引发出来的问题,是暂时的。国内有学者将国际收支表中的净误差和遗漏项的一部分作为非直接投资形式的资本进行调整,依据王信(2005)的估算比例对非直接投资净额进行调整[①],从而能得到中国国际短期资本流动规模的初步测算结果。

(2)分项调整法。

中国早在2005年就实现了经常项目可兑换,对资本项目实行的是差异管制,其中,金融项目中的外商直接投资管理很松,而对证券与其他投资维持了较严格的管制。这必然导致国际短期资本有可能通过经常项目下的进出口贸易、经常转移和金融项目下的直接投资等形式进出中国。特别是当经济形势发生异动时,国际短期资本通过这些渠道流动的现象就更加明显,因此,这部分资本流动也应计入非直接投资形式的资本流动。分项调整法正是基于国际短期资本流动的潜在渠道进行估算得出调整项,其测算结果由于估算比例大小的确定具有较强的主观性。

进出口贸易渠道:在人民币升值预期强烈的情况下,国际投资者采用高报出口价格、低报进口价格、预收货款、延迟付款等手段通过贸易渠道将

① 王信(2005)认为将净误差和遗漏项的40%作为非直接投资是比较合理的。

境外资金转移至境内进行投机，而当形势逆转时则采用相反的手段将资本迅速转移出境。由于统计方法与口径的不同，很难准确估计出进出口额中的投机资本，在此假定非直接投资形式的资本流动占进出口总额的1%，相应地国际短期资本净流入为进出口差额的1%。

经常转移渠道：个人外汇收支监管一直是中国经常项目外汇管理的薄弱环节。随着居民个人和非居民个人项下因私收入大幅增长，部分投机资本以个人外汇的名义流入境内，因而个人外汇账户成为国际短期资本流入的一个重要渠道。因此，将经常转移项下的30%看作是短期套利资本进行调整。

外商直接投资渠道：外国在华直接投资绝大多数以资本金名义结汇，其办理手续相对简单，为境外短期资本进入境内提供了便利。据各地估算，外商直接投资流入中约20%实际上是短期的套利资本流入。因此，可将外商直接投资中的20%调整为非直接投资。[①]

2. 直接测算法

该方法直接从国际收支平衡表中采集相关数据对国际短期资本进行测算，因而也常称为国际收支平衡表法（BOP Accounts Approach）。其计算公式是：

短期资本流动净额＝BOP反映的短期资本流动净额＋国际收支账户中的“误差和遗漏”

BOP表中反映国际短期资本流动的是金融账户下证券投资和其他投资中偿还期限在一年以下的部分，具体包括证券投资中货币市场工具，其他投资中的短期贸易信贷、短期贷款、货币和存款等。

3. 间接测算法

该方法也称世行法，其计算原理是考虑隐蔽性资本流动，先计算出隐蔽性资本流动规模，然后将其与BOP资本流动净额相加就是总的短期资本流动规模。

隐蔽性资本流出＝外债增加＋净外国直接投资流入－经常项目的逆差－储备资产的增加

间接法资本流动净额＝BOP短期资本流动净额＋隐蔽性资本流动净额

---

① 刘仁伍（2008）对各项调整的比例分别为进出口渠道1%；经常转移渠道40%；外商直接投资渠道30%。根据后文对资本管制有效性的检验，认为比例没有这么高，调整为进出口渠道1%；经常转移渠道30%；外商直接投资渠道20%。

4. 克莱因法

克莱因法也是一种比较常用的测算隐蔽性资本流动的方法。该方法主要是在摩根公司法基础上对间接法的进一步修正。摩根公司法是在间接法四项剩余的基础上扣除银行体系拥有的短期外币资产的增量。克莱因则认为,外国直接投资收入中的总投资部分也不应计入资本外逃,经常项目中的旅游收入和边境贸易部分因不通过官方市场也均不应计入。所以克莱因法的测算公式是:

隐蔽性国际资本流出=外债增加+净外国直接投资流入-经常项目的逆差-储备资产的增加-银行体系和货币当局所持有的短期外币资产-旅游和边贸收入-其他资本收入

但是中国银行系统和货币当局所持有的短期外币资产是构成中国资本流动的重要部分,所以用克莱因法估算中国国际短期资本流动时不扣除该项。即:

隐蔽性国际资本流出=外债增加+净外国直接投资流入-经常项目的逆差-储备资产的增加-旅游和边贸收入-其他资本收入

综合以上四种方法,其核算过程都包含两部分:基本项和调整项。其中非直接投资净额调整法的基本项为非直接投资净额,即国际收支平衡表(BOP)中资本和金融项目差额项扣除直接投资差额部分。其调整项的获取有两种方法,一种方法是直接将 BOP 中净误差和遗漏项的 40%看作是非直接投资进行调整;另一种方法是直接按一定比例估算出不同渠道(进出口、经常转移和外商直接投资等)中属于短期资本流动的部分作为调整项。而直接测算法、间接测算法与克莱因法的基本项是一致的,都为 BOP 反映的短期资本流动净额,只是三种方法的调整项不同。直接测算法直接将 BOP 中净误差和遗漏项作为调整项,这样既包含了未记录的资本流动,也包含了实际意义上的统计误差,从而该方法的计算误差可能比较大。间接测算法将测算出的隐蔽性资本流动作为调整项,而该法所测算的隐蔽性资本流动实际上还包含了长期隐蔽性资本的流动额,因而会夸大短期资本流动的规模。克莱因法对间接测算法进行了修正,将不通过官方市场的旅游收入、边境贸易收入以及其他资本收入等从隐蔽性资本流动中剔除,但这仍然会使得估算结果波动性较大。

在国际资本短期流动没有统一的标准核算方法的情况下,有的学者采用了上述某一种方法进行核算,也有学者对上述部分或全部方法所测算的结果进行算术平均。综合上述方法并考虑到各方法所测结果存在的不足,本书创造性地采用了去极值取平均法对短期资本流动进行估算,即先计算出四种方法的五个估算值的均值，然后去掉每期估算值与均值差的平方最大的那个估算值，将剩余的四个值再取平均作为短期资本流动的估值。该方法可以尽量弥补以上不同方法对短期资本估算的波动性较大、误差偏大等不足。

(二)中国短期资本流动规模的估算

根据去极值取平均法测算出1986—2013年中国国际短期资本净流入规模，结果见表5-1、图5-1。

表5-1　1986—2013年中国国际短期资本流动

单位:亿美元

年份	误差遗漏调整法	分项调整法	直接法	间接法	克莱因法	去极值取平均法
1986	42.532	58.8774	−33.39	−42.43	−30.43	−15.93
1987	5.136	22.4351	−45.7	−122.28	−109.85	−68.17
1988	25.206	44.7835	−31.39	−100.14	−85.61	−47.98
1989	38.518	54.5762	9.58	34.73	51.33	44.79
1990	−66.846	−37.766	−126.02	−292.83	−264.8	−123.86
1991	−15.764	32.6955	−101.8	−170.62	−138.93	−106.78
1992	−107.078	−41.0294	−96.08	−257.75	−240.92	−121.28
1993	−35.622	71.8266	−143.39	−282.3	−276.28	−184.40
1994	−30.53	99.2047	−132.67	−216.5	−183.99	−140.92
1995	−23.06	148.5122	−173.26	−262.8	−330.12	−197.31
1996	−43.178	134.1094	−177.62	−255.51	−322.62	−199.73
1997	−295.601	−70.6405	−560.448	−913.83	−986.091	−688.99
1998	−549.291	−342.222	−574.552	−1199.75	−1331.15	−666.45
1999	−389.14	−188.071	−295.304	−671.191	−779.784	−385.93
2000	−403.179	−208.682	−347.864	−642.47	−753.178	−400.55
2001	−45.227	131.4575	47.9401	−553.565	−700.924	−104.85
2002	−113.81	56.88595	−5.7269	−144.014	−240.834	−51.67
2003	87.17636	298.9418	494.5437	381.5251	299.9039	368.73
2004	531.9425	795.6027	280.316	324.0911	326.4691	365.70
2005	141.3846	456.9688	257.999	−27.8018	−128.767	60.70
2006	−493.932	−32.4967	95.32801	−833.617	−808.673	−542.18
2007	−395.47	178.5157	−527.672	−1482.6	−1371.09	−944.21

续 表

年份	误差遗漏调整法	分项调整法	直接法	间接法	克莱因法	去极值取平均法
2008	－671.284	－106.131	－1033.09	－1789.15	－1520.5	－1253.51
2009	947.4993	1626.983	823.9655	1552.096	1354.925	1370.38
2010	799.404	1831.119	372.9553	181.2032	－290.256	265.83
2011	366.1983	1321.254	283.6204	－670.906	－1180.3	－300.35
2012	－2428.46	－1694.18	－2913.01	－5413.06	－4694.71	－2900.91
2013	1101.789	1779.594	296.7361	447.239	1654.752	1317.45

资料来源：根据国家外汇管理局《中国国际收支平衡表（年度表）》计算所得。负值表示净流出，正值表示净流入。

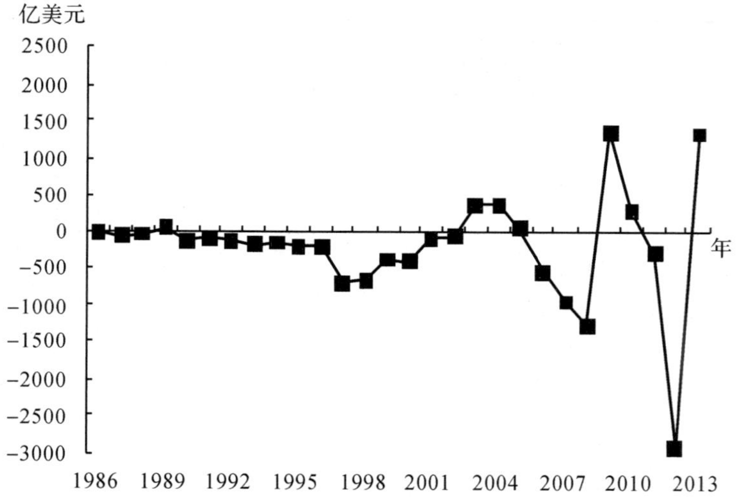

图 5-1　中国国际短期资本净流入(1986—2013 年)

注：本图根据表 5-1 中数据绘制。

从图 5-1 中可以看出，中国国际短期资本净流入波动幅度越来越大，净流入与净流出交替频率加快。在 1997 年亚洲金融危机和 2008 年全球金融危机期间，中国国际短期资本净流出都达到当时的顶峰，资本流出规模分别达到 688.99 亿美元和 1253.51 亿美元。亚洲金融危机后中国短期国际资本流动并没有马上发生逆转，仍然呈现出逐年规模递减的净流出，直至 2003 年才逆转为净流入。而 2008 年全球金融危机后，中国国际短期资本流动在第二年就发生巨大逆转，并且净流入规模达到历史最高，为 1370.38 亿美元。而 2012 年中国国际短期资本再次表现为巨量净流出，净流出规模是 2008 年全球金融危机期间两倍还多，这与欧债危机和美国财政悬崖不无关系，欧美债务危机由于债务期限展期压力大、借贷成本高涨，对国际资本流动形成根本性逆转。两次金融危机后的截然不同的表现一方面反映出中国在全球经济中的地位上升，中国经济的发展态势对国际短期资本而言具有更大的获利空间。另一方面也反映出中国面临国际短期资本流动冲击的压力越来越大，对国际短期资本的监管面临巨大挑战。

二、中国国际短期资本流动特征

本书在第三章中分析了国际短期资本流动的特征，中国国际短期资本流动除了具有这些共性特征外，还表现出以下特征。

（一）净流入与净流出频繁交替

从图 5-1 可以发现，在 2002 年前，中国国际短期资本流动长期表现为净流出，2002 年国际短期资本流入与流出相对均衡，此后这一小幅单向净流动态势被打破。2001 年底中国加入世界贸易组织，对外经济迅猛发展，外贸顺差急剧扩大，外商来华投资踊跃，国际收支持续大额顺差。在此背景下，中国逐步取消了经常项目外汇账户开户审批和账户限额管理，允许企业自主保留外汇；取消外汇风险审查、外汇来源审查等对外直接投资行政审批项目；先后引入合格境外机构投资者（QFII）、合格境内机构投资者（QDII）等。尽管中国对外汇管制较严格，但国际短期资本的进出窗口事实上已经打开。特别是 2007 年国家外汇局取消了经常项目外汇账户限额管理，境内机构可根据自身经营需要，自行保留其经常项目外汇收入，这标志着自 1994 年以来沿袭了 13 年的强制结汇制度淡出了历史舞台，被意愿结汇制度所取代。中国国际短期资本流动此后便一改往常小幅波动的态势，2007—2013 年大进大出四次，波动幅度也一次比一次高。中国国际短期资本大幅进出、流入流出频繁更替已成为常态。

（二）在历次金融危机中无所遁形

历次全球性金融危机的爆发都伴随着国际短期资本流动的异常波动。1997 年亚洲金融危机期间，中国国际短期资本异常外逃，从危机前年净流出不到 200 亿美元快速上升至 1997 年 688 亿美元、1998 年 666 亿美元。2008 年由美国次贷危机引发的全球性金融危机期间，中国国际短期资本净流出也呈加速扩大趋势，2006—2008 年逐年净流出 542.18 亿美元、944.21 亿美元、1253.51 亿美元。在 2009 年底爆发的欧债危机及 2012 年底至

2013 年初的美国财政悬崖危机期间，中国国际短期资本均呈现出异常流动，2009 年净流入 1370 亿美元，2012 年净流出 2900 亿美元。可见，尽管国际短期资本通过伪装成投资、贸易、收益转移等形式规避资本管制流入中国，但在危机期间必将现出其短期投机的原形。

(三)在资本流动总量中占比较高

图 5-2 更为详细地反映了中国国际短期资本的实际流动状况。从国际短期资本流动结构来看，在 2008 年金融危机前，国际短期资本流入与流出之间呈现出共振波动向上、波幅差异较小的特征；2008 年全球金融危机后，两者共振性有所衰减，并且波幅差异扩大。从国际短期资本流动总量上看，2003 年前中国国际短期资本流动总量(流入与流出和)占资本流动总量的比重在 60%—80%间大幅波动；2003 年后，该比值维持在 80%—90%间小幅波动，国际短期资本流动在中国资本流动中占据绝对主导地位。

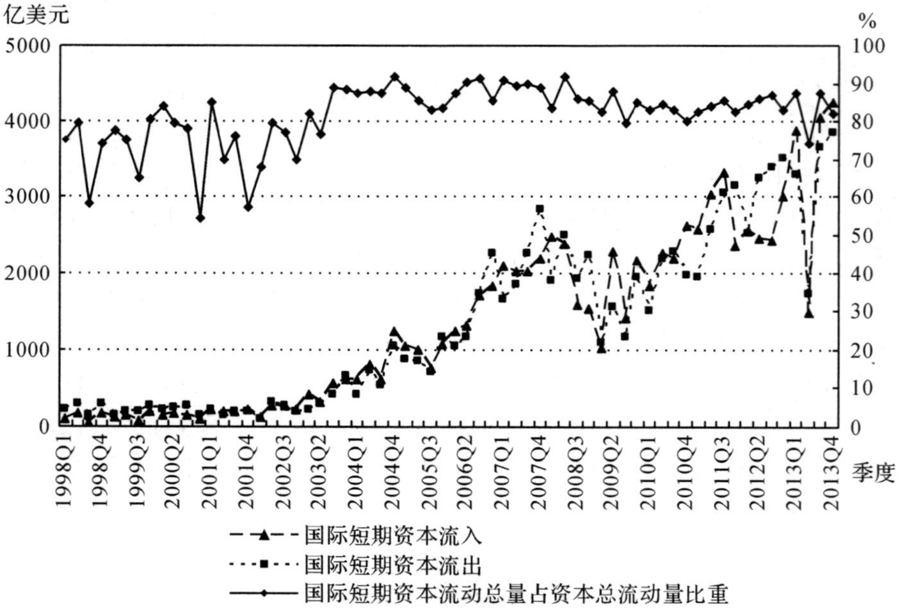

图 5-2 中国国际短期资本流入与流出状况

注：本图依据季度数据绘制。

第二节　影响因素模型构建与变量说明

从上述中国国际短期资本流动的现状可知，短期资本流动的波幅越来越大，流入与流出变换的周期越来越短，资本集中流入与流出的特征渐趋凸显。国际经验表明，资本集中流入对一国的汇率制度和宏观经济调控具有很大的挑战；另外由于短期资本的脆弱性，资本流入还可能迅速逆转，引发货币危机和金融危机。因此，有必要对流入中国的国际短期资本的主要经济与政策因素进行深入分析。

许多学者都对国际资本流动的影响因素做出过探讨和研究，他们关于国际资本流动影响因素的基本理论的主要观点可以概述为利率决定说、利率汇率联合作用说、资产组合作用说、货币政策作用说、交易成本决定说等五大基本理论。本书在第二章文献综述中已对国际资本流动动因的相关理论展开阐述，在此不再详细分析。

关于国际资本流动因素的各种解说均存在不足，利率决定说、利率汇率联合作用说过于强调单一因素决定作用，资产组合作用说、货币政策作用说、交易成本决定说则较综合地强调某几个因素或多个因素对国际资本流动的影响作用，上述前四个理论均未免失之于偏颇和片面；而货币政策作用说虽综合性较强，但在实践应用上存在着诸多困难。因此，在研究中国国际资本流动影响因素时，不能单纯依据某一解说的理论模型进行分析，而需综合考虑利率、汇率、投资者资产组合决策、货币政策制度等多方面因素进行对经济与政策因素的解构。

一、结构模型的构建

从以上理论分析可以看出，无论国际短期资本跨境流动的目的是投资还是投机，其内在动力均是获取有差异的利润，各种理论假说都是基于这一本质规律对表面现象的解释。因此，国际资产收益率(税后)的差异常被看作是国际短期资本流动的主要影响因素，国际资本会从收益率低的经济体流向收益率高的经济体进行套利。进出中国的国际短期资本也摆脱不了资本获利的本质属性，这便为研究影响中国国际短期资本流动的因素提供了方向，即可从影响国际资产收益差异的角度进行分析。同时，宏观政策面的因素也会影响到中国国际短期资本的流动方向和规模，例如中国财政政策、市场对外开放度、汇兑管制政策以及外在全球性突发事件等。因此，对中国国际短期资本的流动动因的实证分析，可以围绕与国际资本收益率密切相关的经济增长状况、通货膨胀状况、利率差异、汇率预期、证券资产价格等经济因素，以及对国际资本流动具有重要影响的政策因素包括资本项目管制程度、开放程度、财政政策等解释变量（见表 5-2）。建立结构模型如下：

$$SCF = C + \beta_1 GGDP + \beta_2 GDP^* + \beta_3 r + \beta_4 p + \beta_5 e + \beta_6 sp + \beta_7 G + \beta_8 OPEN + \beta_9 CTR + \beta_{10} CRI + \mu_{it} \quad (5\text{-}1)$$

其中，β_i 是各个影响因素的参数估计值；SCF 表示中国国际短期资本流动，在具体实证分析中区分为净流入量、流入总量、流出总量；前 6 个解释变量 $GGDP$、GDP^*、r、p、e、sp 为相关经济指标，后 4 个解释变量 G、$OPEN$、CTR、CRI 为政策或制度衡量指标。

表 5-2 变量的定义、度量及影响方向

	变 量	定 义	度 量	影响方向
1	SCF	以美元计价的中国国际短期资本流动	基于不同方法的加权平均	
1-1	SCFI	以美元计价的中国国际短期资本流入总量	不同方法测量值的平均	
1-2	SCFO	以美元计价的中国国际短期资本流出总量	不同方法测量值的平均	
2	GGDP	中国与 G7 经济增长差异	$GGDP = GDP_{CHN} - GDP_{G7}$	（+，+，−）
3	GDP*	中国产出缺口率，实际产出与潜在产出的偏差	$GDP^* = \frac{(GDP - GDP')}{GDP'}$	（−，−，+）
4	r	同业拆借利率差异	r＝CHIBOR－LIBOR	（+，+，−）
5	p	通胀差异，中美 CPI 的差值	$p = CPI_{CHN} - CPI_{US}$	（−，+，+）
6	e	人民币汇率预期变动，人民币兑美元的远期汇率与实际汇率的差异比	$e = \frac{(NDF - ES)}{ES}$	（−，−，+）
7	sp	股票投资收益率，即上海股票综合指数(SP)的变化率	$sp = ln(SP_t) - ln(SP_{t-1})$	（+，+，−）
8	G	政府财政政策状况	政府财政收支与 GDP 的比值	（+，+，−）
9	OPEN	市场开放度为三个开放指标的几何平均值	$OPEN = \sqrt[3]{OT \times OI \times OF}$	（*，+，+）
9-1	OT	外贸依存度，进出口总额占 GDP 的比重	$OT = \frac{(EXP + IMP)}{GDP}$	（+，+，+）

续 表

	变 量	定 义	度 量	影响方向
9-2	OI	外资依存度,外商直接投资与对外投资和占 GDP 的比重	$OI=\frac{(IFDI+OFDI)}{GDP}$	(+,+,+)
9-3	OF	金融依存度,中央银行与商业银行对外资产与债务总值占 GDP 的比重	$OF=\frac{(A+L)}{GDP}$	(+,+,+)
10	CTR	资本管制,区分资本流入与流出管制		(-,-,-)
10-1	CTRI	资本流入管制		(-,-,-)
10-2	CTRO	资本流出管制		(-,-,-)
11	CRI	是否发生全球性金融危机:2008 年全球金融危机、2009 年欧债危机、2011 年日本大地震、2012 年美国财政危机取值 1,其余年份取值 0		(-,-,+)

注:括号中三个符号依次为对资本净流入、资本总流入、资本总流出的影响,其中"+"表示对资本流动同向影响,"-"表示对资本流动反向影响,"*"表示对资本流动的影响方向不确定。

二、变量选取和数据说明

根据式(5-1)可以列出各个变量及其对因变量的影响方向(见表 5-2),详细解释如下。所有变量均为季度数据,样本期为 2000 年第一季度—2013 年第四季度。

(一)被解释变量

被解释变量为中国国际短期资本流动量,其计算结果为不同核算方法的加权平均(见表 5-1),区分为国际短期资本净流入量(SCF)、流入总量(SCFI)与流出总量(SCFO)。由于后两种测量方法在针对流入与流出量的调整项的计算中数据不完整,因此流入总量(SCFI)与流出总量(SCFO)为前三种方法的测量值的平均值。

(二)解释变量

(1)经济相对增长状况(GGDP)

GGDP 即中国与世界经济增长差异,用中国国内生产总值增长率减去世界经济增长率来衡量。相对于世界经济增长平均水平,中国高速经济增长会吸引更多国际资本流入，因此对资本净流入和资本流入总量的影响是同向的，而对资本流出总量的影响是反向的。由于世界经济增长季度数据缺失，采用G7经济增长率代替。

(2)中国产出缺口率(GDP*)

用实际产出对潜在产出的偏离衡量，其中潜在产出用实际GDP的HP长期趋势表示。一般情况下，正的产出缺口——总供给小于总需求，会导致通货膨胀压力；反之，负的产出缺口——总供给大于总需求的情况，则会产生通货紧缩的压力。因此，产出缺口对资本净流入和资本流入总量的影响是负向的，而对资本流出总量的影响是正向的。

(3)国内外利差(r)

采用中国银行间同业拆借利率CHIBOR与伦敦同业拆借利率LIBOR之间的差值来衡量。更高的利差收益会导致资本的净流入与资本流入总量的增长，因此该变量对资本净流入和资本流入总量的影响是正向的，而对资本流出总量的影响是负向的。

(4)通胀差异(p)

采用中国消费者价格指数与美国消费者价格指数差来衡量，较高的通胀差异会引起本币贬值，鼓励资本流出。因此，该变量对资本净流入和资本流入总量的影响是负向的，而对资本流出总量的影响是正向的。

(5)人民币汇率预期的波动(e)

采用人民币兑美元远期汇率相对即期汇率的贴水率来衡量人民币汇率预期波动，其中远期汇率用3月期的无本金交割远期外汇汇率(NDF)代替。人民币汇率预期的波动会对国际资本市场投资者未来收益大小产生影响，从而改变国际资本的流向。人民币汇率预期贴水率越大，人民币升值预期越强烈，流入中国的国际短期资本汇差收益就越大。因此，以贴水率衡量的人民币汇率预期对国际短期资本净流入和资本流入总量的影响是正向的，而对资本流出总量的影响是负向的。

(6)股票投资收益率(sp)

采用上证综指的变化来衡量。股票投资收益率的上升，会相对提高人民币的收益率，从而对国际短期资本流入产生积极影响。

(7)中国财政政策(G)

用政府财政赤字占GDP的比值来衡量。政府财政赤字增加，将导致贸易顺差下降(逆差上升)和资本流入减少。

(8)市场开放程度(OPEN)

采用与市场开放相关的三个指标——外贸依存度(OT)、外资依存度

(OI)与金融依存度(OF)的几何平均值来衡量。外贸依存度(OT),通过进出口总额占GDP比重来衡量外贸对外开放度。外贸依存度越高,外贸对外开放程度越深,国际短期资本借助进出口渠道进出中国也就越便利。由于进口与出口都会对国际资本流入与流出产生影响,所以对外贸依存度不区分进口与出口的差别。外资依存度(OI),用外商直接投资与对外直接投资和占GDP比重来衡量,其对国际资本流动的影响方向与外贸依存度相同,只是影响的程度有差别。金融依存度(OF),用中央银行与商业银行对外资产与债务的总值占GDP比重来衡量,其对国际资本流动的影响与外贸、外资依存度类似。这三个依存度指标共同反映了中国市场的开放程度,难于区分三者各自权重的大小,所以有的研究者取三者的加权平均作为市场开放度的衡量指标,这点与市场多变性不相符。因此采用三者的几何平均更贴近市场的波动,任何一个指标的过小都会导致整个市场开放度下降。国际资本流动与一国市场开放度的关系既可表现为相互促进关系,也可表现为替代关系。市场开放度越高,市场越开放,国际资本进出中国也就越便利,因而其影响是同向的,而对净资本流动的影响则依赖于其对国际资本流出的影响大还是对国际资本流入的影响大。

(9)资本管制强度(CTR)

采用事件法(法规法)对各个资本项目的管制程度进行赋值,并区分资本流入管制(CTRI)与资本流出管制(CTRO),其数据参见本书第六章中国资本管制强度测量部分。资本管制程度越强,国际资本跨境流动成本越高,其收益也就越低,因此资本管制对国际短期资本净流入、资本流入总量以及资本流出总量的影响是负向的。

(10)全球性突发事件(CRI)

该变量为虚拟变量,发生全球性突发事件赋值1,未发生则赋值0。例如2008年9月全球金融危机全面爆发,使得当年中国的国际短期资本流入由第二季度的2293.17亿美元下降到1567.05亿美元,降幅达34%的异常值;2009年12月希腊的主权债务问题凸显引发欧洲主权债务危机,流入中国的国际短期资本净值由第二季度的847.44亿美元下降到第三季度的216亿美元,并在第四季度下降到14.07亿美元,而在2010年第一季度又迅速攀升至358.4亿美元,这反映出国际短期资本具有超强的危机嗅觉与快速逆转的能力;此后2011年3月日本大地震、2012年底2013年初美国财政危机等,历次突发事件均对国际短期资本流动产生了冲击。

相关数据来自中国统计年鉴、中国对外经济贸易年鉴、中国人民银行、IMF、美联储网站、国际清算银行、欧洲央行、Wind数据库、路透数据库等,不一一详细列出。

第三节　影响因素实证分析与检验

依据式(5-1)给出的模型,对国际短期资本净流入、流入总量、流出总量做实证分析,将解释变量区分为经济因素和政策因素(除了经济因素外的变量均归入政策因素),在做分析前先对变量时间序列的平稳性进行检验。

一、单位根检验

采用ADF单位根检验法,对序列中各变量的平稳性进行检验,结果见表5-3。从表中结论可以看出国际短期资本净流入量(SCF)、通胀差异(p)、人民币汇率预期的波动(e)、股票投资收益率(sp)、中国财政政策(G)均是平稳序列I(0);国际短期资本流入总量(SCFI)、流出总量(SCFO)、经济相对增长状况(GGDP)、中国产出缺口率(GDP*)、国内外利差(r)、中国市场开放程度(OPEN)、资本管制强度(CTR)、资本流入管制强度(CTRI)与资本流出管制强度(CTRO)为一阶单整I(1)。

表5-3　国际短期资本净流入模型变量的单位根检验结果

变量	差分次数	(c,t,n)	DW值	ADF值	1%临界值	5%临界值	结论
SCF	0	(0,0,0)	1.93	−5.70	−2.61	−1.95	I(0)**
SCFI	1	(c,0,1)	1.97	−7.29	−3.56	−2.92	I(1)**
SCFO	1	(c,0,2)	1.89	−6.96	−3.56	−2.92	I(1)**
GGDP	1	(0,0,0)	1.94	−7.17	−2.60	−1.95	I(1)**
GDP*	1	(0,0,3)	2.03	−4.70	−2.61	−1.95	I(1)**
r	1	(c,t,7)	1.92	−4.63	−4.16	−3.5	I(1)**
p	0	(c,t,0)	1.76	−10.24	−4.13	−3.49	I(0)**
e	0	(0,0,0)	2.02	−4.66	−2.60	−1.95	I(0)**
sp	0	(0,0,3)	2.10	−4.29	−2.61	−1.95	I(0)**
G	0	(0,0,4)	1.95	−2.16	−2.61	−1.95	I(0)*
OPEN	1	(0,0,3)	2.11	−3.80	−2.61	−1.95	I(1)**

续　表

变量	差分次数	(c,t,n)	DW 值	ADF 值	1%临界值	5%临界值	结论
CTR①	1	(0,0,0)	1.91	−1.85	−2.62	−1.61②	I(1)*
CTRI	1	(0,0,0)	1.90	−1.73	−2.61	−1.61②	I(1)
CTRO	1	(0,0,0)	1.92	−2.91	−2.61	−1.95	I(1)**

注：(c,t,n)表示 ADF 检验是否包含常数项、时间趋势以及滞后期数；* 表示变量在 5%的显著水平上通过 ADF 平稳性检验；** 表示变量在 1%的显著水平上通过 ADF 平稳性检验。

依据上述各变量平稳性检验结果，需对各模型做出相应改造才能做出准确的且符合经济意义的解释。

二、净流入的影响因素分析

(一)经济因素实证分析

1. 线性回归分析

根据 ADF 检验结果，可以将国际短期资本净流入的经济因素模型设定为：

$$SCF = C + \beta_1 \Delta GGDP + \beta_2 \Delta GDP^* + \beta_3 \Delta r + \beta_4 p + \beta_5 e + \beta_6 sp + \mu_{it} \quad (5\text{-}2)$$

其中符号 Δ 表示对变量做一阶差分。经过上述变换，各变量均是平稳的，采用最小二乘线性回归，得到如下结果：

$$SCF = -102.67 - 22.92\Delta GGDP - 3.55\Delta GDP^* + 117.80\Delta r - 73.14p - 144.39e + 41.95sp$$

(−1.90)　(−0.39)　(−3.74)　(4.11)　(−1.67)　(−1.92)　(0.13)

$R^2 = 0.41$　$F = 5.64$　$DW = 1.79$

括号中数值为 t 统计量。

对该回归结果进行相关检验：

(1)正态性检验："Jarque-Bera"项的伴随概率为 0.2004，大于显著水平 0.05，表明随机扰动项正态性假设成立。

(2)自相关检验：一阶自相关检验结果中"Obs * R-squared"项的伴随概率为 0.4083，二阶自相关检验结果中"Obs * R-squared"项的伴随概率为 0.43，均大于显著水平 0.05，表明接受不存在(一阶、二阶)自相关的原假

① CTR 取值 2000—2009 年为 I(1)。

② 为 10%水平的临界值，CTRI 在 10%水平的为 I(1)。

设，即模型不存在自相关。

(3)异方差检验：带交叉项的 White 异方差检验中“Obs * R-squared”项对应的伴随概率为 0.0884，不含叉项的 White 异方差检验中“Obs * R-squared”项对应的伴随概率为 0.8609，均大于显著水平 0.05，表明接受同方差的原假设，即模型不存在异方差。

以上检验结果表明该回归方程较好地拟合了各经济变量对国际短期资本净流入的影响。从回归结果可以看出，中国产出缺口率的变化 ΔGDP^* 和国内利差的变化 Δr 对国际短期资本净流入的影响在 1%水平下通过显著性检验；通胀差异 p 和人民币汇率预期变动 e 对国际短期资本净流入的影响在 10%水平下通过显著性检验；而经济增长差异的变化 $\Delta GGDP$ 和股票投资收益 sp 对国际短期资本净流入的影响不显著。

从影响方向看，中国产出缺口率的变化 ΔGDP^*、国内外利差的变化 Δr、通胀差异 p 和人民币汇率预期变动 e 对国际短期资本流动的影响与预期方向一致。从影响程度看，中国产出缺口变化上升 1 个点，会导致 3.55 单位的国际短期资本净流出；国内外利差扩大 1 个点，会带来 117.8 单位的国际短期资本净流入；中美通胀差异扩大 1 个百分点，会导致 73.13 单位的国际短期资本净流出；人民币兑换美元远期汇率贴水 1 个百分点(人民币升值预期强烈)，会带来 144.4 单位的国际短期资本净流入。

综上所述，人民币汇率预期变动 e 与国内外利差的变化 Δr 是国际短期资本进出中国的主要影响因素。而经济增长差异的变化 $\Delta GGDP$ 和股票投资收益 sp 对中国国际短期资本流动不显著。前者的部分原因是自改革开放以来中国在世界经济发展中都处于绝对高速增长，因此其对国际短期资本流动的影响不像其他经济变量那么显著；后者与中国股市虽已发展 20 多年，但与其在品种与机制上仍存在许多不完善不无关系。

2. VAR 模型分析

为了更好地理解各经济变量对国际短期资本净流入的动态影响，建立 VAR 模型，通过脉冲响应和方差分解来深入分析中国国际短期资本净流入与各经济变量之间的动态关系。

通过 AIC 和 SC 准则判定滞后阶数为 1，建立 VAR 模型如表 5-4 所示。从系数的估计值可以看出变量国内外利差变动(Δr)、通胀差异(p)、人民币汇率预期的波动(e)、股票投资收益率(sp)对国际短期资本净流入影响较大，且影响方向与上述线性回归的结果一致。利用 AR roots 检验法进一步考察 VAR 系统的稳定性，检验结果如图 5-3 所示，AR roots 均落在单位圆内，可见该系统是稳定的，进而可以做脉冲响应分析。

表 5-4 国际短期资本净流入的经济因素 VAR 模型回归结果

变量	SCF	ΔGGDP	ΔGDP*	Δr	p	e	sp
SCF (−1)	0.092047 (0.17473) [0.52679]	−0.000180 (0.00036) [−0.50130]	0.025760 (0.01901) [1.35544]	−0.000367 (0.00068) [−0.53565]	−0.000377 (0.00034) [−1.12297]	−0.000638 (0.00024) [−2.65271]	2.45E−05 (6.1E−05) [0.40133]
ΔGGDP (−1)	3.478933 (71.7423) [0.04849]	0.005268 (0.14750) [0.03571]	−1.029001 (7.80330) [−0.13187]	−0.332084 (0.28124) [−1.18080]	−0.235944 (0.13780) [−1.71225]	0.196755 (0.09879) [1.99171]	0.010404 (0.02502) [0.41587]
ΔGDP* (−1)	0.074751 (1.30408) [0.05732]	−0.001742 (0.00268) [−0.64955]	−0.589270 (0.14184) [−4.15440]	−0.001858 (0.00511) [−0.36338]	0.011078 (0.00250) [4.42277]	−0.001978 (0.00180) [−1.10142]	0.000374 (0.00045) [0.82159]
Δr (−1)	76.21171 (41.9080) [1.81855]	0.050592 (0.08616) [0.58716]	0.200437 (4.55827) [0.04397]	0.429191 (0.16428) [2.61251]	0.054414 (0.08049) [0.67600]	0.013689 (0.05771) [0.23723]	−0.016883 (0.01461) [−1.15535]
p (−1)	−26.03712 (54.5556) [−0.47726]	−0.117449 (0.11217) [−1.04709]	−5.684071 (5.93393) [−0.95789]	−0.064081 (0.21386) [−0.29963]	−0.053722 (0.10479) [−0.51268]	−0.114123 (0.07512) [−1.51918]	0.008279 (0.01902) [0.43521]
e (−1)	−20.07595 (94.6725) [−0.21206]	0.006849 (0.19465) [0.03518]	4.000174 (10.2974) [0.38847]	−0.290397 (0.37113) [−0.78248]	−0.429455 (0.18184) [−2.36171]	0.272072 (0.13036) [2.08706]	−0.025704 (0.03301) [−0.77861]
sp (−1)	619.5531 (400.483) [1.54701]	0.831598 (0.82340) [1.00995]	−30.94997 (43.5600) [−0.71051]	1.851709 (1.56993) [1.17948]	0.870742 (0.76922) [1.13198]	0.358425 (0.55145) [0.64996]	0.281753 (0.13965) [2.01759]
C	−52.42532 (67.7407) [−0.77391]	−0.000480 (0.13928) [−0.00345]	2.961306 (7.36805) [0.40191]	0.219592 (0.26555) [0.82693]	−0.002534 (0.13011) [−0.01948]	−0.204918 (0.09328) [−2.19688]	0.001341 (0.02362) [0.05677]

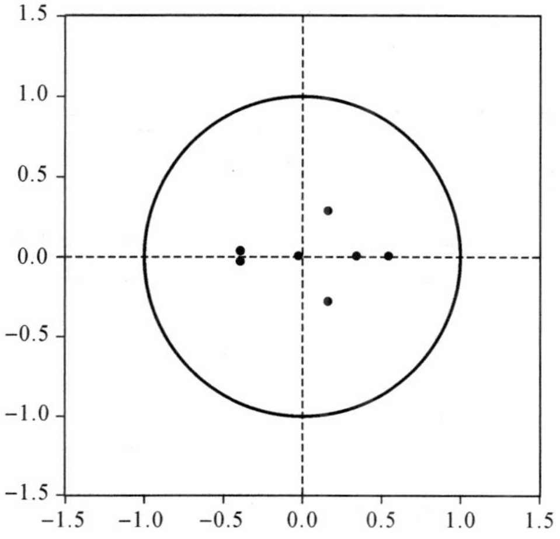

图 5-3 国际短期资本净流入 VAR 模型 AR roots 检验结果

3. 脉冲响应分析

图 5-4 给出了在一个 Cholesky 单位标准差冲击下，国际短期资本净流入 SCF 对其自身及各经济变量的脉冲响应路径。横轴表示冲击作用的滞后期(单位:季度)，纵轴表示国际短期资本净流入对冲击的响应程度，实线表示脉冲响应函数曲线，虚线表示正负两倍标准差偏离带。从响应曲线可以看出响应程度都趋向于 0，表明该 VAR 系统是稳定的。

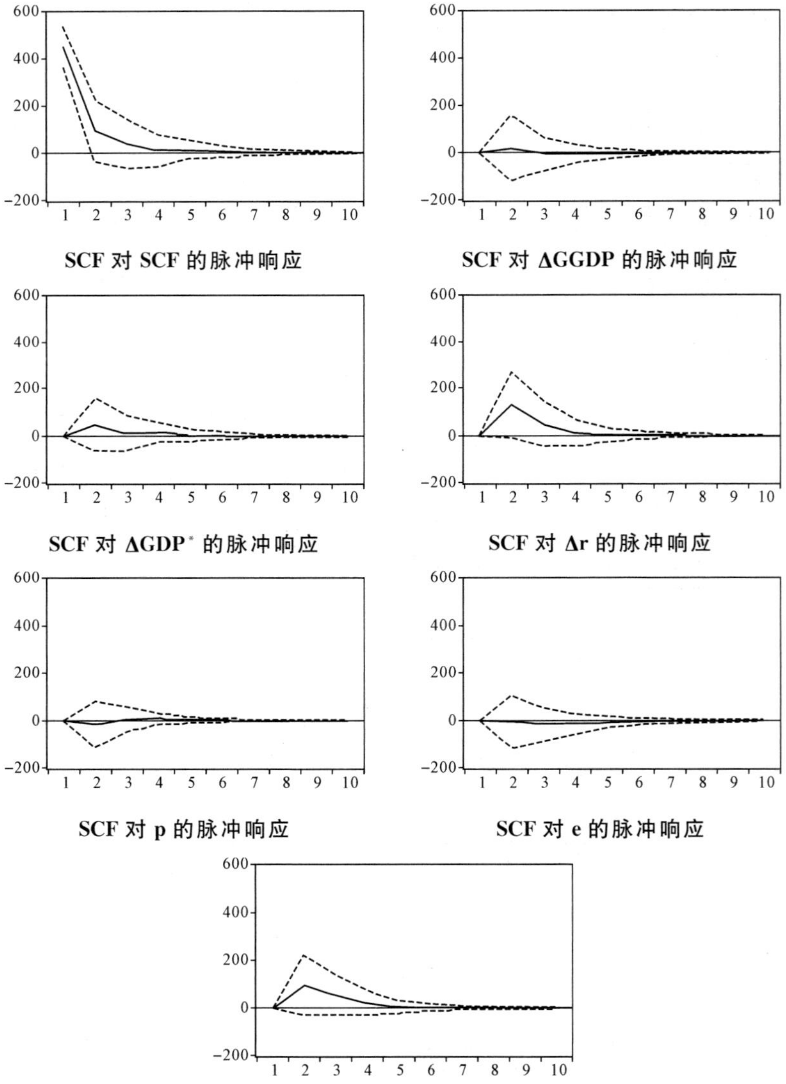

SCF 对 SCF 的脉冲响应　　**SCF 对 ΔGGDP 的脉冲响应**

SCF 对 ΔGDP* 的脉冲响应　　**SCF 对 Δr 的脉冲响应**

SCF 对 p 的脉冲响应　　**SCF 对 e 的脉冲响应**

SCF 对 sp 的脉冲响应

图 5-4　国际短期资本净流入对各经济因素的脉冲响应路径

国际短期资本净流入 SCF 对自身的冲击效应是正向的，随着时间的推移而衰减，并在给定冲击后第四个季度便接近于 0，表明国际短期资本净流入规模在一年后受其历史规模的影响较小，这也说明国际短期资本在时间界定上以一年为界限的合理性。经济增长差异的变化 ΔGGDP 对国际短期资本净流入 SCF 的冲击效应较小，在第二季度略有正向冲击，其后基本贴近水平轴。SCF 对 ΔGDP^* 的脉冲响应显示，当在本期给 ΔGDP^* 一个正冲击后，即中国产出缺口率扩大，会导致国际短期资本净流入增加，在第 2 期反应最大，并在第 4 期有一个小幅向上的波动，第 5 期便衰减至 0。SCF 对 Δr 的脉冲响应表明，当在本期给 Δr 一个正冲击后，即国内外利差变动扩大，会导致国际短期资本净流入增加，在第 2 期反应最大，至第 5 期便衰减到 0。SCF 对 p 的脉冲响应在第 2 期为负，第 4 期为正，至第 5 期便衰减到 0。SCF 对 e 的脉冲响应在第 2、3 期为负，其余期接近 0。SCF 对 sp 的脉冲响应与对 Δr 的类似。综上所述，国际短期资本净流入 SCF 对各经济变量的脉冲响应与理论方向基本一致，并且在一年后（即至第 5 期）其响应便衰减至 0，这充分反映了国际短期资本对各种经济晴雨表反应迅速，且具有流动速度快、滞留周期短的特征。

4. 方差分解分析

通过方差分解可以进一步了解各个变量冲击对国际短期资本净流入 SCF 的贡献度。由方差分解结果（见表 5-5）可以看出，国际短期资本净流入预测方差主要由其自身变化来解释，与国际短期资本的强波动性与难以预测相吻合。经济变量中利差变化 Δr 的解释程度最高，解释程度为 7.39%；其次是股票投资收益率 sp，解释程度为 5.02%；中国产出缺口率的变化 ΔGDP^* 解释程度约为 1%；经济增长差异的变化 ΔGGDP、通胀差异 p 与人民币汇率预期的波动 e 的解释程度相当，均不到 0.2%。从方差分解角度看，国内外利差变化 Δr、股票投资收益率 sp 是国际短期资本净流入的主要经济因素。

表 5-5 国际短期资本净流入的经济因素 VAR 模型方差分解结果

时期	SCF	ΔGGDP	ΔGDP^*	Δr	p	e	sp
1	100	0	0	0	0	0	0
2	88.34162	0.17531	0.920747	6.623163	0.104615	0.011811	3.82273
3	86.434	0.172987	0.945209	7.37262	0.111054	0.111918	4.852212
4	85.98534	0.179322	1.094848	7.391198	0.139663	0.192946	5.016686

(二)政策因素实证分析

借鉴以上国际短期资本净流入的经济因素分析方法,对国际短期资本净流入的政策因素展开实证分析,采用线性回归分析对政策因素对国际短期资本流动的影响进行拟合。

根据 ADF 检验结果,可以将国际短期资本净流入的政策因素模型设定为:

$$SCF=C+\beta_7 G+\beta_8 \Delta OPEN+\beta_9 \Delta CTR+\beta_{10} \Delta CRI+\mu_{it} \tag{5-3}$$

其中符号 Δ 表示对变量做一阶差分。经过上述变换,各变量均是平稳且符合经济意义的。采用最小二乘线性回归,得到如下结果:

$$\underset{(-0.60)}{SCF=-37.94}+\underset{(1.06)}{12.54G}+\underset{(1.47)}{2135.90\Delta OPEN}-\underset{(-0.60)}{6321.56\Delta CTR}-\underset{(-1.84)}{276.54\Delta CRI}$$

$R^2=0.225 \quad F=3.621 \quad DW=1.363$

括号中数值为 t 统计量。

从回归结果可以看出,从政策对国际短期资本净流入的影响程度上看,资本管制的变化对国际短期资本净流入的影响最大,其次是市场开放程度的变化和突发性事件的发生。中国资本管制加强 1 个百分点,会导致国际短期资本净流出 6321.56 单位;中国市场开放程度扩大 1 个百分点,会使得国际短期资本净流入 2135.9 单位;突发性事件发生会带来国际短期资本净流出 276.54 单位;而中国宏观财政政策的影响相对较小,赤字占 GDP 比重减小(盈余占 GDP 比重扩大)1 个百分点,会带来 12.54 单位的国际短期资本净流入。从影响方向看,资本管制的变化、中国市场开放程度的变化、突发性事件发生以及中国宏观财政政策对国际短期资本流动的影响与预期方向一致。

同时,从统计意义上的显著性分析各政策变量对国际短期资本净流入的影响得出:尽管中国资本管制对国际短期资本流动的影响最大,但其在统计意义上不是很显著,这在一定程度上反映出资本管制依然是中国控制国际资本流动的首要政策选择,而同时国际短期资本规避资本管制行为导致资本管制的有效性不是那么显著。中国尽管是强资本管制的国家,但其市场经济的地位已基本确立,市场开放程度的变化对国际短期资本流动的影响较显著。而突发性事件的发生对国际短期资本净流入的影响最为显著,充分反映出国际短期资本的投机性与快速应变能力。

三、总流入的影响因素分析

(一)经济因素实证分析

1. 线性回归分析

根据 ADF 检验结果,可以将国际短期资本总流入的经济因素模型设定为:

$$SCFI=C+\beta_1 GGDP+\beta_2 GDP^*+\beta_3 r+\beta_4 p+\beta_5 e+\beta_6 sp+\sum_j \xi_j SCFI(-j)+\mu_{it} \quad (5\text{-}4)$$

其中 j 为滞后期数,采用最小二乘线性回归,得到如下结果:

$$\begin{aligned}SCFI=&0.0658+0.1369GGDP-0.0255GDP^*+0.0087r+0.6278p-\\&(1.4906)\quad(0.3394)\quad(-0.3209)\quad(0.5419)\quad(0.1917)\\&11.467e+0.2621sp-0.6185SCFI(-1)\\&(-1.8791)\quad(0.9877)\quad(-5.2487)\end{aligned}$$

$R^2=0.3941$　$F=4.3668$　$DW=2.1667$

括号中数值为 t 统计量。

对该回归结果进行相关检验:

(1)正态性检验:"Jarque-Bera"项的伴随概率为 0.7746,大于显著水平 0.05,表明随机扰动项正态性假设成立。

(2)自相关检验:一阶自相关检验结果中"Obs * R-squared"项的伴随概率为 0.0921,大于显著水平 0.05,表明接受不存在(一阶)自相关的原假设,即模型不存在自相关。

(3)异方差检验:带交叉项的 White 异方差检验中"Obs * R-squared"项对应的伴随概率为 0.5771,不含交叉项的 White 异方差检验中"Obs * R-squared"项对应的伴随概率为 0.9189,均大于显著水平 0.05,表明接受同方差的原假设,即模型不存在异方差。

以上各项检验结果表明模型较好地拟合了各经济变量对国际短期资本流入的影响。从回归结果可以看出,人民币汇率预期变动对当期国际短期资本流入的影响在 10%水平下通过显著性检验;前期国际短期资本流入的变化对当期国际短期资本流入变化的影响在 1%水平下通过显著性检验;其他经济变量对国际短期资本流入的影响不显著。从影响方向看,各变量的系数符号均与理论分析相一致。国内外经济增长差异的变化会导致国际短期资本流入同向变化,经济增长差异扩大 1 个点,会带来国际短期资本流入增长率上升 0.1369 个点。中国产出缺口率扩大 1 个点，会导致国际短期资本流入增长率下降 0.0255 个点。国内外利差变化 1 个点，国际短期资本流入会同向变化 0.0087 个点。通胀差异扩大 1 个点，会使得国际短期资本流入变化率上升 0.6278 个点。人民币预期升值（远期贴水）1 个百分点，会导致国际短期资本流入变化率上升 11.467 个百分点。上证综合指数变化 1 个点，国际短期资本流入会同向变化 0.2621 个点。

2. VAR 模型分析

为了更好地理解各经济变量对国际短期资本流入的动态影响，建立 VAR 模型，通过脉冲响应和方差分解来深入分析中国国际短期资本流入与各经济变量之间的动态关系。

通过 AIC 和 SC 准则判定滞后阶数为 1，建立 VAR 模型。（见表 5-6）利用 AR roots 检验法进一步考察 VAR 系统的稳定性，检验结果如图 5-5 所示，AR roots 均落在单位圆内，可见该 VAR 系统是稳定的，进而可以做脉冲响应分析。

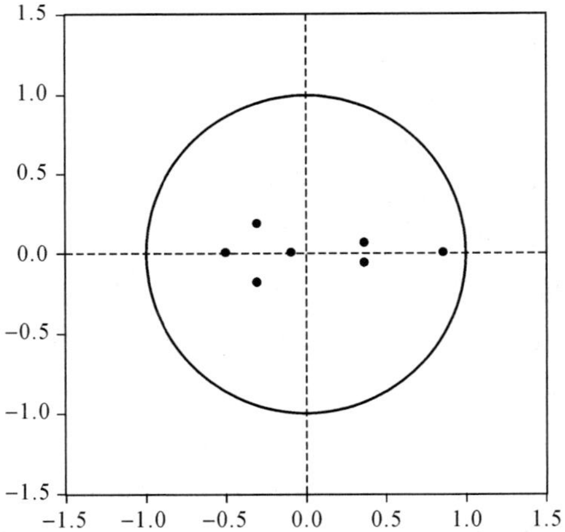

图 5-5 国际短期资本总流入的经济因素 VAR 模型 AR roots 检验结果

表 5-6 国际短期资本总流入的经济因素 VAR 模型回归结果

变量	SCFI	GGDP	GDP*	r	p	e	sp
SCFI (−1)	−0.594398 (0.11003) [−5.40198]	−0.017519 (0.04068) [−0.43065]	−0.091634 (0.20702) [−0.44264]	0.242056 (0.54522) [0.44396]	−0.002260 (0.00356) [−0.63535]	−0.004405 (0.00253) [−1.73996]	−0.046145 (0.06086) [−0.75816]

续　表

变量	SCFI	GGDP	GDP*	r	p	e	sp
GGDP (−1)	−0.468550 (0.39048) [−1.19992]	0.071200 (0.14437) [0.49318]	0.178959 (0.73466) [0.24359]	−0.991216 (1.93485) [−0.51229]	−0.025480 (0.01262) [−2.01870]	0.015413 (0.00898) [1.71571]	0.037760 (0.21599) [0.17482]
GDP* (−1)	0.092421 (0.07538) [1.22608]	−0.000408 (0.02787) [−0.01465]	−0.370425 (0.14182) [−2.61196]	0.538222 (0.37350) [1.44101]	0.011399 (0.00244) [4.67826]	0.000317 (0.00173) [0.18300]	0.034931 (0.04170) [0.83776]
r(−1)	0.022980 (0.01538) [1.49433]	0.004538 (0.00569) [0.79822]	0.026002 (0.02893) [0.89872]	0.839682 (0.07620) [11.0198]	−0.000551 (0.00050) [−1.10860]	−0.000335 (0.00035) [−0.94829]	−0.002982 (0.00851) [−0.35061]
p(−1)	1.498254 (3.11284) [0.48131]	−1.375466 (1.15088) [−1.19514]	−3.881080 (5.85654) [−0.66269]	−9.842887 (15.4242) [−0.63815]	−0.144480 (0.10062) [−1.43591]	−0.084697 (0.07161) [−1.18270]	0.213143 (1.72185) [0.12379]
e (−1)	9.406014 (5.68456) [1.65466]	1.029691 (2.10169) [0.48993]	3.101444 (10.6950) [0.28999]	−21.62153 (28.1670) [−0.76762]	−0.465701 (0.18375) [−2.53447]	0.328664 (0.13078) [2.51317]	−2.998678 (3.14438) [−0.95366]
sp (−1)	0.590914 (0.25440) [2.32277]	0.094584 (0.09406) [1.00561]	−0.278357 (0.47863) [−0.58157]	−0.582442 (1.26055) [−0.46205]	0.007848 (0.00822) [0.95441]	0.004592 (0.00585) [0.78462]	0.283889 (0.14072) [2.01740]
C	0.128097 (0.04253) [3.01173]	0.007560 (0.01573) [0.48074]	−0.137065 (0.08002) [−1.71285]	−0.038497 (0.21075) [−0.18267]	0.001690 (0.00137) [1.22950]	−0.001443 (0.00098) [−1.47445]	0.000597 (0.02353) [0.02537]

3. 脉冲响应分析

图 5-6 给出了在一个 Cholesky 单位标准差冲击下，国际短期资本流入 SCFI 对其自身及各经济变量的脉冲响应路径。从响应曲线可以看出响应程度均收敛于 0，表明该 VAR 系统是稳定的。国际短期资本净流入 SCFI 对自身的冲击效应是正负交替并在第 8 期趋近于 0，表明国际短期资本净流入在两年后对其自身基本没有影响，即国际短期资本流入在两年内便基本将其所获利润与本金一起出逃。各经济变量对国际短期资本流入 SCFI 的冲击效应在第 1 期均不明显；自第 2 期后都是正负交替并在第 6 期趋近于 0(经济增长差异的变化 GGDP 对国际短期资本流入 SCFI 的冲击效应是负正交)。这充分反映出国际短期资本为攫取高额利润不断流入中国，同时，在其特有的风险意识下不断地将其所获利润与本金撤离中国。

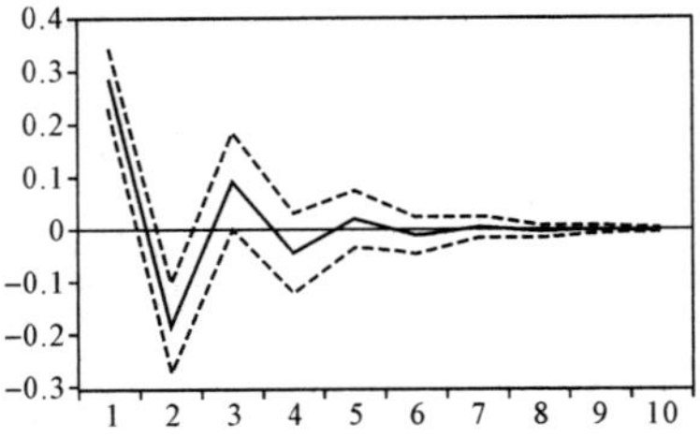

SCFI 对 SCFI 的脉冲响应

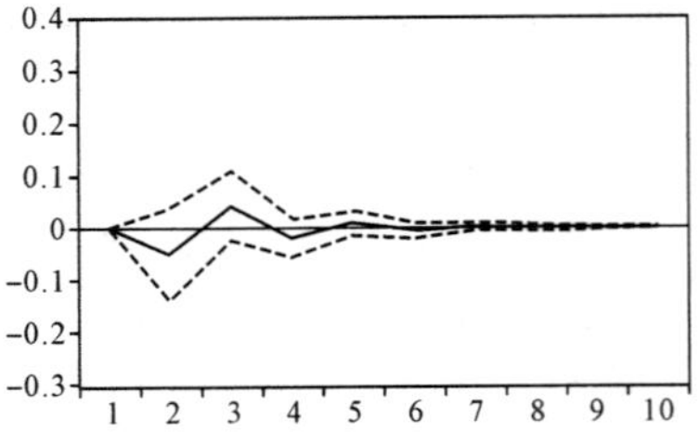

SCFI 对 GGDP 的脉冲响应

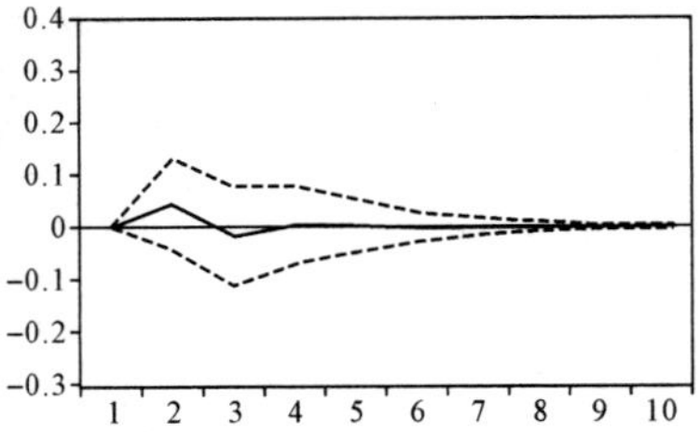

SCFI 对 GDP^* 的脉冲响应

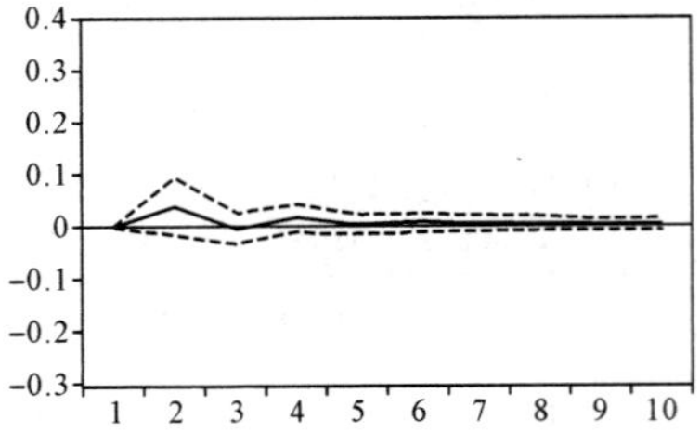

SCFI 对 r 的脉冲响应

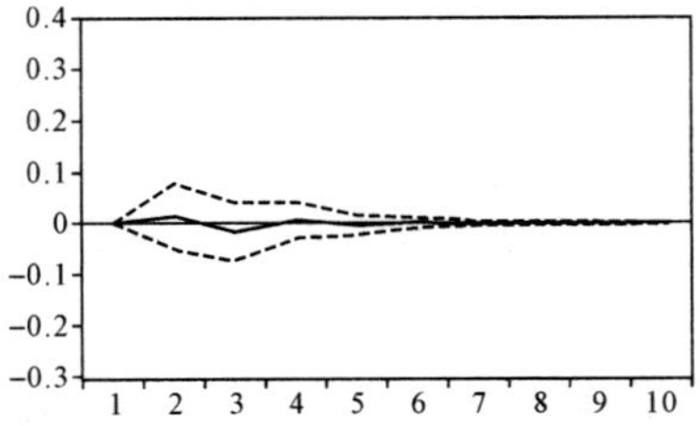

SCFI 对 p 的脉冲响应

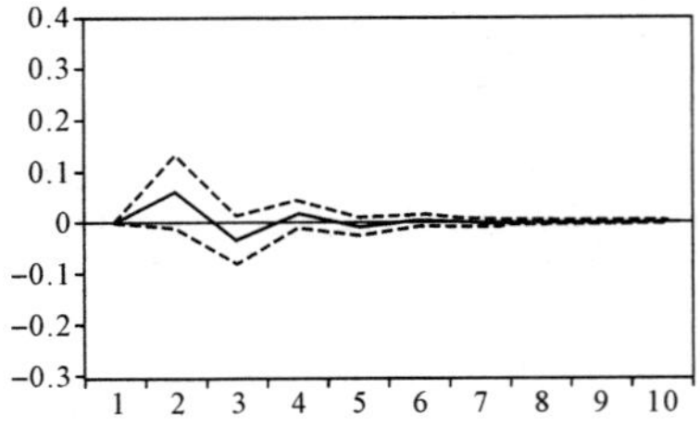

SCFI 对 e 的脉冲响应

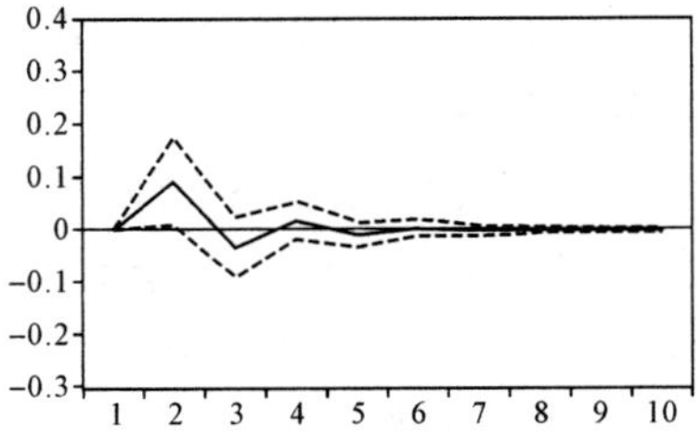

SCFI 对 sp 的脉冲响应

图 5-6　国际短期资本总流入对各经济因素的脉冲响应路径

4. 方差分解分析

通过方差分解可以进一步了解各个变量冲击对国际短期资本总流入 SCFI 的贡献度。(见表 5-7)经济变量中股票投资收益率变化 sp 的解释程度最高,解释程度为 6.5%;其次是人民币汇率预期的波动 e,解释程度为 3.27%;经济增长差异的变化 GGDP 的解释程度为 3.14%;中国产出缺口率的变化 GDP* 和国内外利差变化 r 的解释程度约为 1%；而通胀差异 p 的解释程度最小，仅为 0.34%。从方差分解角度看，股票投资收益率与人民币汇率预期是国际短期资本净流入的主要经济因素。

表 5-7　国际短期资本总流入的经济因素 VAR 模型方差分解结果(%)

时期	SCFI	GGDP	GDP*	r	p	e	sp
1	100.0000	0.000000	0.000000	0.000000	0.000000	0.000000	0.000000
2	86.27914	1.931145	1.482080	1.208969	0.160298	2.605216	6.333154
3	84.42280	2.943184	1.518882	1.107440	0.316322	3.181196	6.510180
4	83.89104	3.139663	1.497818	1.276161	0.341271	3.273652	6.580394

(二)政策因素实证分析

采用 VAR 模型对国际短期资本流入的政策因素进行动态分析，其中资本管制为资本流入管制强度，突发性事件的发生为外生变量。通过 AIC 和 SC 准则判定滞后阶数为 1，建立 VAR 模型。利用 AR roots 检验法进一步考察 VAR 系统的稳定性，检验结果如图 5-7 所示，AR roots 均落在单位圆内，可见该 VAR 系统是稳定的，进而可以做脉冲响应分析。

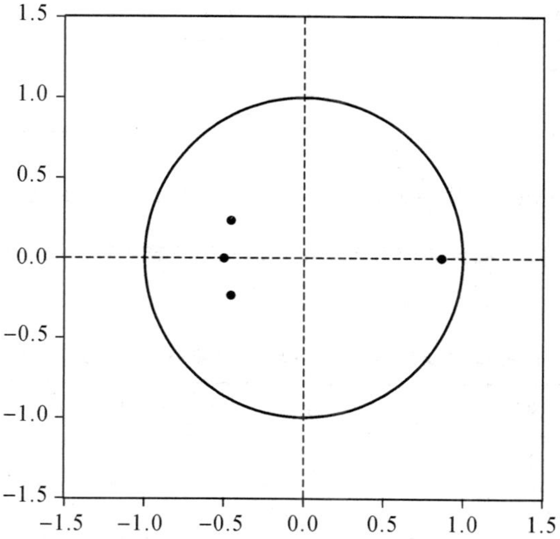

图 5-7　国际短期资本总流入的政策因素 VAR 模型 AR roots 检验结果

从国际短期资本流入对政策因素的脉冲响应路径图(见图 5-8)可以看出：国际短期资本流入对政策因素的响应也是波动收敛的，至第 6 期冲击的影响接近于0。表5-8通过方差分解反映出各项政策冲击对国际短期资本流入的贡献度。其中,市场开放程度对国际短期资本流入的解释程度最高,为5.2%,表明市场开放程度的提高为国际短期资本的流入提供便利;其次是财政政策,为0.6%,说明中国的刺激性财政政策会带来更多的国际短期资本流入。而资本流入管制的解释程度最低,仅为0.2%,这一方面反映出中国对资本流入管制相对较松;同时也说明随着市场开放程度的提高,中国资本流入管制的有效性逐渐降低。从政策因素总体看,市场开放程度是国际短期资本流入的主要影响因素。

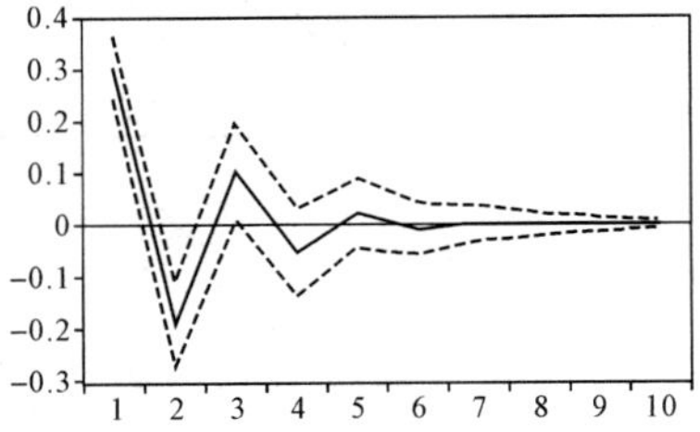

SCFI 对 SCFI 的脉冲响应

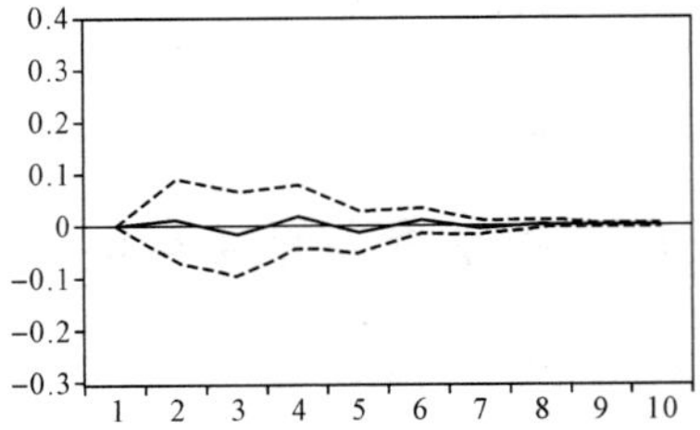

SCFI 对 G 的脉冲响应

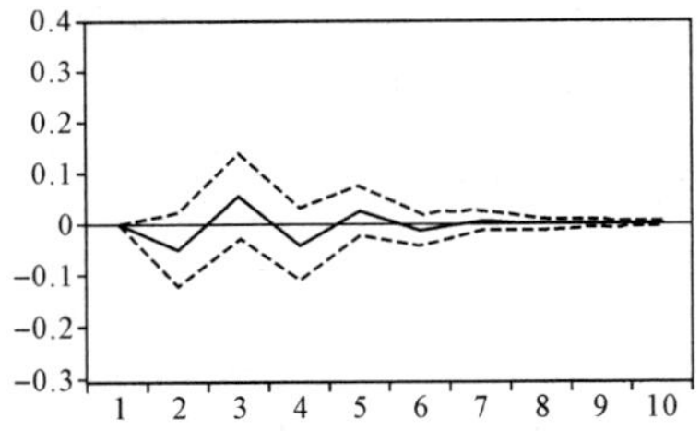

SCFI 对 OPEN 的脉冲响应

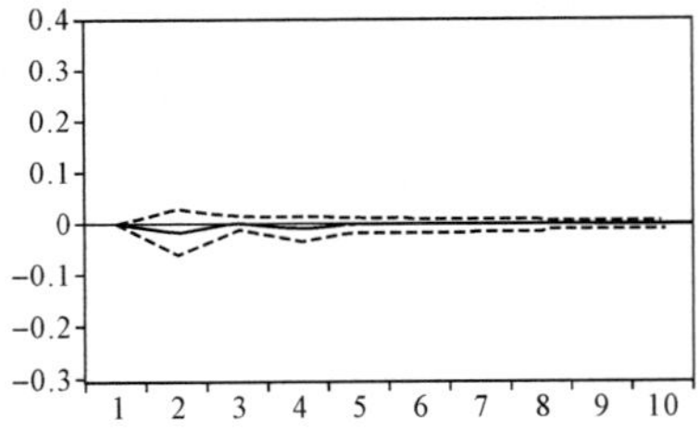

SCFI 对 CTRI 的脉冲响应

图 5-8 国际短期资本总流入对宏观政策的脉冲响应路径

表 5-8 国际短期资本总流入的政策因素 VAR 模型方差分解结果

时期	SCFI	G	OPEN	CTRI
1	100	0	0	0
2	97.82825	0.073762	1.91646	0.181524
3	95.74025	0.257581	3.836248	0.165923
4	94.55623	0.440259	4.782553	0.220961
5	94.06252	0.554389	5.162707	0.220385

续　表

时期	SCFI	G	OPEN	CTRI
6	93.90576	0.606235	5.252721	0.235282
7	93.86277	0.624282	5.27383	0.239116
8	93.85176	0.629255	5.274876	0.24411

四、总流出的影响因素分析

(一)经济因素实证分析

1. 线性回归分析

根据ADF检验结果，可以将国际短期资本总流出的经济因素模型设定为：

$$SCFO = C + \beta_1 GGDP + \beta_2 GDP^* + \beta_3 r + \beta_4 p + \beta_5 e + \beta_6 sp + \sum_j \xi_j SCFO(-j) + \mu_{it} \quad (5\text{-}5)$$

其中 j 为滞后期数，采用最小二乘线性回归，得到如下结果：

$$SCFO = 0.0847 - 0.7548GGDP + 0.2168GDP^* + 0.0172r + 4.1143p -$$
$$(2.0156)\quad(-1.9264)\quad(2.9552)\quad(1.1055)\quad(1.1448)$$
$$15.867e + 0.0743sp - 0.7451SCFO(-1) - 0.2955SCFO(-2)$$
$$(-2.794)\quad(0.2973)\quad(-5.2487)\quad(-2.1497)$$

$R^2 = 0.5115$　$F = 5.8901$　$DW = 2.139$　括号中数值为 t 统计量。

对该回归结果进行相关检验：

(1)正态性检验：“*Jarque-Bera*”项的伴随概率为0.1981，大于显著水平0.05，表明随机扰动项正态性假设成立。

(2)自相关检验：一阶、二阶自相关检验结果中“*Obs * R-squared*”项的伴随概率分别为0.2959、0.1898，均大于显著水平0.05，表明接受不存在(一阶、二阶)自相关的原假设，即模型不存在自相关。

(3)异方差检验：带交叉项的 *White* 异方差检验中“*Obs * R-squared*”项对应的伴随概率为0.6663，不含交叉项的 *White* 异方差检验中“*Obs * R-squared*”项对应的伴随概率为0.7096，均大于显著水平0.05，表明接受同方差的原假设，即模型不存在异方差。

以上各项检验结果表明模型较好地拟合了各经济变量对国际短期资本流出的影响。从回归结果可以看出，GDP^*、e、$SCFO(-1)$ 三个变量在

1%水平下通过显著性检验，表明这三个变量对国际短期资本流出的影响最为显著，即中国产出缺口率、人民币汇率预期变动以及滞后一期的国际短期资本流出是中国国际短期资本流出的主要经济影响因素。产出缺口率扩大1个点，会引起国际短期资本流出变化率上升0.2168个点。人民币汇率预期上升1个百分点，国际短期资本流出变化率会上升15.867个点。而 *SCFO*(−1)和 *SCFO*(−2)的影响方向均为负的，表明前期过多的国际短期资本流出会导致后面更多的国际短期资本流入，短期资本的进出往往是交替甚至同时进行的。

2. *VAR* 模型分析

为了更好地理解各经济变量对国际短期资本流出的动态影响，建立 *VAR* 模型，通过脉冲响应和方差分解来深入分析中国国际短期资本流出与各经济变量之间的动态关系。通过 *AIC* 和 *SC* 准则判定滞后阶数为1，建立 *VAR* 模型(见表5-9)。利用 *AR roots* 检验法进一步考察 *VAR* 系统的稳定性，检验结果如图5-9所示，*AR roots* 均落在单位圆内，可见该 *VAR* 系统是稳定的，进而可以做脉冲响应分析。

表5-9 国际短期资本总流出的经济因素VAR模型回归结果

变量	SCFO	GGDP	GDP*	r	p	e	sp
SCFO(−1)	−0.527172 (0.13519) [−3.89936]	−0.045282 (0.04355) [−1.03988]	0.012643 (0.22420) [0.05639]	0.660413 (0.58241) [1.13392]	0.001636 (0.00385) [0.42464]	−0.001580 (0.00281) [−0.56126]	−0.032097 (0.06602) [−0.48618]
GGDP(−1)	−0.570276 (0.44600) [−1.27866]	0.050591 (0.14365) [0.35217]	0.164202 (0.73962) [0.22201]	−0.693497 (1.92134) [−0.36095]	−0.025350 (0.01271) [−1.99430]	0.013888 (0.00929) [1.49562]	0.015985 (0.21779) [0.07339]
GDP*(−1)	0.009775 (0.09214) [0.10609]	0.010534 (0.02968) [0.35494]	−0.375954 (0.15281) [−2.46033]	0.378289 (0.39695) [0.95299]	0.010929 (0.00263) [4.16170]	0.000602 (0.00192) [0.31375]	0.041823 (0.04500) [0.92948]
r(−1)	0.021436 (0.01748) [1.22627]	0.004282 (0.00563) [0.76054]	0.025624 (0.02899) [0.88392]	0.843353 (0.07531) [11.1989]	−0.000555 (0.00050) [−1.11449]	−0.000362 (0.00036) [−0.99480]	−0.003321 (0.00854) [−0.38901]
p(−1)	−0.706780 (3.54031) [−0.19964]	−1.465922 (1.14032) [−1.28553]	−3.988338 (5.87109) [−0.67932]	−8.542114 (15.2515) [−0.56008]	−0.145183 (0.10090) [−1.43886]	−0.093060 (0.07371) [−1.26253]	0.102724 (1.72882) [0.05942]
e(−1)	1.254379 (6.60621) [0.18988]	0.608888 (2.12784) [0.28615]	3.547700 (10.9554) [0.32383]	−15.43858 (28.4594) [−0.54248]	−0.440644 (0.18828) [−2.34033]	0.326903 (0.13754) [2.37677]	−3.182077 (3.22597) [−0.98639]
sp(−1)	0.302613 (0.28691) [1.05475]	0.095340 (0.09241) [1.03169]	−0.310552 (0.47579) [−0.65271]	−0.597912 (1.23598) [−0.48376]	0.006862 (0.00818) [0.83923]	0.003362 (0.00597) [0.56275]	0.273248 (0.14010) [1.95034]

续　表

变量	SCFO	GGDP	GDP*	r	p	e	sp
C	0.084432 (0.04853) [1.73993]	0.009260 (0.01563) [0.59243]	−0.142767 (0.08047) [−1.77408]	−0.064021 (0.20905) [−0.30625]	0.001472 (0.00138) [1.06451]	−0.001589 (0.00101) [−1.57263]	−2.45E−05 (0.02370) [−0.00103]

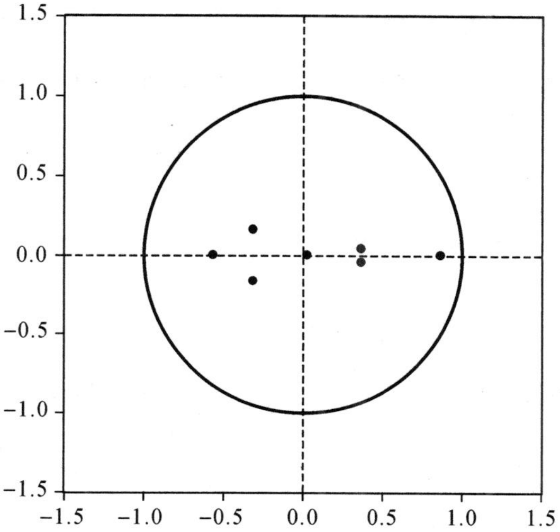

图 5-9　国际短期资本总流出的经济因素 VAR 模型 AR roots 检验结果

3. 脉冲响应分析

图 5-10 给出了在一个 Cholesky 单位标准差冲击下，国际短期资本流出 SCFO 对其自身及各经济变量的脉冲响应路径。从响应曲线可以看出响应程度都收敛于 0，表明该 VAR 系统是稳定的。

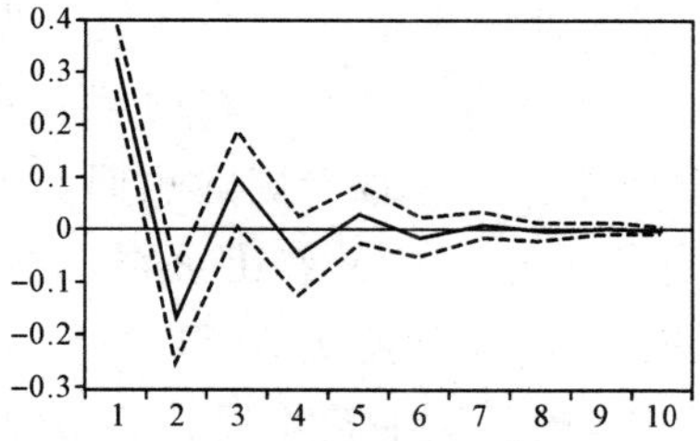

SCFO 对 SCFO 的脉冲响应

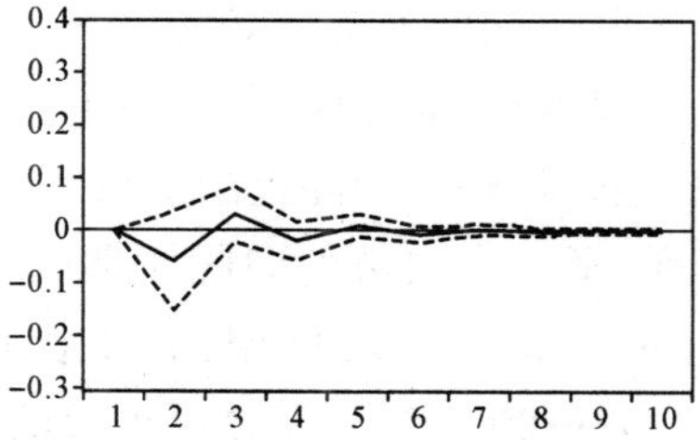

SCFO 对 GGDP 的脉冲响应

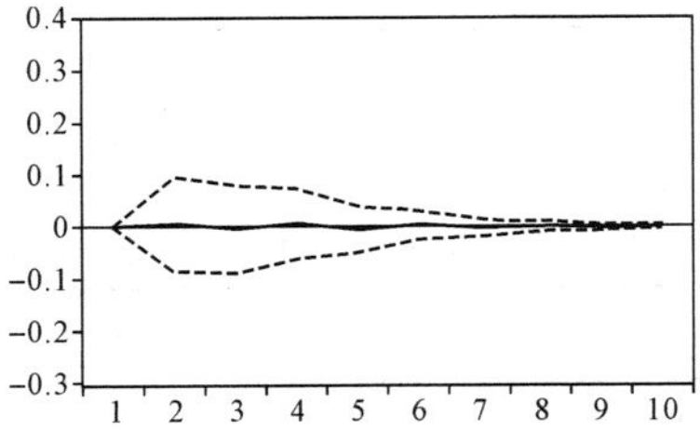

SCFO 对 GDP* 的脉冲响应

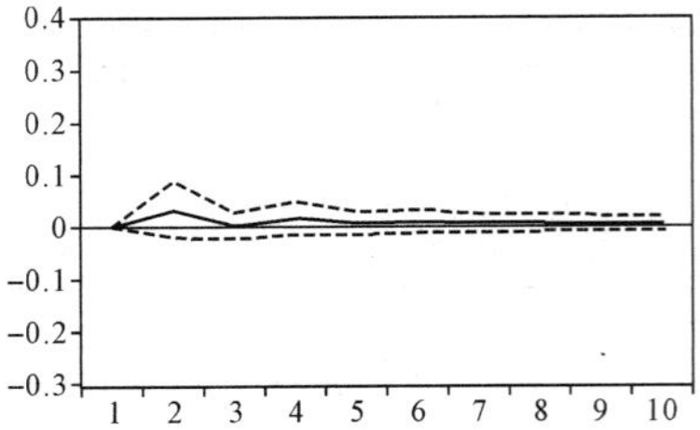

SCFO 对 r 的脉冲响应

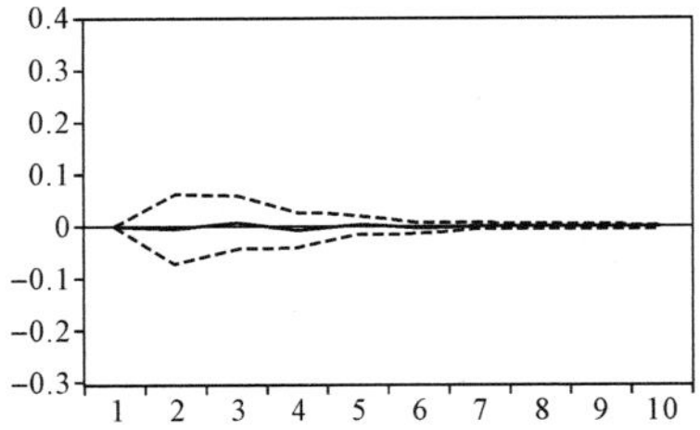

SCFO 对 p 的脉冲响应

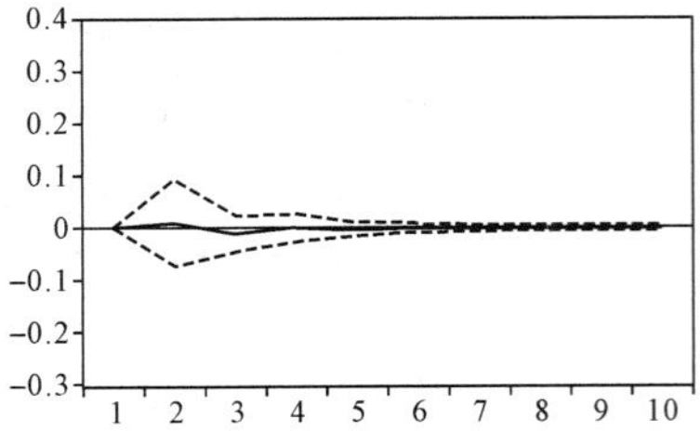

SCFO 对 e 的脉冲响应

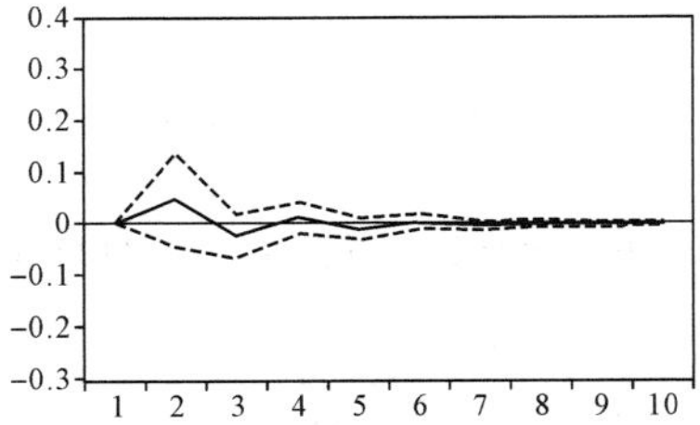

SCFO 对 sp 的脉冲响应

图 5-10　国际短期资本总流出对各经济因素的脉冲响应路径

国际短期资本流出 SCFO 对自身的冲击效应正负交替并在第 8 期趋近于 0，表明国际短期资本从中国外逃对其自身的冲击效应在两年后基本消除，这也反映出国际金融危机频繁爆发现象背后隐藏着国际短期资本这一推手，危机中出逃的国际短期资本在危机两年后便又卷土重来。例如，2008 年全球金融危机期间，中国国际短期资本净流出 1911.6 亿美元（2008Q2—2008Q4），而在两年后的 2010 年，国际短期资本净流入 2195.3 亿美元（2010Q4—2011Q3）。

经济增长差异的变化 GGDP 对国际短期资本流出 SCFO 的冲击效应在第 2 期后负正交替，即在第 2 期表现为负的冲击，中国经济增长相对世界经济增长差异的扩大，会导致国际短期资本流出减少，与理论预期一致。国际短期资本流出 SCFO 对国内外利差 r 的脉冲响应与前文国际短期资本流入对利差的脉冲响应相似，均表现为正向收敛，但二者在响应程度上存在差异，流入的响应程度大于流出的响应程度，从而表现为国际短期资本净流入对国内外利差 r 的脉冲响应为正向收敛，这反映出国际短期资本流入中国不完全是套利行为。国际短期资本流出对股票投资收益的响应也与理论预期方向存在差异，虽然国际短期资本净流入与预期符号是一致的，但国际短期资本流出的反常行为使分析国际短期资本流动增加了难度，其行为的不可预期性给各国在监测国际短期资本流动带来巨大挑战。国际短期资本流出对其他三个经济变量的脉冲响应较弱。

4. 方差分解分析

通过方差分解可以进一步了解各个变量冲击对国际短期资本流出 SCFO 的贡献度（见表 5-10）。经济变量中经济增长差异的变化 GGDP 的解释程度最高，解释程度为 3.1%；其次是股票投资收益率 sp，解释程度为 2%；国内外利差变化 r 的解释程度约为 1%；剩余变量的解释程度累计不到 0.35%。从方差分解角度看，经济增长差异、股票投资收益与国内外利差是影响国际短期资本流出的主要经济因素。

表 5-10　国际短期资本总流出的经济因素 VAR 模型方差分解结果

时期	SCFO	GGDP	GDP*	r	p	e	sp
1	100.0000	0.000000	0.000000	0.000000	0.000000	0.000000	0.000000
2	95.06517	2.398480	0.034330	0.787818	0.014565	0.063422	1.636212
3	94.29894	2.869938	0.034655	0.733764	0.057226	0.128989	1.876484
4	93.81365	3.078134	0.060594	0.900751	0.078962	0.126526	1.941384
5	93.69339	3.103753	0.072797	0.924005	0.084761	0.130794	1.990497
6	93.58760	3.126166	0.085103	0.989153	0.087613	0.130478	1.993885
7	93.55069	3.125894	0.087205	1.015624	0.087804	0.131155	2.001625
8	93.51501	3.128580	0.089470	1.046662	0.088206	0.131128	2.000941

(二)政策因素实证分析

采用 VAR 模型对国际短期资本流出的政策因素进行动态分析，其中资本管制为资本流出管制强度，突发性事件的发生为外生变量。通过 AIC 和 SC 准则判定滞后阶数为 2，建立 VAR 模型。利用 AR roots 检验法进一步考察 VAR 系统的稳定性，检验结果如图 5-11 所示，AR roots 均落在单位圆内，可见该 VAR 系统是稳定的，进而可以做脉冲响应分析。

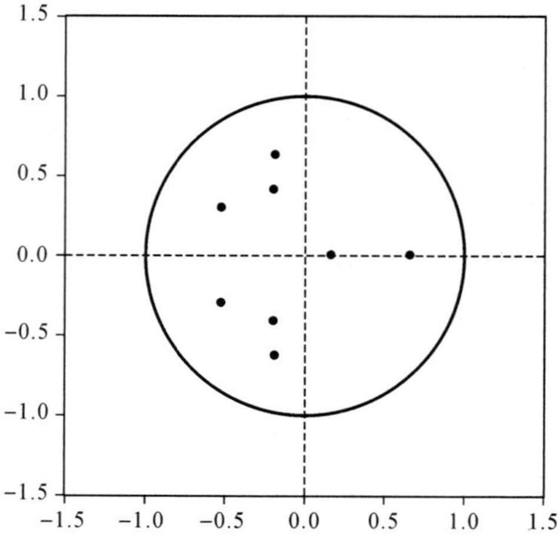

图-11　国际短期资本总流出的政策因素 VAR 模型 AR roots 检验结果

从国际短期资本流入对政策因素的脉冲响应图 5-12 可以看出：国际短期资本流出对政策因素的冲击响应也是波动收敛的，至第 6 期冲击的影响接近于 0，这与国际短期资本流入的期数是一致的，即政策对短期资本流动的冲击效应一般时长是一年半，这与后文中提及的资本管制在短期内有效相吻合。

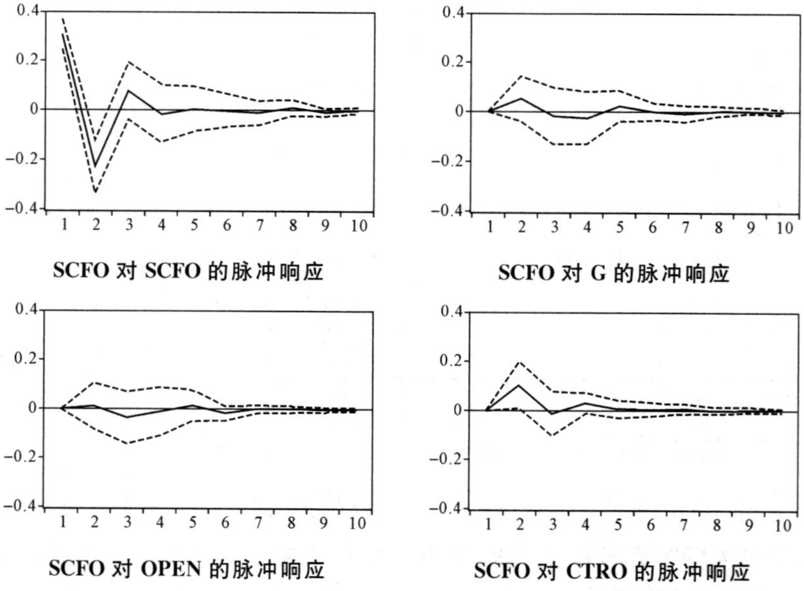

图 5-12　国际短期资本总流出对宏观政策的脉冲响应路径

表5-11通过方差分解反映出各项政策冲击对国际短期资本流出的贡献度。其中，资本管制强度对国际短期资本流出的解释程度最高，为7%，资本管制强度加强，国际短期资本会快速撤离中国，资本管制放松，国际短期资本流出也会放缓。其次是财政政策，解释程度为2.4%，当实施赤字财政政策（扩张性财政政策）时，国际短期资本会减缓流出，当实施盈余性财政政策（紧缩性财政政策）时，国际短期资本会加速流出。而市场开放程度的解释程度为1.1%，市场越开放，国际短期资本流动越便利，不仅表现在资本的流入同向变化，资本流出也是同向波动的。从政策因素总体看，对国际资本流出的管制是国际短期资本流出的主要影响因素。

表5-11　国际短期资本总流出的政策因素VAR模型方差分解结果

时期	SCFO	G	OPEN	CTRO
1	100.0000	0.000000	0.000000	0.000000
2	91.47915	1.684978	0.118932	6.716939
3	90.92666	1.774708	0.801827	6.496809
4	90.01526	2.138675	0.841793	7.004275
5	89.57427	2.438681	0.982850	7.004197
6	89.44066	2.435133	1.112001	7.012204
7	89.37896	2.469135	1.110757	7.041144
8	89.38630	2.468165	1.110195	7.035337

第四节　小　　结

国际短期资本以其特有的周期短、逆转性强等特征在国际资本流动中居于主导地位。发展中国家国际短期资本净流入已占国际资本净流入的半壁江山，中国作为发展中国家中经济发展较好的国家，所面临的国际短期资本流动问题尤为突出。从横向比较看，中国国际短期资本流入占发展中国家国际短期资本流入的30%；从内部资本流动结构看，中国国际短期资本流动占中国国际资本总流动的80%以上。可见，中国已然成为国际短期资本流入的首选目的地。

将国际短期资本存量与流量区分考察，存量以净流入衡量、流量以流入总量、流出总量来体现，并从经济与政策两个角度考察国际短期资本存量与流量的内外影响因素，可得出如下结论：

对国际短期资本流动的影响因素：从经济上看，国内外利差变化 Δr、股票投资收益率 sp 是国际短期资本净流入的主要因素；从政策上看，突发性事件 CRI 的发生对国际短期资本净流入的影响最为显著。

对国际短期资本总流入的影响因素：从经济上看，股票投资收益率 sp 与人民币汇率预期 e 是国际短期资本流入的主要因素；从政策上看，市场开放程度 OPEN 对国际短期资本流入的影响最为显著。

对国际短期资本总流出的影响因素：从经济上看，经济增长差异 GG-DP、股票投资收益 sp 与国内外利差 r 是国际短期资本流出的主要因素；从政策上看，对国际资本流出的管制 CTRO 是国际短期资本流出的主要影响因素。

可见各种因素在国际短期资本净流入、国际短期资本总流入、国际短期资本总流出中所起作用大小各不相同。在对国际短期资本流动进行宏观调控时，应根据目标达成的具体途径采取相应措施，这样方能有效实现预期目标，否则难免出现事与愿违的结果。

第六章　中国资本管制强度测算

国际短期资本流动在过去数十年所发生的严重危机中起着重要作用，如互联网泡沫危机、亚洲金融危机以及最近的由美国次贷市场泡沫破裂所引发的全球金融危机，历次危机前后都伴随着国际短期资本流动的巨幅波动。因此，危机后国际社会关于加强资本流动管制的呼声越来越强烈也就不足为奇了。长期以来，作为全球经济发展中表现较好的新兴经济体国家，中国成为国际短期资本攫取高额利润的狩猎地。在中国加入 WTO 实现贸易自由化后，资本管制便成为中国应对国际资本，尤其是国际短期资本冲击的最后一道屏障。中国资本管制的强度也因各个时期所面临的国际金融经济的冲击而有所波动，但总体上中国资本管制强度的变化趋势与全球经济一体化的趋势以及中国经济发展的需求相适应。本章将从资本管制强度的衡量方法、中国资本管制的阶段特征以及中国资本管制强度测算几个方面对中国资本管制强度进行分析与探讨。

第一节　资本管制强度的衡量方法

一、相关研究

关于各国资本管制强度测量的相关文献，大多数是根据 IMF 发布的《汇兑安排与汇兑限制年报》来设定相关指标与参数。早期的研究中，主要根据是否违反国际货币基金组织协定的第 8 条来区分是否实施了资本管制[①]，其

---

① 按照 IMF 的定义，一国若能实现经常账户下的货币自由兑换，该国货币就被列入可兑换货币。由于自由兑换的条款集中出现在国际货币基金组织协定的第 8 条，所以货币自由兑换的国家又被称为“第 8 条款国”。

值是虚拟变量，如艾尔波托·艾莱斯那等的研究(Alberto F. Alesina, Vittorio Grilli, and Gian Maria Milesi-Ferretti, 1993)。然而，各国资本市场相关规定的变化并不能在该虚拟变量中得到体现，因此，该指标并不适合用于对各国资本管制时间序列的研究。美国哈佛大学著名经济学家丹尼·罗德里克(Dani Rodrik, 1998)曾建议采用该虚拟变量的序列平均值来获取各国间资本管制的差异，然而该方法并未能解决原始虚拟变量所存在的精准问题，尽管如此，该方法仍然被很多研究所采用(如 Chanda, 2005)。

许多学者尝试着采用了更为复杂的方法通过强度来区分管制。例如，美国学者詹姆斯·D. 格瓦特尼和罗伯特·劳森(James D. Gwartney, Robert Lawson, 2001)、雅克·米纳尼(Jaques Miniane, 2004)根据 1996 年以来的《汇兑安排与汇兑限制年报》中附表的分类将资本管制划分为 13 个小类，并根据各个小类的占比来衡量资本管制强度。格瓦特尼、劳森和瓦特·布拉克(Gwartney, Lawson, and Walter Block, 1996)根据 1975—1995 年的《汇兑安排与汇兑限制年报》构建了资本管制强度指标，尽管与其根据 1996 年之后的《汇兑安排与汇兑限制年报》所构建的指标体系有很大差异，但两者在所测定的样本间高度相关。

奎因(Quinn, 1997)和奎因、丰田(Quinn and Toyoda, 2008)也根据《汇兑安排与汇兑限制年报》构建了资本管制强度指标。通过仔细分析《汇兑安排与汇兑限制年报》中对资本项目管制措施的具体描述，他们建立了时间跨度较长(1995—2008 年)的资本管制强度指标体系。埃尔沙吉(El-Shagi, 2010, 2010b)和马丁·辛德勒(Martin Schindler, 2009)根据 1996 年以来国际货币基金组织的《汇兑安排与汇兑限制年报》中所能获得的更为详细的有关资本管制的信息分别独立地构建了资本流入与资本流出管制的强度指标。

也有研究采用经济指标从侧面测算资本账户开放程度，从而定量分析资本管制强度，该方法注重的是事实上的管制措施而不是法律意义上的管制措施。杜安·斯万克(Duane Swank, 1998)采用资本流动衡量资本管制强度。利芬·巴勒等(Lieven Baele et al., 2004)采用利差作为资本市场一体化的代理变量，该方法遵循了汇率制度条款事实与法律的差异(卡门·M. 莱因哈特，肯尼斯·S. 罗格夫，2004)。然而，与汇率政策相反，该方法无法通过其他政策指标观测到事实上的资本管制(如外汇储备)。定量测量法弥补了法规法在数据上的不连续性，但也存在一定的不足，最大的缺陷就是采用资本市场本身的变量作为资本管制强度的指标来分析资本管制对资本市场的影响，这一点使得定量测量法也不是那么可靠。

综上所述，对于资本管制强度并没有一个标准的衡量方法。法规法由于其所依据的资料均是IMF的《汇兑安排与汇兑限制年报》，研究角度更为深入，并且从总的资本流动的管制向资本流入与流出的管制的细分，因此在现有研究中被广泛采用。尽管各研究中具体的指标设定方法和指数大小不一，但基于法规法所得资本管制强度的结论大体一致。这也是法规法所要求精度不高的长处，但同时也是其不足之处，所得结果是虚拟值（0、1或其他度量值）而不具备连续性与精确性。正是由于法规法的这一不足，许多研究采用定量测量法对资本管制强度进行测算。定量测量法弥补了法规法在衡量资本管制强度数据上的跳跃性，但在研究中也有一定的局限性，在某种意义上是现象解释现象而不具备说服力。以下对这两种方法做一定的拓展，并运用于中国资本管制强度的测算。

二、基于法规法的资本管制强度测量

国际货币基金组织的《汇兑安排与汇兑限制年报》详细提供了五个不同资产市场和三个信贷市场的相关信息，并且对各个市场的讨论包含了不同的资本管制措施。因此，基于《汇兑安排与汇兑限制年报》，可以构建26个虚拟变量，即可能存在的资本管制—资本管制集（见表6-1）。

表6-1列出了总的资本管制指标体系，包括资产市场的5个子市场各4个指标和3个不同信贷市场各2个指标，总共26个资本管制指标。

表6-1　资本管制指标体系

资本管制集		资本流入	资本流出
①股票市场　②债券市场　③货币市场工具　④集体投资类证券　⑤衍生品及其他衍生工具	对非居民在本地购买（PLNR）	√	
	非居民在本地销售或发行（SLNR）		√
	居民在国外购买（PAR）		√
	居民在国外销售和发行（SAR）	√	
⑥商业信贷　⑦金融信贷　⑧信贷担保	居民对非居民（R→NR）		√
	非居民对居民（NR→R）	√	
资本管制指标数		13	13

注：“√”表示对应该行指标实施了资本管制。

资料来源：Makram El-Shagi：Initial evidence from a new database on capital market restrictions. Panoeconomicus，2012，Volume59，No. 3，p283-292.

五个不同资产市场包括：股票市场、债券市场、货币市场工具(MMI)、集体投资类证券(CIS)、衍生品及其他衍生工具。对各个资产市场的管制措施可以分为对非居民在本地购买(PLNR)、非居民在本地销售或发行(SLNR)、居民在国外购买(PAR)、居民在国外销售和发行(SAR)的限制或管制等。其中对居民在国外销售和发行(SAR)与非居民在本地购买(PLNR)的限制均为对资本流入的管制，对非居民在本地销售或发行(SLNR)与居民在国外购买(PAR)的限制均为对资本流出的管制。因此对资产市场的资本管制可分为10种不同的资本流入与资本流出管制。

除了对资产市场的管制，《汇兑安排与汇兑限制年报》还列出了对信贷市场的管制：商业信贷、金融信贷、信贷担保。同时，《汇兑安排与汇兑限制年报》对信贷市场的资本管制也区分了对资本流出与资本流入的管制。因此，资本流入与资本流出管制分别增加了三个指标。

三、基于经济指标的定量测算法

资本管制与资本项目自由化是一个问题的两个方面，资本账户越开放，资本管制越弱，反之亦然。基于经济指标的测算方法主要借助某一种或几种经济运行指标，从侧面测算资本账户开放的程度，从而对资本管制强度进行衡量。该方法常用的经济指标有三组：国民储蓄率与国民投资率、境内外资产收益率差异以及官方统计的跨境资本流动量。

(一)储蓄率—投资率测度法

菲尔斯汀和何瑞卡(Feldstein, Horioka,1980)首次尝试用定量的方法衡量部分国家的资本管制强度。他们分析了21个OECD国家1960—1974年间的储蓄和投资行为，并依据储蓄率和投资率的相关性检验来判断资本管制的强度。具体而言，如果一国储蓄率与投资率相等，表明该国实施严格的资本项目管制；而当一国资本项目开放时，该国储蓄率和投资率不存在必然的联系。一国储蓄率和投资率的吻合程度越好，则表明一国资本流动性越弱，即对资本项目的管制越严，资本管制强度越大；反则亦然。

但是这种方法屡遭非议，理由是：一国的储蓄率与投资率之间本来就可能高度相关，即使这个国家对跨国资本流动没有限制。也就是说，如果一国资本管制强度大，该国储蓄率和投资率并不一定吻合得好。因为，储蓄率和投资率的吻合除了受储蓄投资转换机制的约束外，还受资本外逃等因素的影响。如果一国资本管制强度不大，该国的储蓄率和投资率有可能吻合得好。例如，奥伯斯菲尔德(Obstfeld，1986)指出，即便一国对资本账户未实行任何管制，储蓄率和投资率也必定存在高度相关关系，而且这种相关度在大国经济运行中表现得尤为明显；美国学者巴尤米(Bayoumi，1990)认为储蓄率和投资率的相关程度仅仅是反映了一国政府为平衡经常项目所做出的努力。

(二)到岸—离岸利率差测度法

该方法衡量资本管制强度的逻辑是：境内外资产收益率差异越大说明资本管制强度越大。根据利率平价理论，在资本可以跨国自由流动的前提下，国内利率与国际利率符合利率平价关系，即一国国内利率加上该国预期的汇率变化率应等于国外利率。当两国之间存在不同的利率水平时，国际套利资本的流动会使得利差消失或使得有关货币汇率发生变动，以维持利率平价关系。所以，本国利率和世界利率之间是否符合利率平价关系是检验一国资本账户是否开放即资本管制强度的重要方法，本国利率与世界利率的联系程度越高，则该国资本管制强度越弱。杜利和艾萨德(1980)分析了联邦德国 1970—1974 年资本管制与境内外利差的情况。他们发现，这一期间法兰克福马克存款利率与苏黎世欧洲马克存款利率的利差表现出随资本管制增强(减弱)而增大(减小)的特征。1970 年初的利差接近 0，到 1973 年 4 月，随着资本管制强度加大，利差超过 10%，1974 年初，随着资本管制的取消，利差又接近 0。

(三)实际资本流动规模测度法

该方法的思路是通过测算资本项下的直接投资、证券投资以及其他投资实际流动额占 GDP 的比重，得出一国的资本市场发展规模，从而证明资本项目的开放程度，即该国的资本管制强度。克雷(Kraay，1998)借鉴国际贸易中通过跨国交易活动规模衡量一国对外贸易开放度的思路，采用跨国投资规模(资本流入和资本流出之和)的流量指标来衡量资本账户的开放度。拉尼和米勒斯·费雷蒂(Lane，Milesi-Ferretti，2001)采用资本流动存量指标研究了 1970—1998 年 67 个国家的资本管制强度。艾迪森和沃诺克(Edison，Warnock，2003)采用外国股权限制指数分析了 1988—2000 年 29 个新兴市场国家对证券市场的管制强度。尽管根据实际资本流动规模测算出的指标值在各年度间的波动会比较大，但从长期趋势看它们能够较好地反映一国资本管制强度的变化。表 6-2 列出了以上三种实际资本流动规模测度法。

表 6-2 实际资本流动规模测度法

名称	来源	描述	范围	年份	覆盖的国家
①资本流动流量指标(Capital Flows)	克雷(Kraay, 1998)	资本流动流量/GDP	0—1之间,数值越大说明管制强度越小	1985—1997	117个国家
②资本流动存量指标(Capital Stocks)	拉尼和米勒斯·费雷蒂(2001)	资本流动存量/GDP	0—1之间,数值越大说明管制强度越小	1970—1998	67个国家,既有发达国家,也有发展中国家
③外国股权限制指数(EW)	艾迪森和沃诺克(2003)	外国股权限制指数	0—1之间,0表示证券市场完全没有限制;1表示证券市场完全受限制	1988—2000	29个新兴市场国家

综上所述,尽管现有研究对于资本管制强度并没有一个标准的衡量方法,但基本上也都采用法规法或者经济指标定量测量法。上文中对法规法进行了拓展,将《汇兑安排与汇兑限制年报》上所包含的五个不同资产市场和三个信贷市场的相关信息,分解为26个指标对资本管制强度进行测度。虽然法规法所采用的是虚拟变量,但通过指标的分解可以更加准确地反映资本管制强度的变化。借鉴法规法的拓展,可以对定量法进行类似的延伸。现有基于经济指标的定量测量法采用的是总量指标,将资本流动区分为短期与长期、流入与流出便可以分别反映出对短期资本流入与流出、长期资本流入与流出的资本管制强度,这一方法将在后文具体分析中国资本管制强度测算中采用。

第二节 中国资本管制的特征

改革开放以来,中国的外汇管理体制适应了经济体制改革开放的整体目标和经济金融全球化的趋势,在稳定跨境资本流动、配合并促进其他领域的改革、提高对外开放水平等方面发挥了重要作用。同时,按照IMF的划分,中国属于实行强资本管制的国家,其资本和金融账户尚未实现完全可兑换,存在着交易和汇兑两方面的管制。可以说,中国的资本管制政策与外汇管理体制改革是相辅相成的,外汇管理体制改革反映了中国资本管制政策的变化。

一、中国外汇管理体制沿革

改革开放前，中国实行严格外汇集中计划管理，国家对外贸和外汇实行统一经营，外汇收支实行指令性计划管理。所有外汇收入必须售给国家，用汇实行计划分配；对外基本不举借外债，不接受外国来华投资；人民币汇率仅作为核算工具。

改革开放后，中国对外经济迅猛发展，外汇管理体制也随之经历多次改革，大致分为如下三个阶段。

第一阶段（1978—1993 年）：适应经济发展的需要，加快外汇体制改革。逐步改变外汇的统收统支，允许出口企业有一定的外汇自主权。1979 年开始实行企业外汇留成制度，并允许企业间调剂外汇余缺。人民币外汇调剂市场汇率与官方汇率并行。1980 年 12 月国务院发布的《中华人民共和国外汇管理暂行条例》是这一阶段基本的外汇管理法规。这一阶段，配置外汇资源的市场机制不断发育，在促进吸引外资、鼓励出口创汇、支持国民经济建设等方面发挥了积极作用。

第二阶段（1994—2000 年）：初步建立起适应社会主义市场经济体制的外汇管理体制框架。1994 年，国家对外汇管理体制进行重大改革，取消外汇留成制度，实行银行结售汇制度，人民币官方汇率与市场汇率并轨，实行以市场供求为基础的、有管理的浮动汇率制度，建立全国统一规范的外汇市场。1996 年 1 月《中华人民共和国外汇管理条例》颁布实施，外汇管理改革成果以法规形式得以进一步确立。同年 12 月，中国宣布接受国际货币基金组织协定第 8 条款，实现人民币经常项目可兑换。这一阶段，外汇供求的市场基础不断扩大，市场机制配置外汇资源的基础性地位进一步提高。但从总体看，中国外汇资源仍然短缺，因此，国家建立了通过事后核对进出口物流和资金流是否对应的进出口核销制度，防止出口少收汇和进口多付汇。当时，仅允许少数企业经批准后开立外汇账户，并且账户内仅可保留上年进出口额 15%的外汇。个人因私用汇每人每次也仅可购 500 美元，超限额购汇需经外汇管理部门批准。亚洲金融危机期间，中国更加强化了资本流出管制，建立了进口报关单联网核查制度，有力打击了利用报关单逃骗汇的现象，有效地抵御了外部冲击。

第三阶段（2001 年以来）：适应新形势，继续深化外汇管理体制改革。2001 年年底中国加入世界贸易组织，对外经济迅猛发展，外贸顺差急剧扩大，外商来华投资踊跃，国际收支持续大额顺差，外汇储备于 2009 年 6 月末达到 2.13 万亿美元，是 1993 年底的 100 倍。在此背景下，中国逐步取消了经常项目外汇账户开户审批和账户限额管理，允许企业自主保留外汇；取消外汇风险审查、外汇来源审查等对外直接投资行政审批项目；先后引入合格境外机构投资者（QFII）、合格境内机构投资者（QDII）等。2005 年 7 月，人民币汇率形成机制进一步改革，实行以市场供求为基础，参照一篮子货币进行调节的有管理的浮动汇率制度，人民币汇率弹性和灵活性显著增强，外汇市场加快发展。2007 年 8 月，国家外汇局取消了经常项目外汇账户限额管理，境内机构可根据自身经营需要，自行保留其经常项目外汇收入，这标志着自 1994 年以来沿袭了 13 年的强制结汇制度淡出了历史舞台，被意愿结汇制度所取代。同时，还加强了外汇资金流入管理，如 2008 年实施出口收结汇联网核查，通过核对出口报关单数据，核查出口收汇是否有真实贸易背景，防止出口多收汇。这一时期，对外汇资金实行流入流出均衡管理的原则，相关制度逐步确立，资本项目可兑换进程稳步推进，贸易投资外汇管理不断便利化。2008 年 8 月修订实施的《中华人民共和国外汇管理条例》，突出了均衡管理原则和国际收支应急保障制度。

综上所述，随着中国经济改革开放的实施与深入，中国的经济体制由计划经济向市场经济过渡并完善，中国的外汇管理体制依次经历了国家统一管理、企业外汇留成制度、强制结汇制度、意愿结汇制度。伴随着外汇管理体制的变化，中国对资本的管制也呈现出明显的阶段特征，由完全管制转向部分管制，并到现在的均衡管制，体现出中国政府在对国际资本认识上由重视国际资本流入向国际资本流入与流出均衡波动的转变。

二、中国外汇管理体制和资本管制政策现行框架

中国现行的资本管制框架可以划分为三个部分：直接投资、证券投资和信贷业务。其中，直接投资包括外商直接投资和对外直接投资；证券投资包括股票投资和债券投资管理；信贷业务包括外债管理、贸易信贷登记管理和对外担保管理。（见图 6-1）按资本管制环节的不同，分为对跨境资本交易（包括转移支付）和汇兑活动的限制。对跨境资本交易的管制（审批）由国家发展和改革委员会、中国人民银行、财政部、商务部以及中国证监会和银监会等有关行政管理部门执行，而外汇兑换环节的管制则由国家外汇管理局执行。

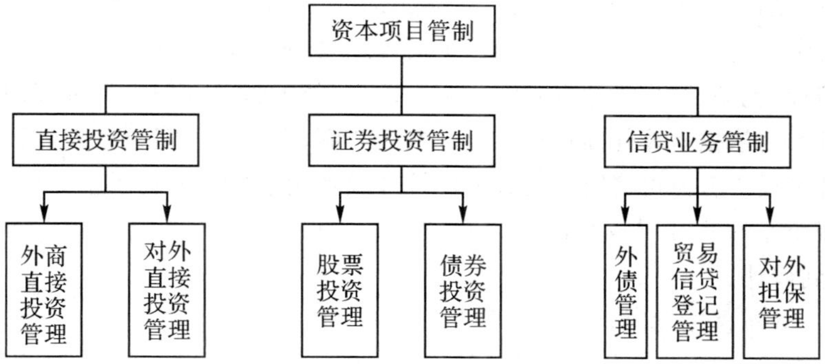

图 6-1　中国资本管制的基本项目

资料来源：根据国家外汇管理局《外汇管理概览》(2009 版)第三章整理而得。

(一)对直接投资的管制

跨境直接投资按方向划分，可以分成外商直接投资和境外直接投资。外商直接投资是境外投资者来境内进行直接投资。境外直接投资是境内机构到境外从事直接投资。

1. 外商直接投资外汇管理框架

自 1978 年改革开放以后，中国积极吸引外商直接投资，不断完善相关管理政策。1978 年，中国批准设立第一家外商投资企业。之后，外商直接投资企业逐步壮大，成为扩大出口、拉动投资等方面一支重要的力量。吸引外国直接投资是中国对外开放中的一项重要政策，经过 30 多年的发展，中国已经建立了相对成熟的管理制度。对外商直接投资实行投资主管部门审批准入管理制度，也就是说，所有的外商直接投资企业需要先获得商务主管部门的核准批复。在管理程序上，外商直接投资在取得商务主管部门的核准后，由外汇管理部门负责办理外汇登记和相应的汇兑手续。

在外汇管理方面，外商直接投资的便利化程度相对较高，重点在于统计监测外商直接投资项下的跨境资本流动。同时，现行的外汇管理主要以外汇账户为核心进行相应的外商投资企业外汇资本金结汇管理。外汇管理部门对每一家外商投资企业进行外汇登记，开立资本金账户，并根据审批部门核定的金额确定该账户的最高限额。外商投资企业的外国投资者外汇资金入账后，外商投资企业委托的会计师事务所在验资过程中需要向外汇管理部门进行验资询证；外汇管理部门根据会计师事务所提交的相关入资证明，记录外资流入的具体形式和金额。同时，为满足外商投资企业小额支付需要，允许外商投资企业直接将一定限额内的外汇资金(目前为 5

万美元)结汇使用,无须提交支付用途凭证等凭证。

在外商直接投资资金流出时,同样也需要先由商务主管部门对减资、转让股权、清算、撤资等事项做出批复。之后,外汇管理部门以审批部门的核准文件等为依据审核外商投资企业的撤资金额,以上程序完成后外商投资企业的外国投资者方可将所得资金汇出境外或者用于境内的再投资。此外,外商投资企业的外方所得利润可以在纳税后,直接向外汇指定银行申请购付汇,汇到境外。

2. 境外直接投资外汇管理框架

在鼓励和完善外商直接投资的同时,中国逐步放松对境外投资的相关限制。从 1999 年开始,国务院针对亚洲金融危机中暴露出来的原境外投资管理体制存在的一系列问题,决定着手对原境外投资管理体制进行改革。2004 年 7 月,国务院实施了投资体制改革,通过改革管理方式,落实投资主体的投资自主权,增强对境外投资的宏观监管。与此同时,国家提出了“走出去”发展战略。由此,境内企业向海外“走出去”的步伐加快。

在外汇管理上,自 20 世纪 90 年代以来,中国持续出台便利措施,积极支持企业“走出去”。尤其是近年来,外汇管理局积极转变管理思路,为中国企业“走出去”发展提供政策保障,以促进贸易和投资便利化。这些具体政策主要包括:取消境外投资外汇风险审查和汇回利润保证金制度;设立境外投资外汇管理改革试点,放宽全国各地区购汇额度,下放审批权限;允许境外企业所得利润用于增资或境外再投资;允许境内企业以自有外汇、购汇或国内外汇贷款进行境外投资;允许跨国公司内部进行资金跨境运作;将境内银行对境外投资企业提供融资性对外担保的管理方式,从原先的逐笔审批转为余额管理,以解决境外投资企业融资问题等。这些政策为境内企业“走出去”创造了良好的政策环境。

2009 年 7 月,外汇管理局发布《境内机构境外直接投资外汇管理规定》(汇发〔2009〕30 号),取消了境外投资外汇资金来源审核,实行登记备案制度。因此,只要境内企业的境外投资项目符合国家的境外投资产业政策并获得商务主管部门的批准,在外汇管理方面,已无对境外投资金额、投资资金来源或数量的限制。外汇管理部门对每一家境内机构的境外投资项目进行外汇登记,并据此记录境外投资项下流出、流入的具体形式和金额。境外直接投资项下的资本变动收入(如撤资、清算等)调回境内仍须经外汇管理部门审核,其目的在于防止异常资金流入境内。

综上所述,外商直接投资和境外直接投资在交易环节,首先均必须取得商务主管部门的核准,再由外汇管理部门负责办理外汇登记和相应的汇兑手续(见表 6-3)。从表 6-3 可以看出,无论在交易环节还是在汇兑环节,对直接投资的限制都较少。在交易环节,审批的程序已大幅简化;在汇兑环节,外商直接投资的便利化程度较高,对外直接投资也取消了境外投资外汇资金来源审核,实行登记备案制度。此外,外商直接投资和对外直接投资分别在 1997 年和 2003 年实行联合年检制度,有利于加强和完善对直接投资的事后监测。

表 6-3　直接投资管制框架

	交易环节	汇兑环节
外商直接投资	经商务主管部门审批,已大幅简化;清算、撤资或股权转让须经主管部门批准	申请外汇资本结汇,便利程度较高,允许小额(5 万美元)外汇资金直接结汇使用
境外直接投资	经商务主管部门审批,但已大幅简化;清算、撤资须经外汇管理部门批准	取消资金来源审核,实行登记备案制度,对国家批准的项目无限制

资料来源:根据外汇管理局《外汇管理概览(2009)》第三章和《2011 IMF 汇兑安排与汇兑限制》整理而得。

(二)对证券投资的管制

证券投资包括证券发行和买卖交易。从证券工具的角度划分,可分为债券和股票,其中债券可分为长期债券、中期债券、货币市场工具和衍生金融工具(即由期权等衍生工具产生的金融债权债务)。证券投资管制主要包括对股票(或参股性质的其他证券)和债券(或其他债务性债券)的管制。按照购买主体的不同,分为非居民在境内购买、非居民在境内发行或出售、居民在境外购买、居民在境外发行或出售四个部分。表 6-4 汇总了中国对证券投资的管制状况。

表 6-4　证券投资管制框架

股票投资	交易环节	汇兑环节
非居民在境内购买	合格境外投资者(QFII)在 A 股市场交易,且对投资条件和额度进行了限定。其他的只能在 B 股市场交易。	具备合格境外投资者(QFII),且对汇兑数量和汇出款项进行额度和期限限制(锁定期)
非居民在境内发行或出售	无限制,但目前为止还没有非居民在 A 股或 B 股市场发行过股票。	无限制

续 表

股票投资	交易环节	汇兑环节
居民在境外购买	合格境内投资者(QDII)经批准后可通过特定账户投资海外证券市场,且可以回购自己在海外发行的股票。	资金汇入、汇出须得到外管局批准
居民在境外发行或出售	国内外资或合资企业境外发行股票须经中国证监会批准。	登记和结汇的真实性审核
债券投资	交易环节	汇兑环节
非居民在境内购买	QFII可以投资国内债券市场,且在2010年8月17日,投资范围进一步扩大至银行间债券市场,无最低持有期限制,但并没有完全放开。	对QFII的汇寄进行数量限制
非居民在境内发行或出售	经人民银行、国家发改委等部门批准后可发行以人民币计价的债券	对QFII的汇寄进行数量限制
居民在境外购买	QDII允许购买境外债券,但是要在配额限制范围内	QDII必须使用各自外汇和配额
居民在境外发行或出售	须经国家发改委批准	在外汇管理局办理外债登记,收汇在规定期限内调回境内

资料来源:根据外汇管理局《外汇管理概览(2009)》第三章和《2011 IMF 汇兑安排与汇兑限制》整理而得。

1. QFII 管理

合格境外机构投资者(QFII)制度是指允许符合条件的境外机构投资者经批准汇入一定额度的外汇资金,并转换为当地货币,通过严格监管的专用账户投资当地证券市场,其本金、资本利得、股息等经批准后可购汇汇出的一种资本市场开放模式。QFII 制度管制的主要内容:一是资格条件的限制(准入门槛),二是投资规模的限制(投资额度),三是投资通道的控制(专用账户),四是资金汇出入限制(锁定期)等。

QFII 作为过渡性制度安排,是那些货币没有自由兑换、资本项目未完全开放的新兴市场国家或地区实现资本市场有序开放的特殊通道。印度、韩国、中国台湾地区在证券市场开放初期都引入了 QFII 制度。QFII 制度实质上是一种资本管制措施,通过限制国外资本的流入规模和流出速度,进而限制外国资本对一国国际收支和金融市场的影响力,降低开放过程中的风险。现行 QFII 管理框架包括市场准入审定和投资额度审批，分别由中国证监会和外汇管理局负责，具体监管分工如下：中国证监会负责 QFII 资格的审定、投资工具的确定、持股比例限制等。外汇管理局负责投资额度的审定、资金汇出入和汇兑管理等。

2. QDII 管理

合格境内机构投资者（QDII）制度是 QFII 的反向制度，它是指允许符合条件的境内机构，经监管部门批准，在一定额度内，通过专用账户投资境外证券市场的一种开放模式。QDII 制度管制的主要内容：一是资格条件的限制，即符合一定条件的商业银行、保险机构、基金管理公司、证券公司、信托公司等资产管理类机构，经监管部门批准后方可取得相应资格；二是投资规模的限制，即上述机构投资只能在一定额度规模内开展境外证券投资；三是投资通道的控制，上述机构开展境外证券投资需通过专用账户进行，资金汇入、汇出均受到严格的监管等。

QDII 制度是在一国货币没有实现自由可兑换，资本与金融账户尚存在管制的情况下，有限度地允许境内投资者投资境外证券市场的一项过渡性的制度安排。QDII 制度实质上是一种资本输出管制措施，在境内机构对境外金融市场，包括金融产品、投资运作及规则了解不够，缺乏境外投资运作管理经验的情况下，适当控制规模，稳步、有序开放有助于防范境外投资风险，保护境内投资者的利益等。

目前 QDII 包括三类机构，即商业银行代客境外理财、保险资金境外运用和基金管理公司等境外证券投资。根据职责分工，QDII 管理基本框架设定如下：一是由银监会、证监会、保监会分别负责银行、证券和保险等境外投资业务的市场准入，包括资格审批、投资品种确定以及相关风险管理；二是外汇管理局负责 QDII 机构境外投资额度、账户及资金汇兑管理等。

3. 境外上市外资股（H 股）管理

境外上市外资股是指中国境内股份有限责任公司向境外投资人发行的股票，在境外公开的证券交易所流通转让。境外上市管理的基本框架：一是由证监会对企业境外上市申请进行审核，涉及国有企业的须国资委出具意见，涉及募集资金投向及产业政策的须征求发改委意见；二是企业境外上市后须到外汇局办理境外上市外汇股票登记；三是资金调回须到外汇管理局办理备案手续，资金结汇须经外汇管理局核准；四是涉及境内股东增持、减持境外上市股份证监会应出具意见，增持、减持、回购境外上市股票涉及资金结汇、购付汇须经外汇局核准等。从管理现状看，目前境外上市涉及的外汇管理基本上无特别的管制，只保留了登记和结汇的真实性审核。

4. 境内上市外资股(B股)管理

B股也称人民币特种股票(与A股——人民币普通股票相对应),是指在中国境内注册的股份有限公司向境外投资者(外国自然人、法人和其他组织,香港、澳门、台湾地区自然人、法人和其他组织)发行并在中国境内证券交易所(上交所、深交所)上市的股票。对B股的管理包括对发行者的管理、对投资者的管理和对证券经营机构的管理三项内容。对发行者的管理包括发行批准、外汇账户管理和汇兑管理。外币股票专用账户的开立和汇兑管理由国家外汇管理部门负责。对投资者的管理包括投资资格、资金汇兑和外汇账户管理。对证券经营机构的管理包括资格管理和外汇账户管理。资格管理由中国证监会和国家外汇管理局共同负责。

(三)对信贷业务的管制

信贷业务管制包括外债管理、贸易信贷管理和对外担保管理三个方面。

1. 外债管理

外债管理有两个目标:一是宏观管理目标,即外债的规模和投向控制。表现为国家通过政策运用,适度控制外债规模,合理安排外债的行业、地区、期限和币种结构,保证足够的清偿能力,具体包括短期外债余额指标管理、境外发行外币债券管理和外债登记管理;二是微观管理目标,即外债的使用效益。目前,对外债使用效益的管理,主要体现在有关项目的事前审批中。

中国的外债管理分属多个部门,国家发展和改革委员会负责编制利用国外贷款的计划,汇总提出包括国际金融机构贷款、政府贷款、商业贷款和债券发行、项目融资等的中长期及年度利用外资计划,并会同商务部、财政部、中国人民银行等部门制订国家中长期和年度利用国外贷款的总规模,并报国务院批准。国家外汇管理局负责核定短期外债余额指标;核准外债的签约和提款登记、开户以及还本付息相关结售汇;外债统计监测和对外担保审批。此外,财政部负责主权债务的对外签约和债务资金的使用管理。

外债管理方式或手段主要包括数量管理和汇兑管理两方面内容。数量管理主要用于控制对外借款规模,汇兑管理主要包括登记、开立账户、结汇、购付汇等内容。在数量管理方面,外商投资企业的短期外债余额与中长期外债发生额之和不得超过投资总额与注册资本的差额。除外商投资企业以外的其他境内机构(包括中、外资金融机构和中资企业等),借用中长期外债需向发改委申请发生额指标,借用短期外债需向外汇管理局申请余额指标。在汇兑管理方面,外商投资企业的外债和国际金融组织或外国政府贷款可以结汇，其他外债（包括金融机构的外债和中资企业直接对外商业性借款）均不能结汇（见表 6-5）。

表 6-5　中国现行外债管制框架

管理对象	外债种类	管理方式	管理部门
国有商业银行	中长期	余额控制	发改委、国务院
国内企业和机构	中长期	计划指标控制	国务院
国内企业	短期	余额控制	国家外汇管理局
外资银行	短中长期	总额和期限结构限制	发改委、银监会、外管局
外资企业	短中长期	差额控制*	发改委、银监会、外管局
政府等非营利机构	短中长期	审批控制	国务院

注：*所发生中长期对外借款总额与短期对外借款余额的差额不能超过项目投资总额与注册资本金的差额。如超过该差额，则项目投资总额须由国家发展和改革委员会重新审定。

资料来源：肖凤娟：《1978 年以来中国的外汇管理体制改革与资本管制政策》，《中央财经大学学报》，2011 年第 5 期，第 35—39 页。

（1）短期外债余额指标管理。

短期外债指偿还期限在一年及一年以下的外债。短期外债余额指标通俗地讲就是债务人可以借用的短期外债上限，这个上限是一个“余额”概念，也就是债务人累计借用的短期外债减去累计偿还的本金的差额。目前外资企业借用外债是按照“投注差”原则管理的，简单讲就是外资企业借用外债的上限或额度是由它的投资总额与注册资本两项之差决定的。在这个差值之内，他们能较自由地借用外债，并可以方便地将外债结汇成人民币使用。但中资企业的情况有所不同，他们不享受“投注差”原则，借用外债的准入门槛较高，需要审核一系列财务指标，而且按照现行政策即使借到外债也无法结汇使用，因此他们在实际中很少借用外债。

（2）境外发行外币债券管理。

境内机构在境外发行外币债券归于外债管理框架之下，并按债券期限的不同，分属短期外债和中长期外债管辖口径。境外发行债券有较严格的审批程序：境内机构境外发行中长期债券需由发改委、外汇局审批；境外发行短期债券，则须由外汇局审批。两种情况均须办理外债登记手续。此外，与境外发行外币债券有关的开户、资金划转及汇兑均须外汇局核准。

（3）外债登记。

凡是借用外债的境内机构（目前个人不允许借用外债）均须履行外债登记义务，即债务人在签订借款合同后，须在规定时日内前往国家外汇管理局及其分支机构，登记所借用外债的金额、币种、利率以及期限等数据信息。外债登记分为定期登记和逐笔登记。除国家部委借用外债实行定期登记外，境内其他机构借用外债均实行逐笔登记。

2. 贸易信贷登记管理

在贸易中，贸易的货物流（货物交割）与资金流（货款收付）在发生时间上往往会有早晚差异，即货物交割有时早于货款收付，有时又会晚于货款收付。货物交割（所有权的变更）时间早于或晚于货款的收付时间，会形成企业间的预收（付）货款或延期收（付）款，这些都是短期融资行为（也可能持续较长时间）。这种因贸易中货物流与资金流的时间差而产生的融资行为，就是贸易信贷。外汇管理中的贸易信贷专指跨境贸易中企业之间发生的贸易信贷。

贸易信贷是一种短期融资行为，其中预收货款和延期付款属于对外负债，预付货款和延期收款属于对外债权。现行贸易信贷登记政策的主要内容有网上登记、联网核查、注销登记和额度调整、占用及释放。在《IMF 汇兑安排和汇兑限制》中，信贷业务管制包括贸易信贷和金融信贷两部分（见表 6-6）。

表 6-6 信贷业务管制框架

贸易/金融信贷	交易环节	汇兑环节
居民贷款给非居民	经安全性审核后，国内跨国公司可直接贷款给境外相关企业；他们也可安排国内银行贷款给离岸相关企业；其他金融机构在设定范围和满足相关条件下提供贷款	在外汇管理局进行事后登记，且必须使用各种配额内的外汇
非居民贷款给居民	一年期以下的须经安全性审核和登记；一年期以上的须经国家发改委批准	外汇管理局注册登记

资料来源：根据外汇管理局《外汇管理概览（2009）》第三章和《2011 IMF 汇兑安排与汇兑限制》整理而得。

3. 对外担保管理

担保是指担保人以保证、质押、抵押等方式向债权人承诺，当债务人未按约定偿付债务时，由担保人履行偿付义务。当一项担保的担保人在境内，而债务人或债权人至少一方在境外时，此担保属于对外担保。对外担保构成对外或有负债，一旦债务人违约（担保履约），将直接形成担保人的对外负债（或债权）。随着中国企业国际化程度日益提高，对外担保需求显著增加，对外担保金额规模成倍上升，在现有监控手段尚不完善的情况下，为防止银行、企业对外担保增长过快，保障国家债务安全和国际收支平衡，有必要对对外担保实施一定程度的管理。对外担保管理的主要原则：一是总量控制，二是防范偿债风险，三是保障中方利益。

第三节 中国资本管制强度测算

改革开放以前，中国既无外债，也不允许外商来华直接投资，对资本项目实行严格管制。在新中国成立后的近30年中，资本项目交易基本处于空白阶段。自1978年以来，中国开始启动了渐进的、审慎的资本账户开放进程，资本管制强度逐渐减弱，资本项目开放的领域更广，开放的程度更深。

一、基于法规的衡量

根据资本的分类与表6-7中管制强度指标的设置，以法规为基础，对《汇兑安排与汇兑限制年报》中中国部分进行度量，可得中国资本管制强度变化趋势。（见表6-7，图6-2）从资本管制强度测量数据和变化趋势图可以看出，2001年是中国资本管制强度变化的分水岭。在2001年前，中国资本管制强度存在明显的强弱不均，体现为重资本流出管制，轻资本流入管制。2001年后中国资本流入与流出管制强度差异逐渐缩小，体现在图6-2中为资本流入与流出管制强度曲线趋于收敛。

（一）1978—2001年

1978年开始，根据改革与发展的需要，中国着重在吸引和利用外资方面放松管制，事实上启动了人民币资本项目可兑换进程。这一阶段的资本项目管理具有三大特点：一是在管理领域上，以直接投资为主，其次为外债，证券投资被严格限制；二是在管理思路上，以鼓励流入、限制流出为导向。从开放的实践看，在直接投资、债权债务等各个特定的业务种类上，流入方向的业务都是最先开放的；三是在管理实践中，曾经历放开—管制—再放开的反复过程。1996年，中国宣布实现经常项目可兑换，开始着重资本项目的开放，而1997年亚洲金融危机爆发后，中国政府加强了资本管制，尤其是对资本流出的管制，如禁止购汇提前还贷等，直至亚洲金融危机结束后才逐步取消。

表 6-7　中国资本管制强度

年份	资产市场																				信贷市场						直接投资		长期资本	短期资本		
	股票市场				债券市场				货币市场工具				集体投资类证券				衍生品及其他衍生工具				商业信贷		金融信贷		信贷担保							
	PLNR	SLNR	PAR	SAR	PLNR	SLNR	PAR	SAR	PLNR	SLNR	PAR	SAR	PLNR	SLNR	PAR	SAR	PLNR	SLNR	PAR	SAR	R→NR	NR→R	R→NR	NR→R	R→NR	NR→R	OFDI	IFDI		短期资本	资本流入	资本流出
1997	0.75	1.00	1.00	0.50	1.00	1.00	1.00	0.50	1.00	1.00	0.50	0.50	1.00	1.00	0.50	0.50	1.00	1.00	0.50	0.50	1.00	0.50	1.00	0.50	0.50	0.50	0.50	0.25	0.38	0.76	0.67	0.85
1998	0.75	1.00	1.00	0.50	1.00	1.00	1.00	0.50	1.00	1.00	0.50	0.50	1.00	1.00	0.50	0.50	1.00	1.00	0.50	0.50	1.00	0.50	1.00	0.50	0.50	0.50	0.50	0.25	0.38	0.76	0.67	0.85
1999	0.75	1.00	1.00	0.50	1.00	1.00	0.50	0.50	1.00	1.00	0.50	0.50	1.00	1.00	0.50	0.50	1.00	1.00	0.50	0.50	1.00	0.50	1.00	0.50	0.50	0.50	0.50	0.25	0.38	0.74	0.67	0.81
2000	0.75	1.00	1.00	0.50	1.00	1.00	0.50	0.50	1.00	1.00	0.50	0.50	1.00	1.00	0.50	0.50	1.00	1.00	0.50	0.50	0.50	0.50	0.50	0.50	0.50	0.50	0.50	0.25	0.38	0.70	0.67	0.73
2001	0.75	0.75	0.50	0.50	1.00	1.00	0.50	0.50	1.00	1.00	0.50	0.50	1.00	1.00	0.50	0.50	1.00	1.00	0.50	0.50	0.50	0.50	0.50	0.50	0.50	0.50	0.50	0.25	0.38	0.67	0.67	0.67
2002	0.75	0.75	0.50	0.50	1.00	1.00	0.50	0.50	1.00	1.00	0.50	0.50	1.00	1.00	0.50	0.50	1.00	1.00	0.50	0.50	0.50	0.50	0.50	0.50	0.50	0.50	0.25	0.25	0.25	0.67	0.67	0.67
2003	0.50	0.75	0.50	0.50	1.00	1.00	0.50	0.50	1.00	1.00	0.50	0.50	1.00	1.00	0.50	0.50	1.00	1.00	0.50	0.50	0.50	0.50	0.50	0.50	0.50	0.50	0.25	0.25	0.25	0.66	0.65	0.67
2004	0.50	0.75	0.50	0.50	0.50	1.00	0.50	0.50	1.00	1.00	0.50	0.50	0.50	1.00	0.50	0.50	1.00	1.00	0.50	0.50	0.50	0.50	0.50	0.50	0.50	0.50	0.25	0.25	0.25	0.63	0.58	0.67
2005	0.50	0.50	0.50	0.50	0.50	0.50	0.50	0.50	0.50	1.00	0.50	0.50	0.50	1.00	0.50	0.50	1.00	1.00	0.50	0.50	0.50	0.50	0.50	0.50	0.50	0.50	0.25	0.25	0.25	0.58	0.54	0.62
2006	0.50	0.50	0.50	0.50	0.50	0.50	0.50	0.50	0.50	1.00	0.50	0.50	0.50	1.00	0.50	0.50	1.00	1.00	0.50	0.50	0.50	0.50	0.50	0.50	0.50	0.50	0.25	0.25	0.25	0.58	0.54	0.62
2007	0.50	0.50	0.50	0.50	0.50	0.50	0.50	0.50	0.50	1.00	0.50	0.50	0.50	1.00	0.50	0.50	1.00	1.00	0.50	0.50	0.50	0.50	0.50	0.50	0.50	0.50	0.25	0.25	0.25	0.58	0.54	0.62
2008	0.50	0.00	0.50	0.50	0.50	0.50	0.50	0.50	0.50	1.00	0.50	0.50	0.50	1.00	0.50	0.50	1.00	1.00	0.50	0.50	0.50	0.50	0.50	0.50	0.50	0.50	0.25	0.25	0.25	0.56	0.54	0.58
2009	0.50	0.00	0.50	0.50	0.50	0.50	0.50	0.50	0.50	1.00	0.50	0.50	0.50	1.00	0.50	0.50	1.00	1.00	0.50	0.50	0.50	0.50	0.50	0.50	0.50	0.50	0.25	0.25	0.25	0.56	0.54	0.58
2010	0.50	0.00	0.50	0.50	0.50	0.50	0.50	0.50	0.50	1.00	0.50	0.50	0.50	1.00	0.50	0.50	1.00	1.00	0.50	0.50	0.50	0.50	0.50	0.50	0.50	0.50	0.00	0.00	0.00	0.56	0.54	0.58
2011	0.50	0.00	0.50	0.50	0.50	0.50	0.50	0.50	0.50	1.00	0.50	0.50	0.50	1.00	0.50	0.50	1.00	1.00	0.50	0.50	0.50	0.50	0.50	0.50	0.50	0.50	0.00	0.00	0.00	0.56	0.54	0.58

注：1 表示完全禁止或资本进出条件非常严格，一般不易达到条件；0.5 表示条件较严格，但是条件达到时资本可以有管制的进入；0 表示基本没有限制。非居民在本地销售或发行股票指标的分值设为 4 个档次：0 表示既可以销售也可以发行 A、B 股；0.5 表示可以销售 A、B 股，但不能发行；0.75 表示交易仅限于 B 股；1 表示非居民不能在本地销售或发行股票。直接投资分为四个层次：鼓励、允许、限制和禁止。

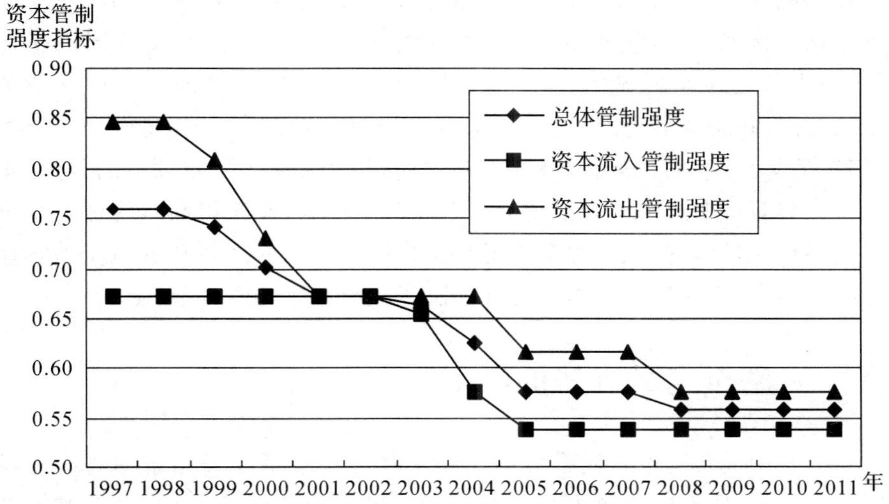

图 6-2　中国短期资本管制强度变化

注：根据表 6-7 中测量结果绘制。

(二)2001 年至今

2001 年以来，为了顺应加入世界贸易组织和应对经济全球化的挑战，中国根据经济发展和改革开放的客观需要，资本项目开放的步伐逐步加快，程度逐步深入。与上一阶段相比，2001 年以来资本项目管理的特点体现在两个方面。

1. 开放重点有所变化

在直接投资领域，管理已经相对成熟，实现了基本开放；在证券投资领域，正在经历从无到有的重要时期。尤其在国际资本流动规模迅速扩大时期，如何通过参与国际金融市场来分享国际资本市场发展的成果，如何在有效利用国际金融市场的同时防范和化解金融风险，成为监管者无法回避的问题。针对这一局势，2002 年中国推出了合格境外机构投资者制度，允许境外投资者投资于中国资本市场；随后，又相继推出了放宽银行、证券、保险等金融机构以自有资本或代客从事境外证券投资的政策。

2. 从宽进严出向均衡管理转变

2002 年以来，中国开始出现经常、资本项目持续大额双顺差，外汇储备迅速增长。这既体现了中国综合国力的增强，也部分反映了中国在资金利用上的低效率。摆在监管者面前的，不再是千方百计吸引外资，而是如何利用国内国际两个市场、实现资源的合理配置。在这一形势下，资本项目管理开始转向鼓励资金有序流出和防止投机性资金流入、促进国际收支基本平衡。例如,在直接投资领域,改革境外投资外汇管理,支持国内企业"走出去";在外债领域,统一中外资银行外债管理,严格外资企业外债结汇;在证券投资领域,允许境外证券投资;在资本转移领域,允许个人资本转移;等等。2008 年全球金融危机后,中国逐步加快了资本项目的开放,党的十八届三中全会提出:"推动资本市场双向开放,有序提高跨境资本和金融交易可兑换程度,建立健全宏观审慎管理框架下的外债和资本流动管理体系,加快实现人民币资本项目可兑换。"

二、基于定量方法的测量

前文中关于资本管制强度的定量测算方法包括国民储蓄率与国民投资率、境内外资产收益率差异及官方统计的跨境资本流动量,根据数据的可得性,分别采用国民储蓄率与国民投资率、实际资本流动量来定量测量中国的资本管制强度。

(一)国民储蓄率与国民投资率

借鉴菲尔斯汀和何瑞卡的研究方法,采用《中国统计年鉴》上的相关数据,对 1991 年以来中国的储蓄和投资行为进行分析,通过计算两者的相关系数的大小来衡量中国资本管制强度的大小,计算结果见表 6-8,图 6-3。

表 6-8 国民储蓄率与国民投资率

单位:亿元,%

年份	支出法生产总值	总消费	总投资	消费率	储蓄率	投资率
1991	22577.4	14091.9	7868	62.42	37.58	34.85
1992	27565.2	17203.3	10086.3	62.41	37.59	36.59
1993	36938.1	21899.9	15717.7	59.29	40.71	42.55
1994	50217.4	29242.2	20341.1	58.23	41.77	40.51
1995	63216.9	36748.2	25470.1	58.13	41.87	40.29
1996	74163.6	43919.5	28784.9	59.22	40.78	38.81
1997	81658.5	48140.6	29968	58.95	41.05	36.70
1998	86531.6	51588.2	31314.2	59.62	40.38	36.19

续　表

年份	支出法生产总值	总消费	总投资	消费率	储蓄率	投资率
1999	91125	55636.9	32951.5	61.06	38.94	36.16
2000	98749	61516	34842.8	62.30	37.70	35.28
2001	109027.99	66933.89	39769.4	61.39	38.61	36.48
2002	120475.62	71816.52	45565	59.61	40.39	37.82
2003	136613.43	77685.51	55963	56.87	43.13	40.96
2004	160956.59	87552.58	69168.41	54.40	45.60	42.97
2005	187423.42	99357.54	77856.82	53.01	46.99	41.54
2006	222712.53	113103.85	92954.08	50.78	49.22	41.74
2007	266599.17	132232.87	110943.25	49.60	50.40	41.61
2008	315974.57	153422.49	138325.3	48.56	51.44	43.78
2009	348775.07	169274.8	164463.22	48.53	51.47	47.15
2010	402816.47	194114.96	193603.91	48.19	51.81	48.06
2011	472619.17	232111.55	228344.28	49.11	50.89	48.31
2012	529238.43	261832.82	252773.24	49.47	50.53	47.76

年份区间	投资率与储蓄率相关系数
1991—2012	0.89
1991—1997	0.72
1998—2004	0.97
年份区间	投资率与储蓄率相关系数
2005—2008	0.70
2009—2012	−0.17

资料来源：根据国家统计局数据库相关数据整理。

表6-8的计算结果表明，1991—2012年间中国投资率与储蓄率高度相关，相关系数为0.89。从分段时间看，1991—1997年间中国投资率与储蓄率高的相关系数为0.72，与整个时间跨度比较而言两者的相关性偏低；而1998—2004年两者又高度相关，相关系数为0.97，接近于1。这表明在亚洲金融危机前中国资本管制强度有所放松，危机的爆发使得中国加强了对资本流动的管制。2004年，随着亚洲金融危机冲击的消退，中国提出了“走

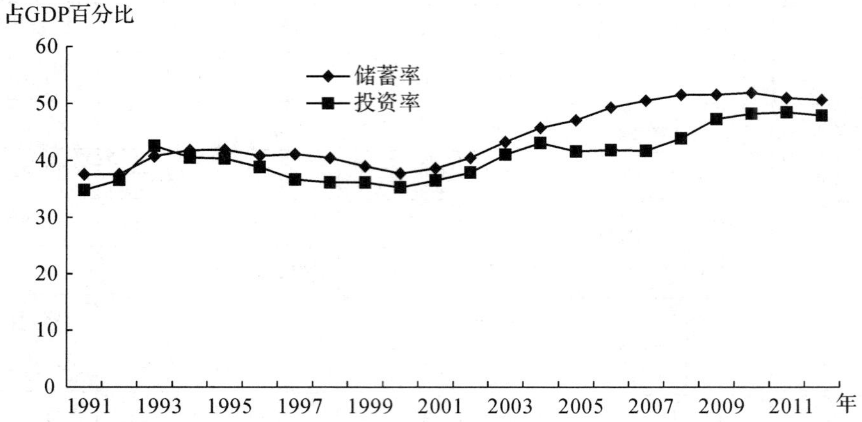

图 6-3　中国储蓄率与投资率

注：根据表 6-8 数据绘制。

出去”发展战略，境内企业向海外“走出去”的步伐加快，中国对资本管制的强度再次放松。2005—2008 年投资率与储蓄率的相关系数 0.7，相关性明显小于亚洲金融危机期间，也是整个时间跨度中最小的。2008 年全球金融危机的爆发，世界主要发达经济体深陷债务与财政危机，经济复苏缓慢，国际资本借助隐蔽工具大规模频繁进出于发达国家与新兴经济体之间，中国作为危机后经济表现尚好的国家，成为国际资本首选狩猎地。此时，中国投资率与储蓄率的相关性呈现出异常状况，相关系数为－0.17，这既有中国鼓励消费扩大内需的影响，也有中国进一步深化金融改革推进人民币国际化的需求，因此长期看中国的资本管制强度是趋于放松的。从图 6-3 可以直观地看出，在两次金融危机前，中国投资率与储蓄率的走势是呈喇叭状的，而危机后两者的走势是收缩并趋向收敛的，表明危机的爆发会使得资本管制得到加强，而在危机消退后，资本管制会放松，即资本市场对外开放的广度更广、程度更深。

(二)基于实际资本流动量的衡量

1. 资本流动性

表 6-9 通过计算资本流动总量、短期资本流入量和短期资本流出量占 GDP 的百分比来衡量中国国际资本的流动性。

表 6-9 中国资本流动性与金融开放度

单位:%

年份	资本流动总量/GDP	资本净流入量/GDP	短期资本流入量/GDP	短期资本流出量/GDP	FDI/GDP	对外投资/GDP	国外证券投资/GDP	对外证券投资/GDP
1982	0.15	0.08	0.09	0.85	0.15	0.02	0.01	0.01
1983	2.47	−0.45	0.06	0.84	0.30	0.03	0.05	0.26
1984	4.11	−1.21	0.35	2.13	0.46	0.04	0.30	0.83
1985	11.03	2.76	4.44	3.22	0.64	0.20	0.99	0.01
1986	12.14	2.20	3.22	3.92	0.75	0.15	0.54	0.01
1987	10.99	0.84	2.91	3.90	0.71	0.20	0.37	0.04
1988	8.72	1.30	2.26	2.79	0.79	0.21	0.30	0.08
1989	7.96	1.42	2.01	1.81	0.75	0.17	0.03	0.07
1990	11.15	−0.71	2.25	4.67	0.89	0.21	0.00	0.06
1991	8.81	1.12	1.82	2.66	1.07	0.22	0.14	0.08
1992	12.43	−0.05	0.53	0.81	2.29	0.82	0.18	0.19
1993	12.75	3.83	0.08	0.82	4.49	0.72	0.82	0.32
1994	16.26	5.84	0.18	0.80	6.04	0.36	0.80	0.17
1995	13.29	5.31	0.24	0.17	5.18	0.53	0.25	0.14
1996	11.91	4.67	0.15	0.41	4.95	0.50	0.39	0.19
1997	17.24	2.21	2.87	5.83	4.77	0.40	0.97	0.24
1998	18.14	−0.62	4.20	7.92	4.48	0.44	0.19	0.55
1999	16.46	0.48	3.80	4.83	3.79	0.37	0.17	1.20
2000	15.19	0.16	4.74	6.07	3.51	0.38	0.65	0.99
2001	12.40	2.63	6.75	5.95	3.55	0.73	0.69	2.15
2002	15.43	2.22	4.99	5.41	3.65	0.43	0.16	0.87
2003	26.29	3.35	9.27	6.29	3.53	0.52	1.05	0.36
2004	35.65	5.60	14.04	12.69	3.53	0.41	1.80	0.78
2005	38.57	4.04	15.22	14.18	4.93	0.92	1.15	1.36
2006	52.18	1.67	21.21	19.47	4.91	1.22	1.83	4.35

续 表

年份	资本流动总量/GDP	资本净流入量/GDP	短期资本流入量/GDP	短期资本流出量/GDP	FDI/GDP	对外投资/GDP	国外证券投资/GDP	对外证券投资/GDP
2007	54.08	2.61	21.31	23.11	4.85	0.87	2.21	1.74
2008	42.60	0.82	15.20	17.76	4.13	1.59	1.93	1.16
2009	30.54	3.90	12.21	9.96	3.35	1.60	2.21	1.66
2010	34.42	4.76	14.22	12.31	4.60	1.47	1.07	0.67
2011	35.89	3.55	14.13	13.41	4.53	1.36	0.71	0.44
2012	33.65	－0.26	52.30	47.76	3.74	1.42	1.01	0.43

数据来源：根据国家外汇管理局网站获得国际收支平衡表时间序列数据整理得到。

结果表明：

(1)从资本流动总量占GDP百分比来看，在2001年前保持在10%—20%间小幅波动上升；2001—2008年全球金融危机前迅猛增长，从2001年的12.4%增长到2007年的54.08%，6年间增幅达到3.4倍，而此间实际资本流动总量增长幅度更大，达到12倍；2008年全球金融危机爆发，资本流动总量占GDP百分比回落明显，2008、2009年分别下降了12%，此后小幅波动上升，但比例在35%左右，与危机前的50%以上的比例差距较大。总体而言，中国资本流动总量占GDP百分比是处于上升态势，说明中国对国际资本流动的管制是趋于放松的；而某一阶段该值有所下降，甚至在某个时间点下降幅度较大，例如2008年全球金融危机后的两年，表明在特殊阶段中国对国际资本流动的管制有所加强，这也进一步说明中国在应对国际金融资本冲击方面相对比较灵活。

(2)从短期资本流动占GDP百分比来看，不论是短期资本流入量还是流出量占GDP的百分比，其趋势均与资本流动总量占GDP的百分比相似。(见图6-4)分别计算1982—2011年三者的相关系数，短期资本流入量占GDP百分比与资本流动总量占GDP百分比的相关系数为0.96，短期资本流出量占GDP百分比与资本流动总量占GDP百分比的相关系数为0.95，短期资本流入量占GDP百分比与短期资本流出量占GDP百分比的相关系数为0.97，均接近于1，为高度相关。这表明进出中国的国际资本流动主要呈现为短期性，同时国际短期资本的流入与流出相对均衡。

2. 金融开放度

资本管制与资本项目自由化实质上是同一个问题，因而衡量金融开放

图 6-4　中国实际资本流动占 GDP 百分比

注：根据表 6-9 数据绘制。

的相关指标也就反映了资本管制的强度。衡量金融开放度最为常用的指标是直接投资与证券投资占 GDP 比重，即可采用这两个指标对中国资本管制强度进行定量测量。

(1)直接投资占 GDP 百分比，直接投资分为外商直接投资与境外直接投资。(见表 6-9，图 6-5)首先，分析外商直接投资占 GDP 比重，从表 6-9 中数据可看出，该比值总体呈递增趋势，但其间存在几个明显的时间节点，1991、1994、1997、2004 和 2007 年。1991 年前，该比值长期维持在 1%以下；1991 年后，该比值成倍增趋势，并在 1994 年达到历史最大值 6.04%；1997 年亚洲金融危机爆发，该比值下降至 2000 年的 3.51%并维持了 5 年没有大的波动，直到 2005 年才回升到 4%以上；此后受 2008 年全球金融危机影响，再次呈下降趋势并在 2009 年跌至近 20 年来的新低3.31%，近两年逐渐回升。其次，境外直接投资占 GDP 比重总体上也呈递增趋势，但增长幅度比外商直接投资小得多，其阶段特征也较明显。1992 年前，对外直接投资占 GDP 比值基本保持在 0.2%以下，该阶段中国境外投资微乎其微；1992—2004 年，该比值在 0.5%左右波动，表明中国境对外投资仍然持谨慎态度；2004 年后该比值逐步上升并在 2009 年达到最大值为，1.6%，此后维持在 1.4%左右。并且两次大的金融危机对境外直接投资的冲击并没有像对外商直接投资那样明显，这反映出中国在基本解除外商直接投资的各种限制的同时，对境外直接投资的管制依然较为严格，虽然 2004 年对资本走出去的管制有所放松，但其步伐仍略显缓慢。

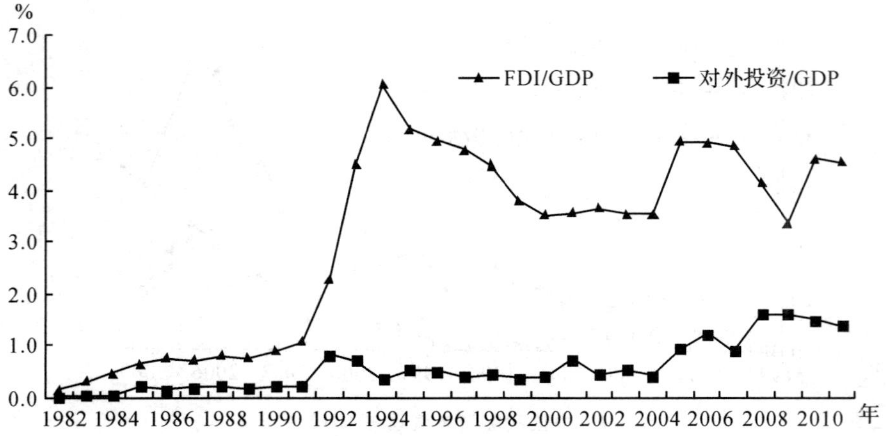

图 6-5　中国直接投资占 GDP 百分比

注：根据表 6-9 数据绘制。

(2)证券投资占 GDP 百分比，同直接投资类似，也分为资本流入与流出，图 6-6 反映了该比值的变化趋势。从长期趋势看，国外证券投资与对外证券投资占 GDP 的比值均为递增的，但两者的增长幅度差异较大，对外证券投资较国外证券投资的增幅远为显著。对外证券投资占 GDP 的比值在 2006 年达到最大，为 4.35%，而国外证券投资占 GDP 的比值最大值为 2007 年的 2.21%，只有对外证券投资的一半。同时，国外证券投资占 GDP 的比值的波动较对外证券投资占 GDP 的比值的波动更为平稳，这反映出中国对两者在管制上存在差异，中国对证券市场的管制相对于国外证券管制更为谨慎。

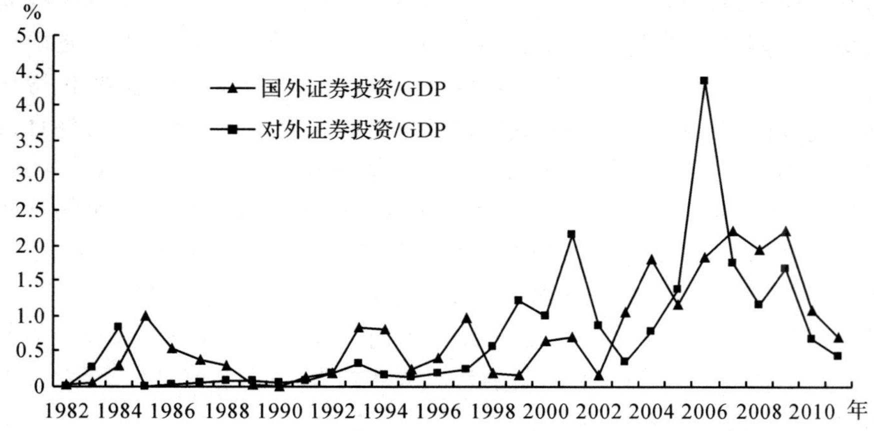

图 6-6　中国证券投资占 GDP 百分比

注：根据表 6-9 数据绘制。

三、两种方法测量结果的比较

根据上面两种方法的测量结果，可以看出依据法规衡量的中国资本管制指标与反映资本流动状况的指标所衡量的中国资本管制强度基本上相吻合。基于法规的方法表明，总体上中国资本管制强度趋于减弱，其中对资本流入管制的放松要先于对资本流出的管制。从时间节点上看，在两次危机后中国都放松了资本流出的管制；同时，2004 年对资本流入与流出的管制均有所放松。定量法的结果显示，长期来看中国资本管制强度趋于减弱，两次危机后中国国际资本流动量有明显下降，虽然不能完全判断是由于加强资本管制所导致，但至少与危机期间管制措施加强有一定的关系。2004 年各项指标所衡量的资本管制强度都有所放松。从资本流动总量看，两次危机后中国都加强了对国际资本流动的管制，随着亚洲金融危机的消退和经济的复苏，在 2002 年放松了对国际资本流动的管制。由此可见，两种方法具有一定的相关性，法规上所反映出来的资本管制强度的波动必然会在国际资本流动上有所体现，尤其是国际短期资本流动与资本管制强度的波动所呈现出来的相关性更高。

第七章　中国资本管制有效性的实证分析

第一节　资本管制有效性的分析方法

随着国际资本的频繁流动及其对资本流入与流出国宏观经济的冲击愈加剧烈，资本管制问题越来越被学术界与各国政府所重视，但资本管制的有效性仍然缺乏能够被普遍接受的定义与统一的衡量标准。在关于资本管制有效性的定义中，比较有代表性的是：在相当长一段时间内，资本管制具备使实行或不实行管制的国家的相同经济变量产生差异的能力。另一个定义是：资本管制应具备持续地维持不协调的宏观经济政策的能力（Dooley，1986）。张斌（2003）将资本管制目标定义为稳定宏观经济基本面，或者说是在稳定宏观经济的同时保障经济增长。因而从资本管制目标角度可以将资本管制的有效性界定为是否有利于稳定宏观经济稳定并保障经济增长。判断资本管制有效性所面临的最主要问题是，资本管制本身是一整套非常复杂的法规体系，精确地衡量其效力几乎不可能。现有文献大多从资本管制对资本流动和政府政策目标的影响方面对资本管制的有效性进行考察，这些目标包括防止短期资本大规模流动、维护汇率稳定、提高货币政策独立性、保护国内宏观经济和金融稳定等。由于资本流动性可以间接反映资本管制的程度，因此，衡量资本管制的有效性与分析国际资本流动程度可看作一个问题的两个方面，二者在研究方法上部分重合。本书对资本管制有效性的研究方法分为定性分析与定量分析。

一、定性分析法

对资本管制有效性的定性分析法也称作“叙事方法”（Narrativeapproach），该方法由 C. 罗默和 D. 罗默（C. D. Romer，D. H. Romer）首先采用，通过详细分析法律、监管和制度因素以及政策目标来揭示资本管制的影响。[①] 约翰斯顿等（Johnston et al.，1997）采用叙事方法对智利、韩国、印尼和泰国 4 国在亚洲金融危机前 10 年内的资本项目开放情况进行了分析，认为资本管制只有短期效果，且资本管制不能独立于其他经济和结构改革及宏观政策直接作用于汇率政策。

有吉等人（2000）认为，运用定量方法研究资本管制的有效性问题存在诸多缺陷。首先，对资本管制程度的衡量没有被广泛接受的可靠方法，许多研究只是使用哑变量表示资本管制的有无；其次，往往很难确定被解释变量的变化是否可以归因于资本管制或其他因素；最后，学界对长期和短期资本流动并没有统一的衡量标准，要对两者进行明确的区分较为困难。因此，他们采用了定性方法对 14 个样本国家资本管制的有效性进行分析。在实施短期资本流入管制的国家，管制在实现其既定目标方面的有效性各不相同。结果表明：其一，资本管制对资本流入的限制作用是短期的，部分管制有效地减缓了短期资本的流入，但对资本净流入总量的影响效果甚微。其二，在金融危机期间，资本管制对资本流出的作用效果也因各国面临的投机冲击、外汇储备与国际债务状况以及所采取的管制措施的不同而表现出较大差异，但最终管制的效力是逐渐减弱直至管制措施被政府当局解除或大幅调整。同时，中国和印度实行的长期而广泛的资本管制尽管在限制被衡量的资本流动（Measured Capital Flows）方面有效，但也有证据表明存在规避管制的现象，例如通过贸易交易的虚开发票、国际收支统计中的大量错误与遗漏等。

综上所述，不难理解规避资本管制为何必然导致资本管制失效。随着市场参与者发现逃避管制的途径，资本管制往往会比较快地失去有效性，这也是被过去各国的资本管制实践所证明的。斯皮格尔（Shari Spiegel，2012）则认为，规避行为是有成本的，是对投资者的隐性税收。只有当规避行为的收益超过成本时，规避行为才会发生。因而，问题不是资本管制能否被规避，而是规避成本有多大。如果规避成本足够高，规避行为就可以得到抑制，资本管制就可以变得有效。减少规避行为的方法很多，其中之一是削弱本地机构扮演中介的积极性。对非法的规避行为进行严厉惩罚，使惩罚力度

---

① Johnston，R. Barry：*Controls on Capital Movements*：*Prudential Regulations*，*Short-term Capital Flows and Effectiveness of Control*. Presentation at Seminar on Capital Account Convertibility . Singapore Training Institute，1998.

大大超过潜在收益。即使规避行为完全合法，政府也可以对当地机构（例如当地金融机构）施加压力，以降低它们扮演中介机构的积极性。

尽管定性分析法指出了定量分析的诸多不足之处，然而随着学界对资本管制有效性的经验研究的深入，人们发现在某种程度上定量分析法与定性分析法并不是对立的，两者相互统一于资本管制目标的实现中。

二、定量分析法

对资本管制有效性的定量研究方法可区分为直接分析法和间接分析法。直接分析法是从资本管制的具体形式出发确定管制是否有效，普遍的做法是借助 IMF《汇兑安排与汇兑限制年报》编制衡量各国资本项目管制程度的指数，这种方法使原本定性的指标变得可计量和可检验，但不能准确衡量样本期内资本管制的实际执行状况。间接分析法是从与资本管制相关的经济现象出发衡量资本管制的有效性，其中常用的方法有储蓄—投资法、利率平价分析法、Edward-Khan 法和抵消系数检测法。其中储蓄—投资法、利率平价分析法、Edward-Khan 法与第六章中所涉及的对资本管制强度的定量测量方法是相互重叠的，这几种方法既能间接反映资本管制的强度，也可部分解释资本管制的有效性。

（一）直接分析法

资本管制有效性的直接分析法也称为资本管制强度指数法，该方法首先构建资本管制强度指数，进而通过回归分析不同经济变量与资本管制强度的关系来判断资本管制的有效性。该方法的难度在于资本管制强度指数的建立。资本管制强度指标分配给每个资本交易项目一个不同档次的强度赋值，固定最小赋值、最大赋值及每档跨度，赋值大小取决于管制的程度。Quinn(1997)、Quinn 与 Toyoda(2008)根据《汇兑安排与汇兑限制年表》信息建立了一个强度指标，每个研究对象被赋予一个从 0 到 2 之间每级升 0.5 分的赋值，涵盖了 1950—1999 年 94 个国家的信息，该指标不区分交易类别，却区分资本流动方向。Potchamanawong(2008)建立了相似的强度指标，涵盖了 13 个主要资本交易类别，区分资本流动方向，赋值区间为 0 到 1，每级增加 0.25，数据涵盖 1995—2004 年 26 个新兴市场经济体。Montiel 与 Reinhart(1999)衡量了 15 个新兴市场经济体 1990—1996 年间的资本管制强度，赋值为 0、1、2。强度指标可以描述对资本账户交易的限制强度，区分资本流动方向，却一般不区分交易类别。强度指标在捕捉资本账户开放水平的变化方面有所改良，但是由于该类指数的建立牵涉到研究者对管制强度的主观判断，所以在对资本管制强度的变化描述上仍有自己的局限性。Chinn-Ito 根据信息建立了金融开放程度指标 KAOPEN①，该指标根据 IMF 出版的《汇兑安排与汇兑限制年表》中的四大类信息进行主成分分析计算得到，包括：是否存在多重汇率、经常账户管制程度、资本账户开放程度、是否要求上缴出口收入。作为资本管制代理变量，KAOPEN 指标也被广泛采用。

(二)间接分析法

1. 储蓄—投资法

即 Feldstein-Horioka 标准。Feldstein 和 Horioka(1980)提出了通过投资和储蓄的关系来衡量资本流动程度，该分析方法被称为投资—储蓄法(简称 F-H 模型)。其核心思想是，如果一国实施资本管制，对国际资本流动进行限制，则该国无法得到外部资本，只能用本国储蓄进行投资，从而该国的储蓄与投资应该高度相关。相反，如果一国取消资本管制，国际资本可以自由进出该国，则该国储蓄会在世界范围内根据边际回报率进行配置，其投资与储蓄的相关性便会大大降低。因此，通过检验储蓄和投资的相关性可以判断资本管制是否有效，但该方法屡遭非议。为了使完全资本流动情况下储蓄和投资的相关系数为 0，不仅要求实际利率平价成立，而且利率变化必须以既定的方式影响投资行为，这些前提在现实中难以完全满足。不仅如此，学者们利用该方法对 OECD 国家的实证检验得出了反直觉的结论。② Obstfeld(1986)指出，即使一国未实施任何资本管制，储蓄和投资也可能高度相关，这种情况在大国尤为明显。Bayoumi(1990)认为二者的相关程度仅仅反映一国政府为了平衡经常项目所做的努力。Jansen 和 Schulze(1996)、Moreno(1997)、Bajo-Rubio(1998)、Pelagidis 和 Mastroyiannis(2003)等认为投资和储蓄相关系数的大小体现了跨期预算约束的效果。

2. 利率平价分析法

若一国金融市场完全开放、信息完全及交易成本很低，则国际资本自

---

① 该指标已更新至 2011 年。

② Feldstein 和 Horioka(1980)对经合组织(OECD)16 个成员国在 1960—1974 年的投资率和储蓄率的平均值进行回归，得出统计显著的 $\beta=0.887$，他们认为接近于 1 的 β 值表明 OECD 多国的资本管制措施限制了资本在该区域内的自由流动，检验结果显然与 OECD 经济体中长期存在的巨额外部不均衡以及 20 世纪 70 年代大规模的资本流入不符。这一结论被称为著名的 Feldstein-Horioka 之谜。

由流动并套利，最终会导致该国的名义金融资产收益率在经过风险调整后与国际上的名义金融资产收益率趋同，即符合利率平价，否则就会产生套利的机会。反之，若该国实行资本管制并且管制有效，则会在国内外金融市场造成分割，形成资产收益率之间的差别。因此，通过对利率平价的考察可检验资本管制的有效性：同种金融资产国内外收益率的差异长期偏离利率平价，有可能表明该国存在有效的资本管制。具体来讲，根据利率平价的基本理论，检验方法分为以下三种：

（1）利差分析法。即比较相同期限的同种金融工具在国内外的收益率差异。这种方法虽然直观但是比较粗略。

（2）抛补利率平价法（Covered Interest Parity，CIP）。两国的利率出现差距诱使投资者套利，若同时进行外汇抛补以规避汇率波动风险，则当投资于两国的获利相等时，资金将不再流动，即此时$\frac{F_{t,t+n}(1+i^*)}{S_t}=(1+i)$，式中$F_{t,t+n}$为第$t$期时所决定的$t+n$期到期的远期汇率，$S_t$代表第$t$期的即期汇率，$i$、$i^*$分别是国内及国外名义利率。上式可改写成：

$$f_{t,t+n}-s_t=i-i^* \tag{7-1}$$

其中$f_{t,t+n}$、s_t分别代表取自然对数后的远期汇率$F_{t,t+n}$和即期汇率S_t。

（7-1）式就是抛补利率平价条件，此条件成立时，国内外名义利率之差等于远期升贴水率。此时资本的完全流动表明国家风险溢价（Country Risk Premium）为0。对CIP的偏离说明存在资本自由流动的障碍，如资本管制、交易成本、信息成本、差别准备金、税收歧视以及未来的管制风险等。

（3）非抛补利率平价法（Uncovered Interest Parity，简称UIP）。UIP与CIP的不同在于无法利用远期外汇市场进行抛补以规避风险。也就是说，当国际资本完全自由流动时，本国与外国的名义利率差等于预期点对即期汇率的变动率。即：

$$s^e_{t,t+n}-s_t=i-i^* \tag{7-2}$$

其中$s^e_{t,t+n}$第$t+n$期即期汇率预期值的对数。

（7-2）式为非抛补利率平价条件。相对于CIP而言，UIP不仅要求国家风险溢价为0，还要求汇率风险溢价为0。

UIP是对CIP和汇率风险溢价的联合检验，并且通常假定投资者理性预期。UIP不成立可能是由于以下几个原因：（1）CIP条件的不满足（资本不完全流动）；（2）汇率风险波动大（国内外资产的不完全替代）；（3）外汇市场理性预期（或金融市场投资主体不同质）的假设不合理。考虑到以上诸多限制，CIP在衡量资本流动性及管制有效性时更可取。但它需要一个流动性较强的远期外汇市场，而这正是发展中国家所缺乏的。所以针对发展中国家的检验大多采用 UIP。尽管用 UIP 衡量资本管制有效性的实用性被限制在静态分析中，但对 UIP 的偏离程度的变化仍然可以提供有效的动态说明，即如果没有资本管制或管制已经失效，只有交易成本，在考察期内没有显著影响交易成本的事件发生，那么对利率平价的偏离应该持续并且稳定。相反，如果存在管制并且管制有效，管制措施的不断变化可以视为短期冲击，对利率平价的偏离应该持续但不稳定。

3. Edward-Khan 法

Edwards 和 Khan(1985)在利率平价框架内，吸收了储蓄—投资(F-H)法的合理内核，提出了一种专门针对半开放经济的利率决定模型，Haque 和 Montiel(1990)对模型进行了改进。该模型也被用于测算发展中国家资本流动程度。在这一模型中，国内和世界的资本供需状况都会影响国内的利率，国内的名义市场利率 r 是世界利率经汇率调整后的值 r^* 和资本账户完全封闭时国内利率 r' 的加权平均：

$$r=\varphi r^* +(1-\varphi)r' \quad 0<\varphi<1 \tag{7-3}$$

参数 φ 是一国资本账户价格方面的开放程度。当 φ 趋近于 0 时，国内市场利率完全由国内资本的供求状况决定。当 φ 趋近于 1 时，国内市场的利率等于用汇率因素调整后的世界利率，此时资本完全流动。如果能准确地测出 φ 的大小，就能间接知道一国的资本管制效力。

4. 抵消系数检测法

通过检验各国中央银行货币政策的自主性可以看出该国金融开放度的大小及资本管制程度。从这一思想出发，通过检验一国中央银行国内资产的变动是否被其净国外资产的变动所抵消，就可判断一国是否具有一定的资本流动。抵消系数和冲销系数模型方法由 Argy 和 Kouri(1974)首先提出，经 Obstfeld(1982)；Brissimis，Gibsonand 和 Tsakalotos(2002)；Ouyang，Rajan 和 Willett(2007)等人的发展，现已趋于成熟。典型的抵消系数和冲销系数模型可表示为

$$\Delta NFA_t=\alpha_0+\alpha_1\Delta NDA_t+\alpha_2 x_1+u_t \tag{7-4}$$

$$\Delta NDA_t=\beta_0+\beta_1\Delta NFA_t+\beta_2 x_2+v_t \tag{7-5}$$

其中，式(7-4)为国际收支函数，(7-5)为货币政策函数，x_1、x_2 为控制变量列向量，α_2、β_2 为控制变量的系数行向量。α_1 为抵消系数，反映了央行的净国内资产变化对国内货币供给量产生的影响被国际资本流动(尤其是国际资本流入)抵消的程度，由于央行净国内资产的变化体现了央行货币政策的变动，因此，抵消系数便反映出国际资本流动对国内货币政策的抵

消程度。β_1 为冲销系数，反映央行净国内资产变化对净国外资产变化的反应程度，即货币政策对国际资本流动的冲销程度。一般来说，较小的抵消系数和较大的冲销系数意味着一国的资本流动管制和外汇冲销是有效的，中央银行能较好地对冲资本流动对国内货币供给造成的影响，从而货币政策独立性较高。①

综上所述，可将资本管制有效性的定量分析法归结为表 7-1，从中可以看出 Edward-Khan 法本质上与利率平价法是一致的，因而在对中国资本管制有效性的实证研究中不再区分这两种方法。

表 7-1　资本管制有效性的定量分析法

	直接分析法	间接分析法			
	资本管制强度指数法	储蓄—投资法	利率平价分析法	Edward-Khan 法	抵消系数检测法
分析思路	先构建资本管制强度指数，再将相关的经济变量进行回归与检验，考察变量在不同的资本管制政策下是否做出反应	当一国资本高度管制时，国际资本自由出入该国较为困难，因此只能用本国储蓄进行投资，此时储蓄与投资具有较高的相关性；反之，在国际资本可以自由流动的情况下，投资与储蓄的相关性大幅减弱	在资本自由流动的情况下，资本会流向收益率高的国家与地区，最终将导致利差的消失。反之，在资本管制条件下，利差将持续较长时间	一国的金融市场利率是国内外因素共同作用的结果，当资本管制越有效时，国内金融市场利率受到国内货币市场的影响较大，在数值上越接近封闭条件下的本国利率；反之则会发生较大的偏离	通过检验一国中央银行国内资产的变动是否被其净国外资产的变动所抵消，就可判断一国是否具有一定的资本流动

---

① $\alpha_1=0$ 表示资本完全不流动，央行净国内资产的变化对国内货币供给的影响是充分的。而 $\alpha_1=1$ 表示资本完全自由流动，净国内资产的变化对国内货币供给的影响完全被资本流动所抵消，从而中央银行的货币政策丧失独立性。$\beta_1=-1$ 表示完全冲销，央行净国外资产（外汇储备）变化导致净国内资产发生一对一的反向变动，从而基础货币供应量不变，即 $\Delta MB=\Delta NFA+\Delta NDA=0$。因此，资本流动对基础货币的影响被完全冲销了。而 $\beta_1=0$ 表示零冲销，央行未采取改变国内资产规模的冲销措施来应对国外资产"外汇储备"的变动，如国债买卖、央票发行回购等，导致基础货币与外汇储备发生一对一的同向变动，即 $\Delta MB=\Delta NFA$，从而，外汇冲销程度为零。现实情况通常介于上述极端情形之间，即资本流动和外汇冲销程度均是不完全的，即 $-1<\alpha_1,\beta_1<0$。

三、中国资本管制有效性的相关研究

在现有对中国资本管制的有效性研究中,由于各研究所采取的方法不同,其结论也各不相同。

(一)资本管制强度指数法

肖凤娟等(2006)通过建立中国资本管制程度指数并同其他新兴经济体进行比较,再结合对资本流动波动性的分析,得出结论:中国在使用资本管制影响跨国资本流动方面的成效最为显著。苟琴等(2012)根据官方公布的资料,通过细致的评分方法对法规意义上的资本管制强度进行了细化评估,建立了 1999 年 1 月—2010 年 12 月的月度资本管制强度指标,估算了包括虚假贸易在内的短期资本流动规模,然后利用上述量化指标分析中国短期资本流动管制的有效性。研究结果表明,当前中国资本账户管制能够有效控制短期资本流动,汇率预期变化对短期资本流动规模的影响要大于利差变动的影响。

(二)储蓄—投资法

于洋和杨海珍(2005)采用储蓄—投资法发现中国资本管制在短期内的有效性强于长期的有效性。何德旭等(2006)用储蓄—投资法、Edward-Khan 法等分析中国的资本流动性,从总体上得出中国资本流动性较低的结论,但是并没有找到在 1997 年后中国资本管制加强对中国资本流动性产生影响的证据,这说明中国目前的资本管制效力已经下降。张博(2013)采用储蓄—投资法来对中国资本管制政策的有效性进行实证分析得出:短期内储蓄率的变化对投资率的变化影响很大;长期而言,储蓄率和投资率的差对投资率变化的影响较大。说明在样本区间内,可以看出短期资本流动性很强,而长期资本的流动性也较强。表明与短期内资本管制的有效性相比,中国的资本管制在长期内有效性相对较弱。

(三)利率平价分析法

在利率平价框架内,就利差分析法而言,对于具有大量离岸银行存款业务的国家,比较国内银行和该银行离岸分支机构相对应的存款收益率是最简便易行的方法。由于人民币不可自由兑换,缺乏标准意义上的离岸市场,在实证研究中国资本管制的有效性时不得不借助于近似数据或变通的办法。例如，王晓春(2001)直接将1980—1998年一年期人民币存款利率经过汇率调整后与一年期的伦敦同业拆借利率(LI-BOR)进行比较，结合对中国资本流入和流出的分析，总的结论是中国的资本管制较为成功。金荦和李子奈(2005)、Ma等(2004,2007)的研究也得出了类似结论，前者重点比较国内一年期美元存款利率和一年期美元LIBOR，后者比较的是中国银行间市场利率(CHIBOR)和人民币无本金交割远期协议(NDF)收益率、一年期票据的周拍卖率和NDF收益率。王晓春(2001)，孙立坚、孙立行(2003)采用Edward-Khan法分析了中国资本管制的有效性，前者认为1982—1998年中国资本管制发挥了作用，后者认为中国资本项目实际上并未受到严格管制。白晓燕等(2008)以利率平价理论为基础，考察了中国资本管制的有效性，通过比较1996—2006年境内外美元存款收益率的差异，得出中国通过资本管制较为成功地保持了国内和国际市场同种金融工具的价格差异的结论；并通过未抛补利率平价理论偏差的非平稳性进一步证实中国资本管制的有效性，同时得出资本管制的效力随时间的推移逐渐下降的结论。温建东等(2010)采用价格指标和流量指标法分析了中国资本管制的有效性，认为由于境内外存在显著利差；外汇净流入与本外币利差、人民币升值预期不存在显著关系，境内外股票市场收益率差异对跨境资本流动也无明显影响，因此，中国的资本管制总体上还是有效的。

(四)抵消系数检测法

王永中(2010)基于BGT(2002)；Ouyang，Rajan和Willett(2008)，根据中国的国际资本流动和国内货币供给的现实状况，构建了一个修正的抵消系数和冲销系数模型，对中国资本管制效率(抵消系数)和外汇冲销有效性(冲销系数)做了估计，结果表明中国的资本管制虽然仍有效但约束力有所下降。

综上所述，现有研究虽采用不同方法对中国资本管制有效性进行了充分的研究，但其基本结论是一致的。中国作为强管制国家，资本管制在特定时期内有效地阻止了国际资本大规模流动对中国宏观经济的冲击，但随着中国经济与世界经济融合的深化，资本管制的有效性逐渐减弱。Montiel(1994)认为，仅仅采用一种方法测度资本管制有效性(或者资本流动性)是不准确和不可靠的，只有结合多种方法进行检验的结果才是可靠的。下面将采用不同方法对中国资本管制的有效性进行实证分析。

第二节　中国资本管制有效性的实证分析

由于指标法对资本管制强度的度量没有统一标准，现有的 KAOPEN 指标只有年度数据，本书第六章虽然依据《汇兑安排与汇兑限制年表》构建了中国资本管制强度指标，但也只是年度指标，不能充分反映出中国资本管制强度的变化，因此，不宜采用指标法对中国资本管制的有效性进行检验。结合上一节关于资本管制有效性的分析方法以及现有对中国资本管制有效性的相关研究，以下依次采用储蓄—投资法、利率平价分析法和抵消系数检测法对中国资本管制的有效性进行实证分析。

一、基于储蓄—投资法的实证分析

(一)模型构建

储蓄—投资法的原理是在对资本流动加以控制的时候，一国的储蓄与投资具有很高的相关性，这是因为该国无法得到外部资本，只能用本国储蓄进行投资。根据表 7-1 中相关理论分析，对投资率(IR)与储蓄率(SR)的相关性分析可以构建出如下四个模型(四个模型中 IR 上标 1,2,3,4 只用于区分模型，其取样值是相同的)：

1. 短期静态模型

$$IR_t^1=\alpha_0+\alpha_1 SR_t+\varepsilon_t \tag{7-6}$$

2. 短期动态模型

$$\Delta IR_t^2=\alpha_0+\alpha_1\Delta SR_t+\varepsilon_t \tag{7-7}$$

其中 Δ 表示对变量取一阶差分。

3. 长期动态模型

$$\Delta IR_t^3=\alpha_0+\alpha_1(SR_{t-1}-IR_{t-1})+\varepsilon_t \tag{7-8}$$

该模型从理论上假定投资率与储蓄率在短期的相关性为 0，通过分析滞后一期的储蓄率和投资率之差对投资率变化的影响，来反映投资和储蓄的长期关系。

4. 短期与长期动态综合模型

$$\Delta IR_t^4=\alpha_0+\alpha_1\Delta SR_t+\alpha_2(SR_{t-1}-IR_{t-1})+\alpha_3 SR_{t-1}+\varepsilon_t \tag{7-9}$$

此模型综合了前面三个模型。模型中的系数 α_1 与 α_3 表明了投资率和储蓄率的短期相关性，用于检验资本管制的短期有效性。系数 α_2 则反映了投资率和储蓄率的长期相关性。因而短期与长期动态综合模型能够从短期与长期两方面对资本管制的有效性进行检验。

（二）实证检验结果与分析

选取 1991—2012 年中国的国民投资率与国民储蓄率对以上模型分别进行实证检验（投资率与储蓄率数据参见表 6-8），回归结果如下：

1. 短期静态模型检验结果

$$IR^1 = 8.5183 + 0.7315SR$$
$$(3.3436)(8.9233)$$

$R^2 = 0.7992 \quad DW = 0.7198 \quad F = 79.6259$

从结果可以看出，短期静态模型储蓄率对投资率的解释程度达到 79.92%，且线性显著。根据前文中的模型，储蓄率的系数是 0.7315，为强相关，表明在样本区间内，中国的资本管制基本有效。

2. 短期动态模型检验结果

$$\Delta IR_t^2 = 0.8344\Delta SR_t$$
$$(3.314)$$

$R^2 = 0.2896 \quad DW = 1.5884$

其中，常数项统计上不显著，剔除常数项后得到如上结果。从该回归结果可以看出，短期内投资率与储蓄率正相关，相关系数为 0.8344，为强相关。但模型的拟合度不高，只有 0.2896。从短期动态看，资本管制的有效性并不高。

3. 长期动态模型检验结果

$$\Delta IR_t^3 = 0.186(SR_{t-1} - IR_{t-1})$$
$$(1.8102)$$

$R^2 = 0.0545 \quad DW = 1.5434$

其中，常数项统计上不显著，剔除常数项后得到如上结果。从该回归结果可以看出，长期内投资率与储蓄率正相关，相关系数为 0.186，为弱相关。并且模型的拟合度很低，只有 0.0545，表明从长期动态看，资本管制的有效性很弱。

4. 短期与长期动态综合模型检验结果

$$\Delta IR_t^4 = 0.8443\Delta SR_t + 0.2736(SR_{t-1} - IR_{t-1}) - 0.0194SR_{t-1}$$
$$(3.1066) \qquad (1.6478) \qquad (-1.1968)$$

$R^2 = 0.3859 \quad DW = 1.4143$

其中,常数项统计上不显著,剔除常数项后得到如上结果。该回归结果表明,从短期与长期动态综合看,投资率与储蓄率短期内高度正相关,相关系数为0.8443;而长期内,储蓄率与投资率的差对投资率的变化具有一定的影响,但影响程度较短期内明显减弱,其相关系数为0.2736。因此,我国资本管制在短期内比较有效,随着时间的推移,其有效性逐渐减弱。

通过储蓄—投资四个模型的检验,可以看出,中国的资本管制在短期内是有效的,而在长期其有效性明显减弱。可见,随着中国资本管制强度的逐渐减弱以及国际经济环境的复杂化,虽然中国资本管制的有效性面临挑战,但短期内资本管制仍然是中国应对国际短期资本冲击的有效货币政策工具。

二、基于利率平价分析法的实证分析

如果资本管制基本有效,那么合理的推断是资本管制强度的不断变化应该使对利率平价的偏离持续且不稳定。通过检验UIP理论偏差的平稳性可以得出中国资本管制是否有效的结论。此外,根据国家外币利率改革规定,自2000年9月放开大额外币存款(即单笔300万美元或等值其他货币以上)利率后,外币小额存款利率仍由中国人民银行统一管理。所以相比较而言,大额外币存款利率更加市场化。

(一)国内外利率差异的比较分析

资本管制国家与市场化国家间利差若长期保持在一个相对稳定的水平,则反映了该国资本管制相对有效。因此,可以通过比较中美利差来衡量中国资本管制的有效性。其中既可采用境内外人民币利率,也可以采用境内外美元利率测量利差的大小,两者在本质上是一致的,可分别对两种货币的利率差异进行比较。

1. 境内外美元利差

图7-1和图7-2分别反映了小额美元存款利率与大额美元存款利率的国内外差异。从图中可以看出,2008年全球金融危机前国内利率低于美国利率,而危机后国内利率高于美国利率。

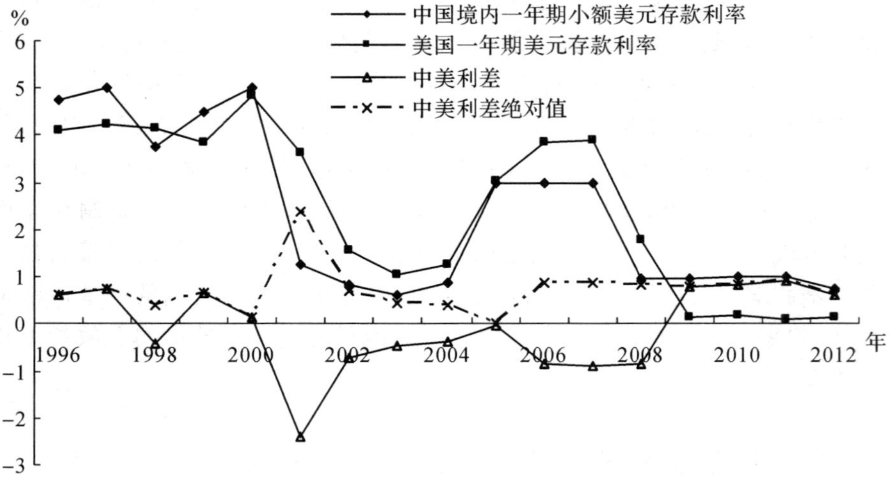

图 7-1 国内外小额美元利率比较

注：上述数据均为一年期年末存款利率。

中国数据来源：1996—2003 年数据转引自白晓燕（2008），2004—2012 年来自中国银行网站；美国联邦基金年末数据来源：http://www.federalreserve.gov/datadownload/Build.aspx? rel＝H15。参照白晓燕（2008）对美国数据进行了处理：如果联邦基金利率超过 4%，下浮 22.4%；如果联邦基金利率低于 4%，下浮 6.2%。

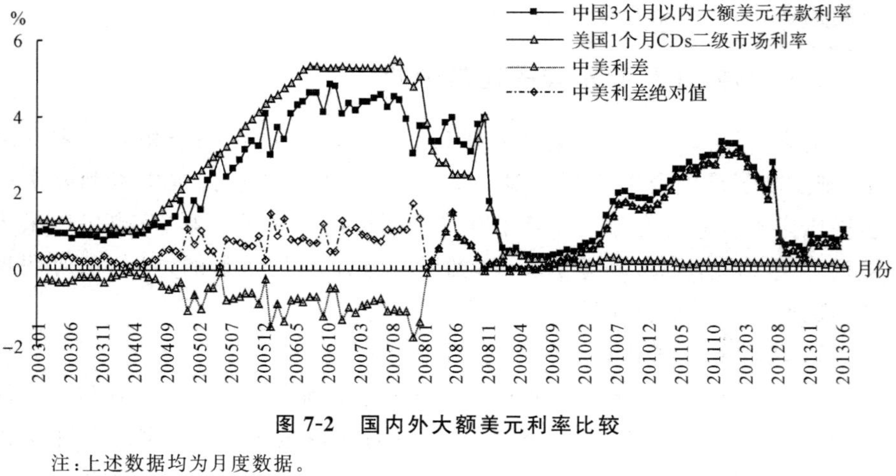

图 7-2 国内外大额美元利率比较

注：上述数据均为月度数据。

资料来源：中国 3 个月以内大额美元存款利率数据来自中国人民银行各年度《中国货币政策执行报告》；美国一个月 CDs 二级市场利率来自美联储网站 http://www.federalreserve.gov/releases/h15/data.htm。

从小额美元 1 年期存款利率上看，2001—2008 年，国内利率持续低于美国利率，平均利差为－0.82259%；而危机后国内利率持续高于美国利率，平均利差为0.78899%。1996—2012年总体平均利差为－0.09559。中美利差的绝对值表现了两次金融危机前后中国资本管制的强度变化及其有效性：(1)利差由1996年的0.6372%波动上升至2001年达到最大值，为2.38944%；此后逐年下降至2005年的0.02036%，为整个考察期内的最低值。这反映了亚洲金融危机期间中国加强了资本管制，危机后管制强度逐步减弱。(2)2006—2011年中美利差维持在0.8%—0.9%，较2008年全球金融危机前显著上升，表明2008年全球金融危机以来，中国再次加强了资本管制；而其大跨度的高利差，说明这一时期的资本管制在长短期内均有效。(3)资本管制周期性。若以利差的显著下降作为资本管制得以减弱的标准，两次金融危机后，中美利差分别在2002年(0.71646%)和2012年(0.61868%)显著下降，因此，可以认为中国资本管制周期大致为5年。

从国内3个月以内大额美元存款利率与美国市场上较为接近的CD_s二级市场利率的差异看，2003年1月—2007年12月，国内利率持续低于美国利率，平均利差为－0.62765%；2008年全球金融危机以来国内利率持续高于美国利率，2008年1月—2013年6月平均利差为1.173182%。从图7-2中美利差绝对值的走势看，利差在2009年2月后开始爬坡，至2012年3月达到最大值3.09%。这一时期，美国为应对全球金融危机与国内财政悬崖而实施了超低利率政策，美元超发与货币泛滥使大多数新兴经济体与发展中国家不得不再次加强资本管制；中国3个月以内大额美元存款利率走出了与美国CD_s二级市场利率截然不同的运行轨迹，这反映出中国加强了资本管制的强度及其管制有效性得到相应的提高。2003年1月—2013年6月总体平均利差为0.315644%。而以利差绝对值来衡量，2003年1月—2007年12月利差平均值为0.627647%；2008年1月—2013年6月利差平均值为1.17833%，明显大于2008年全球金融危机前，这也印证了中国资本管制在2008年全球金融危机后得以加强。由于中国早在2000年9月就放开大额外币存款利率，而外币小额存款利率仍由中国人民银行统一管理，所以大额外币存款利率更加市场化，更加真实地反映了国内外利率差异。① 基于危机前后中美利率相对大小的变动，因而采用利差的绝对值

① 在外币存款利率上，等值300万美元以上的大额外币存款利率已于2000年9月实现市场化，而等值300万美元以下的小额外币存款利率则受上限约束。中国人民银行宣布从2014年3月1日起放开上海自贸区小额外币存款利率上限，这意味着自贸区内外币存款利率市场化已完成。尽管外币存款利率完全市场化只在非常小的范围内实行，但却为我国全面实现外币利率市场化开了一道“门缝”，是我国利率市场化改革的关键一步，同时也有利于推动人民币国际化进程。

更能反映中美利率差异的总体状况。整个考察期内中美利差绝对值的总体平均值为0.916102%，考虑到两种金融工具在交易金额上的差距①，大致可以认为实际的境内外美元利差略高于92个基点，较高的利差反映出中国资本管制在长短期内均有效。

2. 人民币到岸/离岸利差

2004年2月，香港银行开始提供人民币存款服务。由于人民币跨境资金流动的制度性障碍及人民币离岸金融产品的有限性，使得人民币离岸市场与“成熟离岸市场”存在诸多差别：一是资金在到岸与离岸之间的流动具有较为严格的规定，多数情况下，资金流动必须具有真实的贸易或投资背景。二是与“成熟离岸市场”相比较，人民币离岸市场的金融产品种类和数量有限，人民币资金运用渠道有待进一步拓展。这些市场特点决定了人民币离岸市场的利率形成有别于“成熟离岸市场”。因此，长期以来，香港的人民币利率水平低于内地的人民币存款利率。因此，人民币到岸/离岸利差并不宜作为衡量资本管制有效性的依据。②

(二)利率平价偏差的平稳性检验

根据利率平价理论，如果没有资本管制或管制已经失效，只有交易成本，在考察期内没有显著影响交易成本的事件发生，那么对利率平价的偏离应该落在平价附近的一个区间，也就是说，对利率平价的偏离应该持续并且稳定。相反，如果存在管制并且管制有效，管制措施的不断变化可以视为短期冲击，对利率平价的偏离应该持续但不稳定。根据本书第六章中对中国资本管制强度的测算，中国资本管制强度的总体趋势是波动减弱的，在危机期间管制强度增强，随着经济的复苏与宏观经济环境的改善，中国逐渐放松资本管制。如果管制基本有效，那么合理的推断是管制强度的不断变化应该使对利率平价的偏离持续且不稳定。因此，可以通过检验UIP理论偏差的平稳性来检验中国资本管制的有效性。依据Chinn和Frankel(1997)，UIP偏离值BIAS可以表示成：

$$\text{BIAS}=r-r^{*}-NDF+S \tag{7-10}$$

(7-10)式即为(7-2)式的变形，所有指标均为对数形式。其中r为国内

---

① CDs面值最少为10万美元，二级市场上的交易单位为100万美元。

② 在“成熟离岸市场”中，离岸货币市场的存款利率$R_D{}^{*}$将高于到岸货币市场的存款利率R_D，贷款利率$R_L{}^{*}$将低于到岸货币市场贷款利率R_L。即到岸市场利率与离岸市场利率间的一般关系为：$R_L > R_L{}^{*} > R_D{}^{*} > R_D$。

利率，r^* 为国外利率，*NDF* 为远期汇率，*S* 为即期汇率。数据来源及其说明：*r* 采用中国 90 天同业拆借加权平均月度利率，数据来自中国人民银行调查统计司统计数据；r^* 采用 3 个月美元 LIBOR，数据来自欧洲央行；*NDF* 采用人民币对美元 3 月期远期汇率的月度加权平均，数据来自彭博和万德数据库；*S* 采用人民币实际汇率的月度数据，数据来自国研网数据中心。根据上述数据可以计算出 BIAS 的月度值。（见图 7-3）

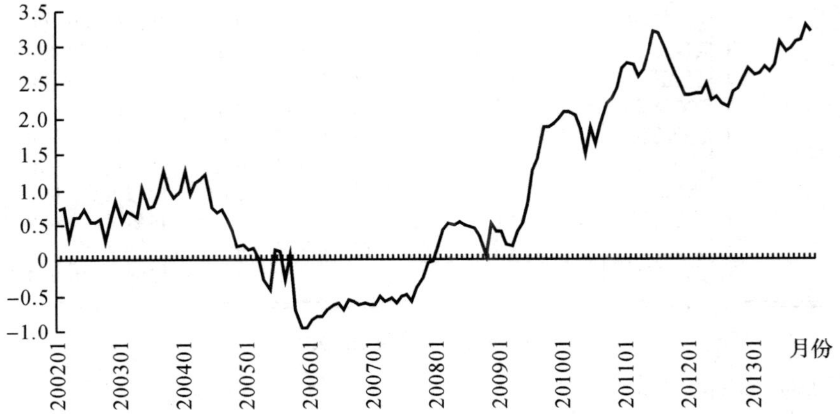

图 7-3 中国未抛补利率平价理论偏差

资料来源：*r* 数据来自中国人民银行调查统计司统计数据 http://www.pbc.gov.cn/publish/diaochatongjisi/133/index.html；r^* 数据来自欧洲央行，http://sdw.ecb.europa.eu/home.do；*NDF* 数据 2011 年 5 月前数据来自彭博数据库，2011 年 5 月及其后数据来自万德数据库。*S* 数据来自国研网数据中心。

从图 7-3 可以看出，该偏离值并未在 0 附近上下波动，而在 2008 年全球金融危机后偏离值走出上升扩大趋势，因此，需要对偏离值 BIAS 的稳定性进行检验。在此采用相关图和偏相关图法对 BIAS 时间序列的稳定性做出检验，首先对原系列进行检验，结果见表 7-2。表 7-2 中 Prob. 项下的数值均小于 0.05，表明 BIAS 原序列是非平稳的，进一步对 BIAS 时间序列做差分（DBIAS）并检验其平稳性，结果见表 7-3。表 7-3 中 Prob. 项下的数值均大于 0.05，表明 BIAS 差分序列平稳，因此 BIAS 时间序列是一阶单整的，即 I(1)。BIAS 原系列的非平稳性，说明中国管制强度的不断变化使得对利率平价的偏离持续且不稳定，即中国的资本管制是有效的。

表 7-2　Correlogram of BIAS

Date: 08/24/14 Time: 13:11
Sample: 2002M01 2013M12
Included observations: 144

Autocorrelation	Partial Correlation		AC	PAC	Q-Stat	Prob
		1	0.975	0.975	139.88	0.000
		2	0.952	0.010	274.04	0.000
		3	0.929	−0.001	402.70	0.000
		4	0.903	−0.069	525.20	0.000
		5	0.878	0.003	641.88	0.000
		6	0.853	−0.016	752.84	0.000
		7	0.827	−0.049	857.69	0.000
		8	0.803	0.048	957.38	0.000
		9	0.779	−0.014	1051.9	0.000
		10	0.755	−0.015	1141.4	0.000
		11	0.733	0.011	1226.3	0.000
		12	0.711	0.015	1306.9	0.000

表 7-3　Correlogram of DBIAS

Date: 08/24/14 Time: 13:12
Sample: 2002M01 2013M12
Included observations: 143

Autocorrelation	Partial Correlation		AC	PAC	Q-Stat	Prob
		1	−0.077	−0.077	0.8749	0.350
		2	0.028	0.022	0.9925	0.609
		3	0.122	0.127	3.1934	0.363
		4	−0.013	0.006	3.2185	0.522
		5	0.022	0.014	3.2882	0.656
		6	0.006	−0.007	3.2930	0.771
		7	−0.006	−0.006	3.2983	0.856
		8	0.041	0.036	3.5539	0.895
		9	−0.039	−0.033	3.7925	0.925
		10	−0.019	−0.027	3.8492	0.954
		11	−0.029	−0.041	3.9817	0.970
		12	−0.073	−0.069	4.8180	0.964

(三)利率平价偏差的回归分析

为了更深入理解中国资本管制有效性的变化，对 BIAS 时间序列进行回归分析。根据上面的平稳性检验得出 BIAS 为 I(1)，进一步对 DBIAS 进行 ADF 单位根检验，结果见表 7-4。表 7-4 表明 DBIAS 序列是平稳的，因此可做自回归滑动平均模型(ARMA),依据 AIC 准则和调整 R^2,得到回归结果(见表 7-5)。

表 7-4 DBIAS ADF 单位根检验结果

变量	差分次数	(c,t,n)	DW 值	ADF 值	1%临界值	5%临界值	结论
DBIAS	0	(0,0,0)	1.956	−12.72	−2.58	−1.94	I(0)**

注:(c,t,n)表示 ADF 检验是否包含常数项、时间趋势以及滞后期数;* 表示变量在 5%的显著水平上通过 ADF 平稳性检验;** 表示变量在 1%的显著水平上通过 ADF 平稳性检验。

表 7-5 DBIAS ARMA 模型的一个回归结果

Dependent Variable: DBIAS

Method: Least Squares

Date: 08/24/14 Time: 13:31

Sample(adjusted): 2002M04 2013M12

Included observations: 141 after adjustments

Convergence achieved after 21 literations

MA Backcast: 2002M02 2002M03

Variable	Coefficient	Std. Error	t-Statistic	Prob.
AR(1)	−1.466242	0.26375	−55.59226	0.0000
AR(2)	−0.905919	0.025190	−35.96302	0.0000
MA(1)	1.542176	0.014047	109.7842	0.0000
MA(2)	0.977092	0.010993	88.88486	0.0000

R-squared	0.101360	Mean dependent var	0.020591
Adjusted R-squared	0.081681	S. D. dependent var	0.197811
S. E. of regression	0.189560	Akaike info criterion	−0.460262
Sum squared resid	4.922829	Schwarz criterion	−0.376609
Durbin-Watson stat	2.067484		

Inverted AR Roots	−0.73+0.61i	−0.73+0.61i
Inverted MA Roots	−0.77−0.62i	−0.77+0.62i

根据表 7-5 可以将 ARMA 模型的回归结果方程表达如下:

$$\Delta BIAS_t = -1.466242\Delta BIAS_{t-1} - 0.905919\Delta BIAS_{t-2} + 1.542176u_{t-1} + 0.977092u_{t-2}$$

$$(-55.59226) \quad (-35.96302) \quad (109.7842) \quad (88.88486)$$

$R^2 = 0.101$ $DW = 2.067$

从表 7-5 可以看出,方程各项显著,回归方程显著,说明该形式是合理的。方程右侧滞后一期和滞后两期的UIP偏离值差分的系数均为负，表明UIP偏离值的变动趋向收敛，即中国资本管制的有效性是逐渐减弱的。这一结论与国内外关于中国资本管制有效性的主流观点相吻合，即随着时间的推移，国际资本会规避资本管制，从而使得资本管制措施在一定程度上失效。

三、基于抵消系数检测法的实证分析

(一)模型的构建

Brissimis，Gibsonand 和 Tsakalotos(2002)(以下简称BGT)通过建立货币当局的央行目标损失函数对典型的抵消系数和冲销系数模型(式7-4，7-5)进行了微观基础上的拓展，从而将模型中的变量置于一个理论框架中，而不是随意地选择相关变量来进行定量研究。BGT模型中央行目标损失函数表达式为：

$$L_t=\alpha(e_t-e_t^T)+\beta(\Delta p_t)^2+\gamma(y_{c,t})^2+\theta(\sigma_{r,t})^2+\eta(\sigma_{e,t})^2 \qquad (7\text{-}11)$$

其中 $e_t-e_t^T$ 为汇率水平偏离目标汇率的程度，Δp_t 为通货膨胀率，$y_{c,t}$ 为产出偏离潜在产出的程度，即周期性产出，$\sigma_{r,t}$ 为利率波动的标准差，$\sigma_{e,t}$ 为汇率波动的标准差。

对于中国货币当局来说，维持物价水平的稳定和经济的持续稳定增长无疑是最为优先的目标。在现行管理浮动汇率制度下，货币当局的目标不是减少实际汇率水平偏离目标汇率的程度，而是保持人民币汇率的稳定。同时，考虑到中国当前市场利率相当程度上受政府管制的现实，利率的波动幅度不是货币当局关注的一个重要目标，为简化起见，假定中国货币当局的目标损失函数包括通货膨胀和周期性产出等两个因素，而将汇率、利率等相对次要因素置于约束条件中。借鉴BGT目标损失函数(7-11)，可以构建出中国货币当局的目标损失函数：

$$minL_t=\beta(\Delta p_t)^2+\gamma(y_{c,t})^2 \qquad (7\text{-}12)$$

其约束条件为：

(1)通货膨胀率。通货膨胀率取决于货币供给和汇率的变化，以及前期的通货膨胀率。即：

$$\begin{aligned}\Delta p_t &=\pi_1\Delta M_{2,t}+\pi_2\Delta p_{t-1}+\pi_3\Delta e_t\\ &=\pi_1[(\Delta NFA_t+\Delta NDA_t)mm_t+MB_t\Delta mm_t]+\pi_2\Delta p_{t-1}+\pi_3\Delta e_t \qquad (7\text{-}13)\end{aligned}$$

其中，$\pi_1>0$，$0<\pi_2<1$，$\pi_3>0$，$M_2=MB\times mm$。汇率贬值($\Delta e_t>0$)，将

导致进口商品价格上涨，从而导致国内价格水平上升。货币乘数与商业银行的法定准备金率负相关，可表示为：

$$\Delta mm_t = -\upsilon RR_t + \psi \Delta mm_{t-1} \tag{7-14}$$

其中，$\upsilon>0$，$\psi>0$。

(2)周期性产出 y_c。周期性产出水平受财政政策和货币政策的同向影响，同时具有滞后效应。

$$y_{c,t} = \varphi_1[(\Delta NFA_t + \Delta NDA_t)mm_t + MB_t\Delta mm_t] + \varphi_2 y_{c,t-1} + \pi_3\Delta G_t \tag{7-15}$$

(3)国际收支和汇率。央行净国外资产变化额(ΔNFA)等于经常账户余额(CA)与净资本流入额(ΔNK)之和，即：

$$\Delta NFA_t = CA_t + \Delta NK_t \tag{7-16}$$

经常账户余额决定于国内周期性产出和实际有效汇率的变动，即：

$$CA_t = \lambda_0 - \lambda_1 y_{c,t} - \lambda_2 \Delta REER_t \tag{7-17}$$

其中，$\lambda_1>0$，$\lambda_2>0$，$REER$ 为实际有效汇率($REER$ 上升表示升值)。

净资本流入衡量了本国居民持有外国资产(债务)的变动和外国居民持有本国资产(负债)的变化，主要受预期汇率变动和国内外利差(非抛补利差)的影响。同时，外国资本进入国内还受到股票、地产等资产收益率变动的影响。即

$$\Delta NK_t = c(\Delta e_t - E_t e_{t+1} + r_t - r_t^* + r_{s,t} - r_{s,t}^*) \tag{7-18}$$

其中，e_t 为本期人民币汇率水平(e_t 上升代表人民币贬值)，$E_t e_{t+1}$ 为本期对 $t+1$ 期人民币汇率的预期水平，r_t 为国内市场利率水平，r_t^* 为国外市场利率水平，$r_{s,t}$ 为国内资产(股票或地产)收益率，$r_{s,t}^*$ 为国外资产收益率，c 为资本流动对国内外利差的敏感度系数。c 取决于国内外资产的替代程度和国际资本流动的管制程度。若国内外资产是完全替代的或资本是完全流动的，则 $c\to\infty$；若国际资本完全不流动或国内外资产完全不可替代，则 $c=0$。在此假定 $0<c<\infty$，从而资本是不完全流动的或国内外资产存在一定程度的可替代性。

将式(7-17)、(7-18)代入式(7-16)，可得汇率的变化量为：

$$\Delta e_t = c(\Delta NFA_t - \lambda_0 + \lambda_1 y_{c,t} + \lambda_2 \Delta REER_t) + E_t e_{t+1} - (r_t - r_t^*) - (r_{s,t} - r_{s,t}^*) \tag{7-19}$$

式(7-19)蕴含着一系列明显的经济含义：第一，央行的外汇储备(净国外资产)上升，表示其在外汇市场上实施了买入外币抛出本币的干预，导致本币供给相对增加，以缓解本币升值压力。第二，周期性产出的上升，将导致外需增加，经常账户盈余减少或逆差上升，进而本币贬值压力增加。第

三，本币实际有效汇率的上升，使得货币升值的压力得到释放，而其阻力不断增加，从而提高本币贬值的可能性。第四，对本币的升值预期的强化将加剧货币升值压力。第五，国内的市场利率和资产收益率的上升，将鼓励资本流入，从而导致本币升值压力增加。

依次将式(7-14)代入式(7-13)和(7-15)，式(7-19)代入式(7-13)，式(7-13)和(7-15)便构成了目标函数(7-12)的约束条件。依据中国货币当局的目标损失最小，便可得到抵消系数和冲销系数的联立方程：

$$\Delta NFA_t = \alpha_0 + \alpha_1 \Delta NDA_t + \alpha_2 \Delta p_{t-1} + \alpha_3 y_{c,t-1} + \alpha_4 \Delta mm_{t-1} + \alpha_5 \Delta RR_t + \alpha_6 \Delta REER_t + \alpha_7 (e_t - E_t e_{t+1}) + \alpha_8 (r_t - r_t^*) + \alpha_9 (r_{s,t} - r_{s,t}^*) + \alpha_{10} \Delta G_t \tag{7-20}$$

$$\Delta NDA_t = \beta_0 + \beta_1 \Delta NFA_t + \beta_2 \Delta p_{t-1} + \beta_3 y_{c,t-1} + \beta_4 \Delta mm_{t-1} + \beta_5 \Delta RR_t + \beta_6 \Delta REER_t + \beta_7 (e_t - E_t e_{t+1}) + \beta_8 (r_t - r_t^*) + \beta_9 (r_{s,t} - r_{s,t}^*) + \beta_{10} \Delta G_t \tag{7-21}$$

$$\Delta M_{2t} = \gamma_0 + \gamma_1 \Delta NFA_t + \gamma_2 \Delta p_{t-1} + \gamma_3 y_{c,t-1} + \gamma_4 \Delta mm_{t-1} + \gamma_5 \Delta RR_t + \gamma_6 \Delta REER_t + \gamma_7 (e_t - E_t e_{t+1}) + \gamma_8 (r_t - r_t^*) + \gamma_9 (r_{s,t} - r_{s,t}^*) + \gamma_{10} \Delta G_t \tag{7-22}$$

对上述模型的理论解释如下：

式(7-20)表明国际收支函数包括9个控制变量，其作用机制为：通货膨胀率上升将引起本币贬值，鼓励资本流出；法定准备金率提高和货币乘数下降均能导致国内货币供给量下降，市场利率上升，从而鼓励资本流入；周期性产出上升，一方面导致进口支出增加，进而经常项目顺差减少和外汇储备规模下降，另一方面也可能增强外国投资者的信心，鼓励资本流入；政府财政赤字增加，将导致贸易逆差上升(顺差减少)和资本流入减少；实际有效汇率上升，在引起经常项目顺差减少和外汇储备下降的同时，也可能强化本币升值预期，鼓励外国投机性资本流入；人民币远期汇率与即期汇率之差越大，人民币升值(贬值)压力越大，导致更多的资本流入(流出)；国内股票投资收益率的下降和欧洲美元存款利率的上升，均将相对提高美元的收益率，降低人民币的收益率，从而对资本流入产生消极影响。

式(7-21)表明央行的货币政策(净国内资产变动)主要受到9个控制变量的影响：中央银行通常采取紧缩性货币政策来应对通货膨胀上升、经济过热(周期性产出上升)、资产价格上涨(股票投资收益率上升)和政府财政赤字增加；货币乘数上升对央行净国内资产的影响取决于紧缩性政策的种类，若央行实施公开市场操作去抵消货币乘数上升时，净国内资产规模将下降，而若央行通过提高法定准备金率来直接减少货币乘数时，净国内资产规模将增加；实际有效汇率的上升和人民币预期升值压力的加强，以及欧洲美元存款利率的下降，均将迫使货币当局实施扩张性货币政策，以缓解人民币升值压力。

式(7-22)表明，上述控制变量对国内货币供给的预期影响为：当经济出现过热特征时，如通货膨胀率上升，实际产出高出潜在水平和股票价格快速上涨，将引发紧缩性货币政策；政府财政赤字的上升，将增加通货膨胀压力，央行将实施紧缩性货币政策以维持价格稳定；美元存款利率的下降、实际有效汇率的升值和人民币升值预期的强化，将加大人民币升值压力，促使货币当局实行宽松的货币政策，以缓解本币升值压力；法定准备金率的提高和货币乘数的下降，均将减少国内货币供给量。

因此，可将抵消冲销系数模型中各变量的影响方向标示出来。（见表7-6）

表 7-6　抵消冲销系数模型变量的影响方向

变　量	公式(7-20)	公式(7-21)	公式(7-22)
Δp	－	－	－
y_c	收入效应－，吸引效应＋	－	－
Δmm	－	－	＋
ΔRR	＋	＋	－
$\Delta \ln REER$	＋	＋	＋
Δe^e	对资本账户＋，对贸易账户－	＋	＋
$\Delta \ln r^*$	－	－	－
r_s	＋	－	－
ΔG	－	－	－

(二)变量和数据

根据上述模型，对各变量可以采用相应指标来度量，见表7-7。

表 7-7　变量的定义与度量

变　量	定　义	度　量
NFA	以人民币计价的外汇储备资产减去外债	外汇储备(FA)－(FL)

续 表

变量	定义	度量
ΔNFA^*	剔除人民币升值效应和外汇储备投资收益的净外国资产变动占月度 GDP 的比例	$\frac{\Delta[NFA_t-(\frac{e_t-e_{t+1}}{e_{t+1}})NFA_{t-1}-\frac{i_{TBt}}{12}(\frac{NFA_t+NFA_{t-1}}{2})]}{GDP_t}$
ΔNDA^*	考虑人民币币值升值效应和外汇储备投资收益后的净国内资产的变动占月度 GDP 的比例	$\frac{\Delta MB_t}{GDP_t}-\Delta NFA_t^*$
ΔM_2^*	M_2 增量占月度 GDP 的比例	$\frac{\Delta M_{2t}}{GDP_t}$
Δmm	货币乘数($mm=M_2/MB$)的变化	mm_t-mm_{t-1}
$\Delta \ln REER$	实际有效汇率(*REER*)变化率	$\ln(REER_t)-\ln(REER_{t-1})$
ΔRR	法定准备金率的变化	RR_t-RR_{t-1}
Δp	通货膨胀率,即消费者价格指数 *CPI*(*P*)的变化率	$\ln(P_t)-\ln(P_{t-1})$
Δe^e	人民币汇率的预期变动,人民币兑美元的即期汇率(e_s)的对数与远期汇率(e_f)的对数之差	$\ln e_{s,t}-\ln e_{f,t}$
$\Delta \ln r^*$	6 月期欧洲美元定期存款利率的变化率	$\ln r_t^*-\ln r_{t-1}^*$
r_s	股票投资收益率$ 即上海股票综合指数(*SP*)的变化率	$\ln(SP_t)-\ln(SP_{t-1})$
y_c	周期性收入,实际月度产出偏离潜在趋势产出(*HP* 滤波趋势产出 GDP^T)占趋势产出的比例	$\frac{GDP_t-GDP_t^T}{GDP_t^T}$
ΔG	政府财政赤字占月度 *GDP* 比例的变化	Δ(政府赤字/*GDP*)

1. 因变量及数据来源

为了更好地理解模型中变量间的关系,对因变量做了一定的处理,ΔNFA^*、ΔNDA^* 和 ΔM^* 分别为调整的国外净资产、调整的国内净资产和 M_2 的增量占月度 *GDP* 的比例。其中使用了 *Quadratic-match sum* 方法将 *GDP* 季度数据转换成月度数据。

根据中国人民银行资产负债表中净资产等于净负债可得：

$$MB = NFA + NDA + NOA - K \doteq LNFA + NDA \quad (7\text{-}23)$$

其中净其他资产（NOA）和自有资本（K）规模较小，因此基础货币便约等于净国外资产和净国内资产的和。其变化便满足：

$$\Delta MB = \Delta NFA + \Delta NDA \quad (7\text{-}24)$$

在考虑货币政策对净国外资产变动的影响时，将汇率变动、利率收益等非政策因素导致的资产价值变化剔除，便可得到调整的国外净资产，从而可计算出其变化；将调整的国外净资产代入式（7-24）便可得到调整的国内净资产（分别见表 7-7 中 ΔNFA^*、ΔNDA^*）。另一个因变量（ΔM_2^*）为 M_2 增量占月度 GDP 的比例。数据 NFA、NDA、M_2 均可从中国人民银行调查统计司统计数据中整理得到；GDP 季度数据来自中国国家统计局。

2. 控制变量及数据来源

控制变量 y_c 为周期性产出，采用 HP 滤波法来衡量实际 GDP 的趋势①，从而周期性产出可表示为实际产出偏离趋势产出的程度除以趋势产出。Δe^e 为人民币汇率的预期变动，人民币兑美元的即期汇率（e_s）的对数与远期汇率（e_f）的对数之差，其中人民币兑美元远期汇率采用 3 月期人民币兑美元的无本金交割远期外汇汇率（NDF）。$\Delta e^e > 0$ 表示预期本币升值（远期汇率低于即期汇率），而 $\Delta e^e < 0$ 表示本币预期本币贬值。其余控制变量的定义与度量见表 7-7，在这不一一列出。

（三）实证分析与检验结果

1. ADF 检验

为防止虚拟回归现象的出现，首先对各变量进行平稳性检验，结果见表 7-8。检验结果显示，所有变量在 5%的显著水平上通过 ADF 平稳性检验，均为 I(0)。

表 7-8　ADF 单位根检验结果

变量	差分次数	(c,t,n)	DW 值	ADF 值	5%临界值	1%临界值	结论
ΔNFA^*	0	$(c,0,0)$	2.01178	−10.18275	−2.881978	−3.477144	$I(0)^{**}$
ΔNDA^*	0	$(0,0,0)$	1.983119	−11.96550	−1.943107	−2.581466	$I(0)^{**}$
ΔM_2^{*} (1)	0	$(c,0,4)$	1.979025	−6.195607	−2.882590	−3.478547	$I(0)^{**}$
Δp	0	$(c,0,0)$	1.966052	−9.235515	−2.881685	−3.476472	$I(0)^{**}$

① 在宏观经济学领域，HP 滤波法被广泛用于估计时间序列变量的长期趋势。

续 表

变量	差分次数	(c,t,n)	DW 值	ADF 值	5%临界值	1%临界值	结论
y_c	0	(0,0,13)	2.001009	−4.384548	−1.943304	−2.582872	$I(0)^{**}$
Δmm	0	(0,0,0)	1.996224	−12.05752	−1.943074	−2.581233	$I(0)^{**}$
ΔRR	0	(0,0,1)	2.039392	−3.832089	−1.943090	−2.581349	$I(0)^{**}$
$\Delta \ln REER$	0	(0,0,0)	1.904099	−8.101580	−1.943074	−2.581233	$I(0)^{**}$
Δe^e	0	$(c$,0,0)	1.930126	−3.234456	−2.881685	−3.476472	$I(0)^{*}$
$\Delta \ln r^*$	0	(0,0,1)	1.951196	−8.749466	−1.943090	−2.581349	$I(0)^{**}$
r_s	0	(0,0,1)	2.017506	−6.619024	−1.943090	−2.581349	$I(0)^{**}$
ΔG	0	(0,0,13)	2.108098	−2.289307	−1.943304	−2.582872	$I(0)^{*}$

注：(c,t,n)表示 ADF 检验是否包含常数项、时间趋势以及滞后期数；* 表示变量在 5% 的显著水平上通过 ADF 平稳性检验；** 表示变量在 1% 的显著水平上通过 ADF 平稳性检验。(1)ΔM_2^* 在样本区间 200201—201310 是 $I(0)$，在样本区间 200201—201312 是 $I(1)$。因此近似认为 ΔM_2^* 是 $I(0)$。

2. Granger 因果性检验

上述抵消冲销系数模型由三个联立方程构成，模型中三个因变量 ΔNFA^*、ΔNDA^*、ΔM_2^* 间可能相互影响，因此在对该模型进行估计前，必须对方程的联立性状况进行判断。根据方程的结构，采用 Granger 因果性检验法分别对 ΔNFA^* 和 ΔNDA^*、ΔNFA^* 和 ΔM_2^* 之间的因果关系进行检验，以判断三个因变量的内生性，检验结果见表 7-9。结果显示 ΔNFA^* 和 ΔNDA^*、ΔNFA^* 和 ΔM_2^* 间均为单向 Granger 因果关系，ΔNFA^* 是 ΔNDA^* 和 ΔM_2^* 的 Granger 原因，而 ΔNDA^* 和 ΔM_2^* 不是 ΔNFA^* 的 Granger 原因。因此，方程(7-20)中的 ΔNDA^*、方程(7-21)和(7-22)中的 ΔNFA^* 均可视为外生变量。因此该抵消冲销系数模型可采用 OLS 方法估计。

表 7-9 Granger 因果性检验

原假设	F 统计量的 P 值		
	滞后 12 期	滞后 24 期	滞后 36 期
ΔNFA^* 不是 ΔNDA^* 的 Granger 原因	0.0238	0.1839	0.0020
ΔNDA^* 不是 ΔNFA^* 的 Granger 原因	0.1362	0.1828	0.1263
ΔNFA^* 不是 ΔM_2^* 的 Granger 原因	0.2809	0.062	0.0374
ΔM_2^* 不是 ΔNFA^* 的 Granger 原因	0.5260	0.5848	0.4418

3. 模型估计结果

表 7-10 基于 200201—201312 的数据给出了冲销系数抵消系数联立方程的 OLS 估计结果。从 Q 统计量和残差图看，残差序列不存在自相关和偏相关。

表 7-10 冲销系数抵消系数联立方程的 OLS 估计结果

解释变量	公式(7-20)		公式(7-21)		公式(7-22)	
	参数	T 值	参数	T 值	参数	T 值
C	0.048938	11.65522***	0.054416	9.987779***	0.227870	8.681182***
ΔNDA^*	−0.404919	−8.877438***				
ΔNFA^*			−1.010090	−23.65335***	0.984674	2.987761***
Δp	−1.328327(12)	−2.596063***	−1.885622(12)	−2.532695***	−5.359160(6)	−1.920682**
y_c	−0.097485(12)	−3.741504***	−0.070348(12)	−1.851317**	−0.722665	−4.725319***
Δmm	−0.435083	−8.795672***	−0.977012	−27.59509***	0.358976	2.399567***
ΔRR	−2.770066(2)	−2.331158***	4.575257(10)	2.943800***	17.46236(10)	3.273708***
$\Delta \ln REER$	0.469621(15)	1.895236**	0.839807(12)	2.318097***	2.799636(12)	2.129909***
Δe^e	−1.660477	−3.547497***			5.089281(3)	2.296865***
$\Delta \ln r^*$	−0.780924	−10.42371***	0.143652(8)	2.254141***	1.530497	3.301600***
r_s	0.073465(20)	2.038180***	−0.090884(10)	−1.662064***	0.508610(11)	2.619375***
ΔG	−0.148554(1)	−5.147416***	−0.184710(1)	−4.328591***	−1.097144	−5.478251***

注：*、** 和 *** 分别表示在 10%、5%和 1%的水平下显著。括号中的数字是滞后期数。

根据表 7-10 的回归结果，可以列出各个方程的具体形式：

(1)国际收支(资本流动)函数的估计结果可表示为：

$$\Delta NFA_t^* = 0.048938 - 0.404919\Delta NDA_t^* - 1.328327\Delta p_{t-12} - 0.097485 y_{c,t-12}$$
$$(11.65522)(-8.877438)\quad(-2.596063)(-3.741504)$$
$$-0.435083\Delta mm_t - 2.770066\Delta RR_{t-2} + 0.469621\Delta\ln REER_{t-15} - 1.660477\Delta e_t^e$$
$$(-8.795672)\ (-2.331158)\quad(1.895236)\quad(-3.547497)$$
$$-0.780924\Delta\ln r_t^* + 0.073465 r_{s,t-20} - 0.148554\Delta G_{t-1}$$
$$(-10.42371)\quad(2.038180)\quad(-5.147416)$$

其中，$R^2=0.913421$，$\bar{R}^2=0.905759$，$DW=2.326624$。

从上式中系数符号与表 7-6 中的影响方向对比可知，除了 ΔRR 的符号不一致外，其余符号均相一致，且回归结果在 5% 水平上显著，$\bar{R}^2$ 也高达 0.9，表明该经验模型与理论模型基本吻合。从该模型回归结果具体看，估计的国际资本流动对货币政策的抵消系数为 0.405，且在 1% 水平下统计显著，表明中国央行净国内资产变化的 40.5% 被净国外资产的反向变动所抵消，即尽管长期以来中国货币当局实施的是强管制措施，但中国仍然存在相当程度的国际资本流动。周期性产出在 1% 水平下统计显著为负，表明总体上产出的收入效应大于对国外资本的吸引效应，最终表现为产出的增长，资本净流出的增大。人民币汇率的预期变动在 1% 水平下显著为负，表明人民币升值预期对进出口贸易的影响大于对国际资本流动的影响。货币乘数和国外美元资产收益在 1% 水平下均显著为负，符号与理论预期方向一致，表明中国存款利率的相对下降都将导致国际资本的流出。法定准备金率的符号与预期相反，这与 2007 年后中国频繁调整法定存款准备金率无不相关，法定准备金率这一货币政策的过度使用，使得中国准备金率政策作用空间越来越小，甚至起到与预期相反的效果。

(2)货币反应函数 ΔNDA^*：

$$\Delta NDA_t^* = 0.054416 - 1.010090\Delta NFA_t^* - 1.885622\Delta p_{t-12} - 0.070348 y_{c,t-12} -$$
$$(9.87779)\ (-23.65335)\quad(-2.532695)\quad(-1.851317)$$
$$0.977012\Delta mm_t + 4.575257\Delta RR_{t-10} + 0.839807\Delta\ln REER_{t-12} +$$
$$(-27.59509)\quad(-2.943800)\quad(2.318097)$$
$$0.143652\Delta\ln r_{t-8}^* - 0.090884 r_{s,t-10} - 0.184710\Delta G_{t-1}$$
$$(-2.254141)\quad(-1.662064)\quad(-4.328591)$$

其中，$R^2=0.913141$，$\bar{R}^2=0.906733$，$DW=2.375700$。

将上式中系数符号与表 7-6 中的影响方向对比可知，除了 $\Delta ln\mathrm{r}^*$ 的符号不一致外，其余符号均相一致，且回归结果在5%水平上显著，$\bar{R}^2$ 也高达0.913，表明该经验模型与理论模型基本吻合。从该模型回归结果具体看，央行净国外资产变化的101%被国内资产反方向变化所冲销，即估计的货币政策对国际资本流动的冲销系数为1.01，且在1%水平下统计显著，表明中国央行近年来所实行的大规模外汇冲销措施完全有效。货币乘数的变化对净国内资产的影响是负向的，这反映了中国央行往往采取紧缩货币政策来应对货币乘数上升所带来的货币供给增加。同时周期性产出的符号也为负，说明中国央行对经济过快增长往往也是采用紧缩性货币政策，从而导致基础货币和国内资产的规模下降。法定准备金率的符号在1%水平上显著为正，表明法定准备金率的提高会导致基础货币和净国内资产上升。

（3）货币反应函数 ΔM_2^*：

$$\begin{aligned}\Delta M_2^* = &\ 0.227870 + 0.984674\Delta NFA_t^* - 5.359160\Delta p_{t-6} - 0.722665 y_{c,t} + \\ &(8.681182)\ (2.987761)\qquad (-1.920682)\quad (-4.725319)\\ &0.358976\Delta mm_t + 17.46236\Delta RR_{t-10} + 2.799636\Delta \ln REER_{t-12} + \\ &(2.399567)\qquad (3.273708)\qquad (2.129909)\\ &5.089281\Delta e_{t-3}^e + 1.530497\Delta \ln r_t^* + 0.508610 r_{s,t-11} - 1.097144\Delta G_t\\ &(2.296865)\quad (3.301600)\quad (-2.619375)\quad (-5.478251)\end{aligned}$$

其中，$R^2=0.378657$，$\bar{R}^2=0.327306$，$DW=2.488964$。

将上式中系数符号与表7-6中的影响方向进行对比可看出，ΔRR、$\Delta \ln r^*$ 以及 r_s 的符号与预期的不一致，其余符号均相一致，$\bar{R}^2=0.327306$，尽管经验模型的拟合效果不太理想，但从回归结果仍可看出中国货币当局对资本流动的管制变化及其效果。从该模型回归结果具体看，中国外汇储备增加1单位，会导致总量货币 M_2 增加0.984单位。根据冲销系数换算，此时 M_2 的冲销系数为0.771①。显然，相对于基础货币近乎完全冲销，M_2 的冲销程度只有77%明显偏低。这表明，尽管中国货币当局采取猛烈的冲销措施对冲国际资本流入对国内货币供给的影响，但其效果是有限的，由此可见中国资本管制的有效性受到巨大的挑战。

从其他变量看：通货膨胀、周期性产出和财政赤字等变量的系数显著

---

① 按2002—2013年货币乘数的平均值为4.3计算，此时的冲销系数为 $r_e = 1 - \frac{r_1}{mm} = 1 - \frac{0.984}{4.3} = 0.771$。

为负，表明当经济出现过热时，如通货膨胀加速、经济过快增长和政府支出过高时，中国货币当局倾向于实施紧缩性货币政策，减少货币供给来维持价格和经济的稳定。人民币实际有效汇率和人民币汇率预期与 ΔM_2^* 显著正相关，表明本币币值的稳定是中国货币政策的一个重要目标：当本币升值压力增大时实行扩张性货币政策，而当本币贬值压力上升时采取紧缩性货币政策。而 ΔRR、$\Delta \ln r^*$ 以及 r_s 的符号与理论预期的不一致，这从侧面反映出：一是中国资本市场并不是完全开放的，相关利率及资本收益指标并不真实反映国际资本的流动方向；二是虽然中国长期实施强资本管制措施，但国际短期资本仍然能够规避中国的资本管制频繁进出中国，并对中国当局的货币政策的有效性带来很大的冲击。

四、本节小结

综合以上三种方法的实证分析，可以看出中国资本管制有效性总体上是趋于减弱的。

通过储蓄—投资静态与动态四个模型的实证分析结果表明，中国的资本管制在短期内是有效的，而在长期其有效性明显减弱。可见，随着中国资本管制强度的逐渐减弱以及国际经济环境的复杂化，虽然中国资本管制的有效性面临挑战，但短期内资本管制仍然是中国应对国际短期资本冲击的有效货币政策工具。

根据非抛补利率平价偏差法（UIP）测出利率平价偏离值的变动趋势是收敛的，从而判断出中国资本管制的有效性是逐渐减弱的，即随着时间的推移，国际资本会规避资本管制，从而使得资本管制措施在一定程度上失效。

基于抵消系数与冲销系数联立方程的实证分析得出：国际资本流动函数中国际资本流动对货币政策的抵消系数为 0.405，表明中国央行净国内资产变化的 40.5％被净国外资产的反向变动所抵消，即尽管长期以来中国货币当局实施的是强管制措施，但中国仍然存在相当程度的国际资本流动。货币反应函数 M_2 的冲销系数为 0.771。显然，相对于基础货币近乎完全冲销，M_2 的冲销程度只有 77％明显偏低。这表明，尽管中国货币当局采取猛烈的冲销措施对冲国际资本流入对国内货币供给的影响，但其效果是有限的，由此可见中国资本管制的有效性受到巨大的挑战。

第三节 防范规避中国资本管制的行为

中国资本管制有效性总体上呈现下降趋势，这既有资本管制强度逐渐减弱的因素，也有国际短期资本规避中国资本管制行为的存在。长期以来，资本管制在维持中国金融稳定与宏观经济健康发展方面做出了重要贡献，但我们同时也应看到资本管制效力衰减的深层原因——国际短期资本借助多种渠道规避中国资本管制。结合国际收支平衡表可以看出国际短期资本主要借助以下渠道进出中国。

(一)经常项目渠道

1. 贸易渠道

贸易项下主要存在以下渠道:(1)虚报进出口价格。在人民币升值预期下，国际短期资本通过低报进口价格、高报出口价格的方式，少付汇多收汇，实现短期资本变相流入中国，以套取人民币汇差升值收益。一旦形势发生逆转，便采取"高进低出"的逆向操作迅速撤离中国。(2)预收、延付货款。预收和延付货款属于贸易融资范畴，同时具备经常项目和资本项目双重特征。在实际操作中由于资金流与物流的不匹配，使得贸易的真实性难于辨别，这便为国际短期资本规避管制流入中国提供了机会。(3)跨境关联交易。跨境关联交易是指在关联方之间转移资源、劳务或义务的行为，而不论是否收取价款，其物流与资金流可以相对分离，境内外关联企业联手操作便可轻易地将境外资本汇入中国。大部分外商投资企业都存在关联交易，其交易金额与日俱增且交易类型繁多，这便使外汇资金流动与真实交易存在背离的可能。(4)个人贸易。主要以个人贸易佣金的形式进入中国。(5)差额核销。[①] 单笔出口多收汇或少收汇不超过 5000 美元，无须提供证明收汇差额真实性的有关凭证即可办理差额核销，这便为国际短期资本以多收汇的方式进入中国提供了便利。

2. 非贸易渠道

非贸易项下主要存在以下监管漏洞:(1)借道职工报酬和赡家款进入

---

① 根据汇发〔2005〕73 号第五条，差额核销的限额"企业单笔出口少收汇不超过等值 500 美元(含 500 美元)，或者多收汇不超过等值 2000 美元(含 2000 美元)"的这个限额调整至多于或少于不超过等值 5000 美元。

中国，结汇后投向房地产或证券市场。(2)通过个人外汇名义进入中国，主要体现在居民个人和非居民个人项下因私收入大幅增长。(3)以捐赠名义进入中国，捐赠款项在用途和规模上都不受限制，这为短期资本流入提供了可乘之机。(4)以外国驻华机构外汇名义进入，由于外国驻华机构的外汇不需经外汇管理局审批，因此成为国际短期资本进出的一个渠道。(5)通过转移支付方式进出中国。如关联公司间假借内部收益将国际短期资本输入中国。

(二)资本项目渠道

国际短期资本通过资本项目渠道进出中国主要体现在以下几方面。

1. 通过外商直接投资进出中国

自从 2001 年加入世界贸易组织以来，中国已经有系统地清除了许多外资公司进入国内市场的障碍。中国目前大约有 28 万家外商投资企业，每年新吸引的外商直接投资仍然数目可观，达 600 多亿美元。外商直接投资企业大多以资本金名义结汇，只需办理登记，结汇由授权央行办理，手续相对简单，从而为国际短期资本流入中国提供了便利。

2. 通过短期外债方式进入中国

至 2013 年底，中国外债余额为 52625 亿元，占当年国内生产总值的 9.4%①，其中，从债务期限结构看，短期外债(剩余期限)余额为 41252 亿元，占比高达 78.39%。中国的短期外债占比从 2001 年的 41%一直上升至 2013 年的 78%。过高的短期外债比重在某种程度上反映出国际短期资本借道短期外债实现人民币升值预期和本外币正利差的套利行为。

3. 通过外汇贷款方式进入中国

自 2009 年以来，中国的美元及其他外汇贷款大幅增长，从 2009 年的 2700 亿美元增加到 2013 年的 8800 亿美元，净增长 2 倍多，中国的外汇贷存比已由 2005 年的 100%攀升至 2013 年的 200%。过高的外汇贷存比凸显人民币升值预期下国际短期资本的异常流入，外汇贷款成为国际投机资本流入中国的间接通道。

4. 通过 QFII 进入中国

2012 年，QFII 机构汇入资金 92 亿美元，较上年增加 70 亿美元，增长 3.2 倍；汇出资金 15 亿美元，较上年增加 1 亿美元，上升 7.1%；净汇入资金 77 亿美元，较上年增加 69 亿美元，增加 8.8 倍。2013 年，监管部门加快引

---

① 即负债率，国际公认安全线为 20%。

入 QFII 步伐，QFII 额度从 800 亿美元增到 1500 亿美元。2014 年 6 月，随着中国 A 股市场底部加固、重回升势，QFII 通过大宗交易平台不断抄底 A 股。截至 6 月底，外汇局已经累计批复 252 家 QFII 机构总计 565.48 亿美元的额度。QFII 异常升温，过去用不完的 QFII 额度告急。

综上所述，国际短期资本流入中国的渠道与方式多种多样，除了上述分析的合法渠道外，国际短期资本在充分权衡风险与收益的情况下，采取非法途径进入中国也是其惯用伎俩，例如通过非法携带外币现钞、借道地下钱庄、通过香港市场等途径进入中国。资本管制与规避管制历来是道高一尺，魔高一丈的“猫鼠游戏”，尽管中国一贯采取强资本管制来防止国际短期资本的异常流动，但在实践中，资本管制并非滴水不漏，其有效性正在下降。在现实中，国际短期资本总是能够借道一些合法渠道伪装成长期投资资本或者正常的贸易资本，甚至不惜冒着法律惩罚的风险通过非法途径在国内外两个主场中自由流动。如何有效监管国际短期资本流动及其异常波动，并防范国际短期资本规避中国资本管制对中国相关监管部门提出了更高的要求。在防范规避资本管制行为发生的同时，中国积极把握当前资本项目开放的有利时机，依托上海自贸区这一新平台，促进离岸和到岸之间的资金价格的传导并最终形成一系列的基础价格和收益率曲线，实现分账管理、离岸自由、双向互通、有限渗透的良性循环，从而将防范国际短期资本规避中国资本管制行为变为积极引导国际短期资本的正面流动，使得进出中国的国际短期资本真正实现利大于弊，为中国经济稳定与繁荣提供资金支持。

第八章　研究结论及启示

本章详细总结了全书的主要研究结论，在此基础上分析了本书对中国资本管制与资本项目开放的启示，并对未来的研究方向进行了展望。

第一节　主要研究结论

通过对资本管制、中国国际短期资本流动影响因素以及中国资本管制有效性的理论与实证分析，得出多项重要结论，主要包括以下几点：

(1)在理论上探讨了资本管制与资本项目自由化的决定性因素：第一，一国放开资本管制实现资本项目自由化必须满足其前提条件，即总财富大于总支出，当该条件不满足时则应实施资本管制，而决定总财富与总支出关系的重要因素是外债平均利息率(外债成本)、GDP 增长率、外债占 GNI 比、储备与外债比、总投资占 GDP 比、人均 GDP 等。第二，当一国公共支出的目标是社会福利最大化时，中等财富水平的国家更易实现资本项目自由化。第三，资本管制的实施应是逆周期的：当经济繁荣时资本项目有自由化倾向，此时应加强资本管制抑制国际短期资本(尤其是国际短期投机资本)流入，控制经济过热；而经济衰退时有抑制资本项目自由化的倾向，此时在防止国际短期资本外逃的基础上，应适当放松资本管制鼓励国际资本(尤其是国际长期资本)流入。第四，资本市场的开放是渐进有序的，贸然间实施资本市场完全自由化或者持久实施资本管制都是次优的。资本管制是稳步实现资本项目自由化的手段，而不是资本项目自由化的对立面，两者并不矛盾。上述结论既验证了中国资本市场开放的进程是渐进有序的，也对中国推进资本项目自由化具有重要的理论意义。

(2)21 世纪以来，国际金融市场自由化与一体化得到长足发展，金融全球化趋势进一步加强。国际短期资本已取代长期资本成为国际资本市场上最主要的流动载体，呈现出流动规模巨大、反弹快速且区域分布不均、波动性增强、流入流出更频繁、流动主体多样化、流动方式更加隐蔽、破坏力逐渐增强等特征。国际短期资本已成为当代国际金融市场中无所不及、无所不能的“看不见的手”。为避免国际短期资本流动对本国金融体系与宏观经济的冲击，资本管制已然为绝大部分发展中国家和部分发达国家所接受并在不同程度上有所实践。事实上，发达国家所鼓吹的资本自由流动，是以其自身利益最大化为根本目的，所推崇的国际金融体系是双重标准价值体系主导下的资本市场自由化。资本管制作为资本项目自由化的对立面在发达国家并没有从根本上消除，只是发达国家与发展中国家在资本管制强度、管制范围及管制措施上有所差别。

(3)发展中国家国际短期资本净流入已占国际资本净流入的半壁江山，中国国际短期资本流入占发展中国家国际短期资本流入的30%，即占全球国际短期资本净流入的1/6强。从资本流动结构看，中国国际短期资本流动占中国国际资本总流动的80%以上。从存量与流量两方面以及从经济因素与政策因素两个角度分析中国国际短期资本的内外影响因素得出：各种因素在国际短期资本流动、国际短期资本流入、国际短期资本流出中所起作用大小各不相同。

对国际短期资本流动的影响因素：从经济上看，国内外利差变化、股票投资收益率是国际短期资本净流入的主要因素；从政策上看，突发性事件的发生对国际短期资本净流入的影响最为显著。

对国际短期资本总流入的影响因素：从经济上看，股票投资收益率与人民币汇率预期是国际短期资本流入的主要因素；从政策上看，市场开放程度对国际短期资本流入的影响最为显著。

对国际短期资本总流出的影响因素：从经济上看，经济增长差异、股票投资收益与国内外利差是国际短期资本流出的主要因素；从政策上看，对国际资本流出的管制是国际短期资本流出的主要影响因素。

(4)依据法规衡量的中国资本管制指标与反映资本流动状况的指标所衡量的中国资本管制强度基本上相吻合。基于法规的方法表明，总体上中国资本管制强度趋于减弱，其中对资本流入的管制的放松要先于对资本流出的管制。从时间节点上看，在两次危机后中国都放松了资本流出的管制；同时，2004年对资本流入与流出的管制均有所放松。定量法的结果显示，长期来看中国资本管制强度趋于减弱，两次危机后中国国际资本流动量有明显下降，虽然不能完全判断是由于加强资本管制所导致，但至少与危机期间管制措施加强有一定的关系。由此可见，两种方法具有一定的相关性，法规上所反映出来的资本管制强度的波动必然在国际资本流动上会有所体现，尤其是国际短期资本流动与资本管制强度的波动所呈现出来的相关性更高。

(5)通过储蓄—投资静态与动态四个模型的实证分析结果表明，中国的资本管制在短期内是有效的，而在长期其有效性明显减弱。可见，随着中国资本管制强度的逐渐减弱以及国际经济环境的复杂化，虽然中国资本管制的有效性面临挑战，但短期内资本管制仍然是中国应对国际短期资本冲击的有效货币政策工具。

(6)根据非抛补利率平价偏差法(UIP)测出利率平价偏离值的变动趋势是收敛的，从而判断出中国资本管制的有效性是逐渐减弱的，即随着时间的推移，国际资本会规避资本管制，从而使得资本管制措施在一定程度上失效。

(7)基于抵消系数与冲销系数联立方程的实证分析得出：国际资本流动函数中国际资本流动对货币政策的抵消系数为 0.405，表明中国央行净国内资产变化的 40.5%被净国外资产的反向变动所抵消，即尽管长期以来中国货币当局实施的是强管制措施，但中国仍然存在相当程度的国际资本流动。货币反应函数 M_2 的冲销系数为 0.771。显然，相对于基础货币近乎完全冲销，M_2 的冲销程度只有 77%明显偏低。这表明，尽管中国货币当局采取猛烈的冲销措施对冲国际资本流入对国内货币供给的影响，但其效果是有限的，由此可见中国资本管制的有效性受到巨大的挑战。

第二节　对中国资本项目开放的启示

一、资本管制依然是中国维持经济与金融稳定的最优政策选择

目前，中国经济的问题是经济结构调整导致经济增速下降和宏观杠杆率上升并存，在 GDP 增长率下降以及债务杠杆上升的共同推动下，经济系统性风险日益累积。在拉动经济增长的三驾马车中，消费由长期收入而非当期收入决定，短期内难有明显提高；而出口受国际国内宏观经济环境的影响短期内也难有较大起色。因此，在未来一段时间，投资依然是推动中国经济增长的主要推动力。在全要素生产率(TFP)增长乏力、低生产率的国有部门的扩张和高生产率的私人部门的萎缩现象并存，外商直接投资

(FDI)增长放缓,甚至部分 FDI 已经或正在撤离中国,人民币汇率的持续升值以及房地产市场的泡沫化等诸多问题交织并行的情况下,若贸然开放资本账户,可能加剧外国资本的撤离和本国资本的外逃。

同时,中国银行间拆借利率和影子银行利率较高,互联网金融的竞争会间接推高利率,境内外人民币利差明显。国际资本流动结构进一步恶化体现为:规模异常庞大且波动剧烈,基本脱离了国际贸易与实际投资的正常需求;期限结构上短期资本流动占比不断上升。若放松资本管制会造成国际短期资本更加畅通无阻和境外人民币回流,不仅会冲击物价稳定,而且会加剧市场泡沫并妨碍信贷和经济结构调整目标。当前国际资本流动的这一"基本面"特征主要受美元所左右,这便决定了资本管制成为各国间博弈的纳什均衡,在他国实行资本管制时,中国也应实行资本管制,否则会成为他国资本管制所造成外部性损害的受害者。若他国不实行资本管制时,中国的最优政策还是资本管制。

二、中国资本管制宜坚持的原则

在中国经济增长处于下行阶段时应鼓励长期股权资本流入,如 FDI,对长期资本流出则加强管制,鼓励长期净资本流入。在出口企业举步维艰之时,不妨将资本管制作为隐性的贸易条件管理工具,以减轻人民币升值对出口企业的不利影响,并为出口企业的转型升级赢得时间。首先,根据前文中最优资本管制理论,对资本流入和流出管制分别应是顺周期和逆周期,经济上行加强流入管制,下行加强流出管制。其次,货币当局既要关注净资本流动,更要关注流入流出结构。因为在国际短期套利资本流入的同时,外国长期资本流出和本国资本外逃开始抬头,虽然净流入规模可能不变,但结构却在恶化,因此,要用资本管制为金融改革和化解风险赢得时间。再次,中国对外贸易仍然维持顺差,外国要求人民币升值的压力尚存,在出口企业举步维艰之时,不妨将资本管制作为隐性的贸易条件管理工具,减轻人民币升值对出口企业的不利影响,为出口企业的转型升级赢得时间。最后,借鉴各国资本管制经验,资本流出管制较资本流入管制更加容易和有效,应加以灵活运用。

三、中国资本管制的方法

对国际资本流动管制拟以价格管制为主要手段,数量管制为必要时采取的手段。一是通过价格型管制，增加金融交易成本，以调节国际资本流动的波动对中国经济的影响。[①] 二是强制性数量型管制，如对 QDII、QFII 和 RQFII 等额度实施限制，以弥补金融制度上的不完善，避免国际短期资本对中国金融薄弱环节的冲击。具体而言，其一，资本流动数量较难管制，即便对国际资本流动实施额度限制，仍然有大量国际短期资本伪装成经常账户交易或者长期资本进出中国；其二，价格工具在操作上相对灵活，对国际长期资本流动误伤造成的损失较小，即使伤及具有真实贸易和 FDI 的国际资本流动，也具有补救的余地，如可以将所征税收在事后经过一段时间再给予返还。[②] 同时，价格管制还可以根据资本流动的动态变化来调整税率以实现调节资本流动荣枯周期的目的，以避免本币升值、信贷剧烈波动和资产价格泡沫化。

第三节　未来研究方向

(1)如何让资本管制成为中国顺利实现资本项目自由化的有效保障，在这个过程中面对国际资本流动将呈现的不同问题有哪些政策篮子(或政策组合)可以实施，以平抑国际资本流动(尤其是国际短期资本流动)的巨大波动。资本市场的开放将是中国历史的必然选择，如何让资本市场健康有序地发展，充分发挥资源配置的基础性作用将是这一研究领域所需解决的根本问题。党的十八届三中全会提出“推动资本市场双向开放，有序提高跨境资本和金融交易可兑换程度，建立健全宏观审慎管理框架下的外债和资本流动管理体系，加快实现人民币资本项目可兑换”。这一决定是我党基于国际国内客观环境所提出的一个前瞻性规划，而非急于要实现的目标，为中国资本管制与资本项目自由化这一金融前沿问题提出了研究的方向。在资本项目完全开放前的过渡期，资本管制依然是中国维持经济发展与金融稳定的必要手段，资本管制不是资本项目自由化矛盾的对立面，而是有益的必要的补充。任何国家在任何时期都没有过彻底的资本项目自

---

① 例如，对国际短期资本流入征收托宾税之类的交易税，对 FDI 等长期资本流入则实施负税率，因为 FDI 会产生正的外部性，理应受到补贴和鼓励。

② 例如，巴西政府从 2009 年 10 月开始对除 FDI 之外的所有资本流入均征收 2%的税率，这正是托宾税(在抽象意义上相当于国际贸易中的关税)的具体实践。此外，巴西还进一步对股权和债权资本流入区别对待，从 2010 年 10 月开始将债权性资本流入的税率提高到 6%，将股权性投资组合流入的税率维持在 2%。

由化，均保留有程度不一的资本管制措施。

(2)进一步完善中国金融体系，构建中国金融安全的支柱行业。借助中国资本项目尚未开放，资本管制依然有效(至少短期内有效)的有利时机，研究如何举政府和市场、国际和国内、境内和境外多种力量、多种资源，快速有效地建立起本国金融体系的几大支柱投行，包括保险行业、证券行业、银行业等，打造各行业的靠得住的大型骨干企业。只有占有一定的市场集中度，方能在资本市场开放后处于主动地位，掌握国际国内金融市场的话语权。

(3)资本管制将在上海自贸区这一中国国际贸易与国际金融改革前沿中起着怎样的作用。2013 年 12 月 2 日中国央行出台了《关于金融支持中国(上海)自由贸易试验区建设的意见》①，该《意见》为自贸区未来发展空间的纲领性文件，其核心可以概括为分账管理、离岸自由、双向互通、有限渗透，至此依稀可见，中国资本账户即将门户大开。上海自贸区的真正内涵是金融的国际化，其终极目的就是推动人民币国际化，最终形成类似伦敦的全面渗透型和内外一体化的真正的全球金融中心，而其必须要过的一关便是放开资本项目管制。

(4)国际短期资本流动的一个突出特点是逆转性强，这也导致了非常规资本管制成为各国政府(或货币当局)应对国际资本流动异常波动的必要措施。局限于数据的可得性，本书各章节的实证研究所采用的数据均为季度数据，这为准确反映国际短期资本流动与其影响因素波动反应的敏感度造成数据层面的先天不足，也为合理提出对应政策措施造成困难。后续研究在数据挖掘上可以进一步深入。

---

① 中国银监会、保监会、证监会于 9 月 28—29 日分别发布了《中国银监会关于中国(上海)自由贸易试验区银行业监管有关问题的通知》《保监会支持中国(上海)自由贸易试验区建设》和《资本市场支持促进中国(上海)自由贸易试验区若干政策措施》。

参考文献

[1] ACEMOGLU D, ZILIBOTTI F. Was Prometheus Unbound by Chance? Risk, Diversification, and Growth[J]. Journal of Political Economy, 1997, 105(4):709-51.

[2] AIZENMAN J, HUTCHINSON M , JINJARAK Y. What is the Risk of European Sovereign Debt Defaults? Fiscal Space, CDS Spreads and Market Pricing of Risk[J]. Journal of International Money & Finance,2011, 34(4):37-59.

[3] AIZENMAN J, JINJARAK Y, PARK D. Capital Flows and Economic Growth in the Era of Financial Integration and Crisis, 1990-2010[C]. New York:National Bureau of Economic Research, 2011.

[4] AIZENMAN J, PASRICHA G K. Why do emerging markets liberalize capital outflow controls? Fiscal versus net capital flow concerns [J]. Journal of International Money & Finance, 2013, 39(4):28-64.

[5] ALAN M, TAYLOR,WILLIAMSON J G. Capital flows to the new world as an intergenerational transfer[J],Journal of Political Economy,1994,102(2): 348-371.

[6] ATHUKORALA P C, JONGWANICH J. How Effective are Capital Controls? Evidence from Malaysia[J]. Departmental Working Papers, 2012, 29(2):1-47.

[7] BACCHETTA P, BENHIMA K, KALANTZIS Y. Capital Controls with International Reserve Accumulation: Can This Be Optimal? [J]. American Economic Journal Macroeconomics, 2013, 5(3): 229-262.

[8] BEKAERT G, HARVEY C R. Foreign Speculators and Emerging Equity Markets[J]. Social Science Electronic Publishing, 2000, 55 (2):565-613.

[9] BHAGWATI J. The Capital Myth:The Difference between Trade in Widgets and Dollars[J]. Economic Affairs, 1998,77(3):7-12.

[10] BORDO M, EICHENGREEN B, KLINGEBIEL D, et al. Is the crisis problem growing more severe? [J]. Economic Policy, 2002, 16(32):51-82.

[11] BöRSCH-SUPAN A, LUDWIG A, WINTER J. Ageing, Pension Reform and Capital Flows: A Multi-Country Simulation Model[J]. Economica, 2005, 73(11850):625-658.

[12] BOUCEKKINE R, FABBRI G, PINTUS P A. Short-Run Pain, Long-Run Gain: The Conditional Welfare Gains from International Financial Integration[J]. Amse Working Papers, 2014, 15(2): K127-K129.

[13] BOUCEKKINE, RAOUF, SAGLAM, et al. Technology Adoption under Embodiment: A Two-stage Optimal Control Approach[J]. Macroeconomic Dynamics, 2004, 8(2):250-271.

[14] BROOKS R. Population Aging and Global Capital Flows in a Parallel Universe[J]. Imf Staff Papers, 2003, 50(2):200-221.

[15] CALVO G A, LEIDERMAN L, REINHART C M. Capital Inflows and Real Exchange Rate Appreciation in Latin America: The Role of External Factors[J]. Imf Staff Papers, 1993, 40(1):108-151.

[16] CALVO G A, REINHART C M. Inflows of Capital to Developing Countries in the 1990s[J]. Journal of Economic Perspectives, 1996, 10(2):123-139.

[17] CHAMON M, GARCIA M. Capital controls in Brazil: Effective? [J]. Journal of International Money & Finance, 2013, 61:163-187.

[18] COELHO B, GALLAGHER K. Capital Controls and 21st Century Financial Crises: Evidence from Colombia and Thailand[J]. Working Papers, 2010.

[19] COOPER R N, WILLIAMSON J. Should Capital Controls be Banished? [J]. Brookings Papers on Economic Activity, 1999, 30(1): 89-142.

[20] CORDELLA T. Can Short-term Capital Controls Promote Capital Inflows? [J]. Journal of International Money & Finance, 2003, 22(5):737-745.

[21] DAVID A C. Are Price-Based Capital Account Regulations Effective in Developing Countries? [J]. Applied Economics, 2009, 41(26): 3375-3388.

[22] DEMIR F. Volatility of short term capital flows and socio-political instability in Argentina, Mexico and Turkey[J]. Mpra Paper, 2006.

[23] DEMIR F. Volatility of Short-term Capital Flows and Private Investment in Emerging Markets[J]. Journal of Development Studies, 2009, 45(5):672-692.

[24] DOOLEY M P. A Model of Crises in Emerging Markets[J]. Economic Journal, 2000, 110(460):256-72.

[25] DOOLEY M P. A Survey of Academic Literature on Controls over International Capital Transactions [J]. Social Science Electronic Publishing, 1995, 43(4):639-687.

[26] DORNBUSCH R. Open economy macroeconomics[M]. New York: Basic Books, 1980.

[27] DORNBUSCH R. Special Exchange Rates for Capital Account Transactions[J]. World Bank Economic Review, 1986, 1(1):3-33.

[28] EDWARDS S. Capital Flows, Real Exchange Rates, and Capital Controls: Some Latin American Experiences[C]. New York: National Bureau of Economic Research, 1998:197-246.

[29] EDWARDS S. How Effective Are Capital Controls? [J]. Journal of Economic Perspectives, 1999, 13(4):65-84.

[30] EICHENGREEN B J, ROSE A K. Contagious Currency Crises: Channels of Conveyance[J]. American Journal of Physiology Heart & Circulatory Physiology, 1990, 297(5):H1617-28.

[31] EICHENGREEN B, FISHLOW A. Contending with capital flows: What is different about the 1990s? [C]// "Different About the 1990s?" Council on Foreign Relations Occasional Paper. 2013.

[32] ELSHAGI M. Capital controls and international interest rate differentials[J]. Applied Economics, 2010, 42(6):681-688.

[33] ESAKA T , TAKAGI S. Testing the Effectiveness of Market-Based Controls: Evidence from the Experience of Japan with Short-Term Capital Flows in the 1970s[EB/OL]. (2012-03-26)[2015-04-28]. http://www2. econ. osaka-u. ac. jp/library/global/dp/1203. pdf.

[34] ESPINOSA-VEGA M A, SMITH B D, YIP C K. Barriers to International Capital Flows: When, Why, How Big, and for Whom? [J]. Ssrn Electronic Journal, 2000(16):1.

[35] FERNANDEZ-ARIAS E. The new wave of private capital inflows: Push or pull? [J]. Journal of Development Economics, 1996, 48 (2):389-418.

[36] FLEMING J M. Domestic Financial Policies Under Fixed and Under Floating Exchange Rates [J]. Imf Staff Papers, 1962, 9 (3): 369-379.

[37] FLOOD R P, GARBER P M. Collapsing exchange-rate regimes: Some linear examples[J]. Journal of International Economics, 1984, 17(1-2):1-13.

[38] FORBES K J. One Cost of the Chilean Capital Controls: Increased Financial Constraints for Smaller Traded Firms[J]. Ssrn Electronic Journal, 2002, 71(2):294-323.

[39] FORBES K J. The Microeconomic Evidence on Capital Controls: No Free Lunch[J]. Ssrn Electronic Journal, 2005(11372):171-202.

[40] GALLAGHER K P. Curbing Hot Capital Flows to Protect the Real Economy[J]. Economic & Political Weekly, 2011, 46(3):12-14.

[41] GALLAGHER K P. Regaining Control? Capital Controls and the Global Financial Crisis[J]. Working Papers, 2011.

[42] GALLAGHER K P. The IMF, Capital Controls and Developing Countries[J]. Economic & Political Weekly, 2011.

[43] GALLAGHER K. The Myth of Financial Protectionism: The New (and old) Economics of Capital Controls [J]. Working Papers, 2012, 278:1-26.

[44] GLICK R, HUTCHISON M. Capital controls and exchange rate instability in developing economies[J]. Ssrn Electronic Journal, 2000, 24(3):387-412.

[45] GOLDFAJN I, VALDéS R. Balance of Payments and Capital Flows: The Role of Liquidity[EB/OL]. (1996-11-07)[2015-04-23]. http://ssrn.com/abstract=3576.

[46] GREGORIO J D, EDWARDS S, VALDES RControl On Capital Inflows: Do They Work? [J]. Journal of Development Economics,

2000, 63(1):59-83.

[47] GREGORIO J D. Economic Growth in Chile: Evidence, Sources and Prospects [J]. Working Papers Central Bank of Chile, 2005: 327-345.

[48] GROS D. Capital controls and foreign exchange market crises in the EMS[J]. European Economic Review, 1992, 36(8):1533-1544.

[49] GUEMBEL A , SUSSMAN O. A Welfare Analysis of Hot Money [J]. Ssrn Electronic Journal, 2012.

[50] GUIDOTTI P E, VéGH C A. Macroeconomic Interdependence under Capital controls: A Two-country Model of Dual Exchange Rates [J]. Journal of International Economics, 1988, 32(3-4):353-367.

[51] IMF,The Liberalization and Management of Capital Flows: Aninstitutional View[EB/OL]. (2014-11-14)[2015-04-19]. http://www.imf.org/external/np/pp/eng/2012/111412.pdf.

[52] IMF. 各国汇兑管制与汇兑安排(1991)[M]. 北京:经济科学出版社,1991.

[53] IMF. Annual Report on Exchange Arrangements and Exchange Restrictions 2000 [M]. Washington:IMF,2000.

[54] IMF. Annual Report on Exchange Arrangements and Exchange Restrictions 2001 [M]. Washington:IMF,2001.

[55] IMF. Annual Report on Exchange Arrangements and Exchange Restrictions 2002 [M]. Washington:IMF,2002.

[56] IMF. Annual Report on Exchange Arrangements and Exchange Restrictions 2003 [M]. Washington:IMF,2003.

[57] IMF. Annual Report on Exchange Arrangements and Exchange Restrictions 2004 [M]. Washington:IMF,2004.

[58] IMF. Annual Report on Exchange Arrangements and Exchange Restrictions 2005 [M]. Washington:IMF,2005.

[59] IMF. Annual Report on Exchange Arrangements and Exchange Restrictions 2006 [M]. Washington:IMF,2006.

[60] IMF. Annual Report on Exchange Arrangements and Exchange Restrictions 2007 [M]. Washington:IMF,2007.

[61] IMF. Annual Report on Exchange Arrangements and Exchange Restrictions 2008 [M]. Washington:IMF,2008.

[62] IMF. Annual Report on Exchange Arrangements and Exchange Restrictions 2009 [M]. Washington:IMF,2009.

[63] IMF. Annual Report on Exchange Arrangements and Exchange Restrictions 2010 [M]. Washington:IMF,2010.

[64] IMF. Annual Report on Exchange Arrangements and Exchange Restrictions 2011 [M]. Washington:IMF,2011.

[65] IMF. Annual Report on Exchange Arrangements and Exchange Restrictions 2012 [M]. Washington:IMF,2012.

[66] IMF. Finance and Development, June 2012[EB/OL]. (2012-06-10) [2015-1-14]. http://www. elibrary. imf. org/view/IMF022/12737-9781475506914/12737-9781475506914/12737-9781475506914. xml? rskey=304ui9&result=51.

[67] IMF. Finance and Development, September 2012[EB/OL]. (2012-09-10) [2015-1-14]. http://www. elibrary. imf. org/view/IMF022/12971-9781475504798/12971-9781475504798/12971-9781475504798. xml? rskey=T9jjfF&result=46.

[68] IMF. Finance and Development, December 2012[EB/OL]. (2012-12-10) [2015-1-14]. http://www. elibrary. imf. org/view/IMF022/20115-9781475597387/20115-9781475597387/20115-9781475597387. xml? rskey=Zb3PrD&result=39.

[69] IMF. Finance and Development, March 2013[EB/OL]. (2013-03-10) [2015-1-14]. http://www. elibrary. imf. org/view/IMF022/20271-9781557755094/20271-9781557755094/20271-9781557755094. xml? rskey=Zb3PrD&result=33.

[70] IMF. Finance and Development, June 2013[EB/OL]. (2013-06-10) [2015-1-14]. http://www. elibrary. imf. org/view/IMF022/20537-9781484388754/20537-9781484388754/20537-9781484388754. xml? rskey=Zb3PrD&result=32.

[71] IMF. Finance and Development, September 2013[EB/OL]. (2013-09-10) [2015-1-14]. http://www. elibrary. imf. org/view/IMF022/20585-9781484353653/20585-9781484353653/20585-9781484353653. xml? rskey=h6fPU3&result=27.

[72] IMF. Finance and Development, December 2013[EB/OL]. (2013-12-10) [2015-1-14]. http://www. elibrary. imf. org/view/IMF022/

20776-9781475532562/20776-9781475532562/20776-9781475532562.xml? rskey=7yGTRi&result=17.

[73] IMF. World Economic Outlook , April 2011 : Tensions from the Two-Speed Recovery: Unemployment, Commodities, and Capital Flows[M]. Washington: IMF,2011.

[74] IMF. World Economic Outlook , September 2011 : Slowing Growth, Rising Risks[M]. Washington: IMF,2011.

[75] IMF. World Economic Outlook , April 2012 : Growth Resuming, Dangers Remain[M]. Washington: IMF,2012.

[76] IMF. World Economic Outlook , October 2012 : Coping with High Debt and Sluggish Growth[M]. Washington: IMF,2012.

[77] IMF. World Economic Outlook , April 2013 : Hopes, Realities, Risks[M]. Washington: IMF,2013.

[78] IMF. Global Financial Stability Report, October 2013 : Transition Challenges to Stability[M]. Washington: IMF,2013.

[79] IMF. World Economic Outlook,April 2014 : Recovery Strengthens, Remains Uneven[M]. Washington:IMF,2014.

[80] IMF. World Economic Outlook,October 2014 : Legacies, Clouds, Uncertainties[M]. Washington:IMF,2014.

[81] IMF. Global Financial Stability Report, April 2013 : Old Risks, New Challenges[M]. Washington: IMF,2013.

[82] IMF. World Economic Outlook,October 2013 : Transitions and Tensions[M]. Washington:IMF,2013.

[83] IMF. Global Financial Stability Report, April 2014 : Moving from Liquidity- to Growth-Driven Markets[M]. Washington: IMF,2014.

[84] JAYASURIYA S, LEU C Y. Fine-Tuning an Open Capital Account in a Developing Country: The Indonesian Experience[J]. Asian Development Review, 2012, 29(2):136-180.

[85] JEANNE O, KORINEK A. Excessive Volatility in Capital Flows: A Pigouvian Taxation Approach[J]. American Economic Review, 2010, 100(2):403-407.

[86] JOHNSON H G. Macroeconomics and monetary theory[M]. New York:Aldine Pub. Co. 1972.

[87] JOHNSTON R B, TAMIRISA N T. Why Do Countries Use Capital

Controls? [EB/OL]. (1998-12-01)[2015-03-08]. http://www.imf.org/external/pubs/cat/longres.aspx? sk=2858

[88] JOHNSTON, BARRY R. Controls on Capital Movements: Prudential Regulations, Short-term Capital Flows and Effectiveness of Control[C]. Presentation at Seminar on Capital Account Convertibility. Singapore :Singapore Training Institute, 1998.

[89] KEYNES J M. The Reparation Problem: A Discussion[J]. Economic Journal, 1929, 39(154):172-182.

[90] KIM H M. Globalization of international financial markets : causes and consequences[J]. Eastern Economic Journal, 1999(Winter).

[91] KLETZER K M. Will Self-Protection Policies Safeguard Emerging Markets From Crises? [J]. Ssrn Electronic Journal, 2013.

[92] KORINEK A. Hot Money and Serial Financial Crises[J]. IMF Economic Review, 2011, 59(2): 306-339.

[93] KOSE M A, PRASAD E S, TAYLOR A D. Thresholds in the process of international financial integration[J]. Journal of International Money & Finance, 2009, 30(1):147-179.

[94] KRUGER A O, YOO J. Chaebol Capitalism and the Currency-Financial Crisis in Korea[J]. Journal of Experimental Botany, 2002, 64(14):4131-4141.

[95] KRUGMAN P R. A Model of Balance of Payment Crisis[J]. Journal of Money Credit & Banking, 1979, 11(3):311-325.

[96] KRUGMAN P. What Happened to Asia? [M]. New York: Springer US, 1999:315-327.

[97] LEVENT K, ÖZGüR A. Exogenous characteristics of short-term capital flows: can they be under control? evidence from Turkey[J]. Mpra Paper, 2007(1):1-16.

[98] MA G, MCCAULEY R N. Efficacy of China's Capital Contols: Evidence from Price and Flow Data[J]. Pacific Economic Review, 2008, 13(1):104-123.

[99] MAGEE S P, BRANSON W H. Financial Capital Flows in the U.S. Balance of Payments[J]. Journal of the American Statistical Association, 1972, 67:1.

[100] MAKRAM E S. Initial evidence from a new database on capital

market restrictions[J]. Panoeconomicus, 2012, 59(3):283-292.

[101] MAKRIS M. Necessary conditions for infinite-horizon discounted two-stage optimal control problems[J]. Journal of Economic Dynamics & Control, 2001, 25(12):1935-1950.

[102] MARKOWITZ H. Portfolio Selection[J]. Journal of Finance, 1952, 7(1):77-91.

[103] MONTIELA P, REINHARTB C M. Do Capital Controls and Macroeconomic Policies Influence the Volume and Composition of Capital Flows? Evidence from the 1990s[J]. Journal of International Money & Finance, 1999, 18(4):619-635.

[104] MUNDELL R. Inflation and Real Interest[J]. Journal of Political Economy, 1963, 71(71):280-280.

[105] OBSTFELD M, TAYLOR A M. Global Capital Markets Integration, Crisis and Growth[J]. Comparative Economic Studies, 2004, 47(3):591-593.

[106] OBSTFELD M. Models of currency crises with self-fulfilling features[J]. European Economic Review, 1996, 40(3-5):1037-1047.

[107] OLIVIER B, GIOVANNI D, PAOLO M. Rethinking Macroeconomic Policy[J]. Journal of Money Credit & Banking, 2010, 42 (Supplement s1):199-215.

[108] OSTRY J D, GHOSH A R, HABERMEIER K, et al. Capital Inflow:The Role Of Control[R]. Washington: IMF Staff Position Note ,2010.

[109] OSTRY J D, GHOSH A R, MARCOS C. Managing Capital Inflows: The Role of Capital Controls and Prudential Policies[J]. Nber Working Papers, 2011.

[110] PAPPAS A P. The Short-term Determinants of Capital Flows for a Small Open Economy: The Case of Greece[J]. 2011, 15(4): 699-713.

[111] PETROULAS P. Short -Term Capital Flows and Growth in Developed and Emerging Markets[R]. Athens: Bank of Greece Working Papers, 2007.

[112] PGALLAGHER K. Capital Account Regulations for Stability and Development: A New Approach[J]. International Economic Re-

view, 2012, 14(3):213-222.

[113] PRADHAN M, BALAKRISHNAN R, BAQIR R, et al. Policy Responses to Capital Flows in Emerging Markets[J]. IMF Staff Discussion Notes, 2011.

[114] PRASAD E S, WEI S J. The Chinese Approach to Capital Inflows: Patterns and Possible Explanations[J]. IMF Working Papers, 2005, 5(11306):274-312.

[115] REINHART C M, MAGUD N E, ROGOFF K. Capital Controls: Myth and Reality-A Portfolio Balance Approach[J]. Working Paper, 2011, 41(3):343-371.

[116] REISEN H. Domestic Causes of Currency Crises: Policy Lessons for Crisis Avoidance[J]. Ids Bulletin, 1998, 30(1):120-133.

[117] RODRIK D, VELASCO A. Short-Term Capital Flows[J]. Social Science Electronic Publishing, 1999, 6(1):30.

[118] RODRIK D. Who Needs Capital-Account Convertibility? [J]. Essays in International Finance, 1998, 92(35):348-375.

[119] SALANT S W, HENDERSON D W. Market Anticipations, Government Policy, and the Price of Gold[J]. Dale Henderson, 1978, 86(4):627-648.

[120] SAXENA S C, WONG K Y. Currency Crises and Capital Controls: A Selective Survey[R]. Washington Discussion Papers in Economics at the University of Washington, 1999.

[121] SCHMITT-GROHé S, URIBE M. Managing Currency Pegs[J]. American Economic Review, 2012, 102(3):192-197.

[122] STIGLITZ J E. Capital Market Liberalization, Economic Growth, and Instability[J]. World Development, 2000, 28(6):1075-1086.

[123] STIGLITZ J E. Globalization and Its Discontent[M]. New York: W. W. Norton, 2002.

[124] TAMIRISA N T. Exchange and Capital Controls as Barriers to Trade[J]. Social Science Electronic Publishing, 1998, 46(1): 69-88.

[125] TOBIN J. A Proposal for International Monetary Reform[J]. Eastern Economic Journal, 1978, 4(4):153-159.

[126] TOBIN J. Liquidity Preference as Behavior Towards Risk[J].

Cowles Foundation Discussion Papers, 1956, 30(2):279-292.

[127] TOMIYAMA K. Two-stage Optimal Control Problems and Optimality Conditions [J]. Journal of Economic Dynamics and Control, 1985,9(3): 317-337.

[128] VINCENT B. Hot money inflows and monetary stability in China: how the People's Bank of China took up the challenge[J]. Applied Economics, 2007, 42(12):1533-1548.

[129] VOTH H J. Convertibility, currency controls and the cost of capital in Western Europe, 1950-1999[J]. International Journal of Finance & Economics, 2003, 8(3):255-276.

[130] WEI S J, ZHANG Z. Collateral damage: Exchange controls and international trade[J]. Journal of International Money & Finance, 2007, 26(5):841-863.

[131] WORLD BANK. Private Flows To Developing Countries[M]. New York: Oxford University Press,1997.

[132] 彼得·林德特,查尔斯·金德尔伯格. 国际经济学[M]. 谢树森,等,译. 上海:上海译文出版社,1985.

[133] 阿文德·萨勃拉曼尼亚,丹尼斯·韦瑟斯通. 量化宽松政策的溢出效应分析[J]. 王宇,译. 金融发展研究, 2014(2):28-33.

[134] 保罗·克鲁格曼. 萧条经济学的回归[M]. 朱文晖,王玉清,译. 北京:中国人民大学出版社,1999.

[135] 白晓燕,王培杰. 资本管制有效性与中国汇率制度改革[J]. 数量经济技术经济研究,2008(9):65-76.

[136] 陈学彬,余辰俊,孙婧芳,等. 中国国际资本流入的影响因素实证分析[J]. 国际金融研究,2007(12):53-60.

[137] 程鹏. 资本项目管制与人民币可自由兑换研究[D]. 武汉:华中科技大学,2005.

[138] 丹尼·罗德里克. 全球资本的"交通规则"[J]. 南风窗,2013(1):85.

[139] 邓敏. 发展中国家金融开放的时机抉择及政策选择[D]. 上海:华东师范大学,2013.

[140] 多恩布什, 赫尔默斯. 如何开放经济[M]. 杨越,等,译. 北京:经济科学出版社,1999.

[141] 罗伯特·霍尔,约翰·泰勒. 宏观经济学[M]. 张帆,译. 北京:中国人民大学出版社,2000.

[142] 付敏,吴若伊.德国马克国际化及其对中国的启示[J].经济理论与经济管理,2014(4):100-112.

[143] 苟琴,王戴黎,鄢萍,等.中国短期资本流动管制是否有效[J].世界经济,2012(2):26-44.

[144] 国家外汇管理局.外汇管理概览(2009 版)[EB/OL].(2009-12-04)[2015-06-12].http://www.safe.gov.cn/wps/wcm/connect/Safe_WEB_Store/Safe_WEB/cbw/qtcbw/node_cbw_qtcbw_store/994bc380481c03699046d084909d05cd? digest = K-JlXVHnrxv7VICAKFkqLA.

[145] 黄济生,罗海波.国际金融资本流动规模研究——中国案例[J].亚太经济,2008(1):29-35.

[146] 季云华.新兴市场国家国际资本流动管理的实践及启示[J].南方金融,2014(5):45-49.

[147] 金荦,李子奈.中国资本管制有效性分析[J].世界经济,2005(8):22-31.

[148] 金荦.资本管制与资本项目自由化[M].北京:中信出版社,2006.

[149] 李翀.短期资本流动的成因、效应与风险[M].北京:人民出版社,2004.

[150] 李翀.国际金融资产组合的选择——论短期国际资本流动的成因[J].广东社会科学,2005(4):51-57.

[151] 李锋.主权财富基金的经济效应研究[D].杭州:浙江大学,2011.

[152] 李银华,杨海珍.国际资本流动管制效果的综合评价:基于文献挖掘的方法[J].管理评论,2011,23(7):116-123.

[153] 廉薇,王芳.美国退出"量化宽松"会否引发新兴市场危机[N].21 世纪经济报道,2013-09-09(23).

[154] 刘葱华.中国的资本管制有效性研究[D].南昌:江西师范大学,2013.

[155] 刘立达.中国国际资本流入的影响因素分析[J].金融研究,2007(3):62-70.

[156] 刘仁伍.国际短期资本流动监管:理论与实证[M].北京:社会科学文献出版社,2008.

[157] 马光远."后 QE 时代"对中国的四重冲击[EB/OL].(2013-10-31)[2014-11-25].http://blog.sina.com.cn/s/blog_558acfe80102v72z.html.

[158] 麦金农. 经济发展中的货币与资本[M]. 卢骢,译. 上海:上海三联书店,1997.
[159] 米什金. 货币金融学:第4版[M]. 李扬,等,译. 北京:中国人民大学出版社,1998.
[160] 裴平,等. 国际金融学[M]. 南京:南京大学出版社,1998.
[161] 曲凤杰. 中国短期资本流动状况及统计实证分析[J]. 经济研究参考,2006(40):14-21.
[162] 邵迪. 中国短期国际资本流动影响因素的实证研究[D]. 昆明:云南大学,2012.
[163] 世界银行. 全球经济展望与发展中国家1998/1999,写在经济危机之后[M]. 北京:中国财政经济出版社,1999.
[164] 宋玉华,曾绍龙. 美国"财政悬崖"与财政失衡问题研究[J]. 世界经济研究,2013(4):35-40.
[165] 宋玉华,曾绍龙. 资本管制决定因素的一般理论与实证分析[J]. 经济理论与经济管理,2014(1):100-112.
[166] 宋玉华,徐忆琳. 当代国际金融资本运动规律初探——东亚金融危机所引发的思考[J]. 中国社会科学,1998(6):75-88.
[167] 宋玉华,等. 世界经济失衡研究[M]. 北京:人民出版社,2012.
[168] 苏多永. 短期国际资本流动研究——兼论我国短期国际资本流动规模、动机及效应[D]. 上海:华东师范大学,2010.
[169] 孙国伟. 审慎的资本管制不能放松[N]. 国际金融报,2014-04-07(19).
[170] 田苗. 国际资本流动对中国经济影响的实证分析[D]. 大连:东北财经大学,2010.
[171] 汪洋. 中国的资本流动:1982—2002[J]. 管理世界,2004(7):43-52.
[172] 王国松,杨扬. 我国国际资本流动影响因素的实证研究[J]. 国际贸易问题,2006(5):100-107.
[173] 王琦. 关于我国国际资本流动影响因素计量模型的构建和分析[J]. 国际金融研究,2006(6):64-69.
[174] 王世华,何帆. 中国的短期国际资本流动:现状、流动途径和影响因素[J]. 世界经济,2007(7):12-19.
[175] 王永中. 中国资本管制与外汇冲销的有效性——基于抵消系数和冲销系数模型[J]. 金融评论,2010,2(1):49-65.
[176] 肖. 经济发展中的金融深化[M]. 王威,等,译. 北京:中国社会科学

出版社,1989.
[177] 肖凤娟.1978年以来我国的外汇管理体制改革与资本管制政策[J].中央财经大学学报,2011(5):35-39.
[178] 肖钢.资本市场是个名利场——结构行情继续分化[EB/OL].(2013-12-11)[2015-10-08].http://blog.sina.com.cn/s/blog_6b812ae10102elb6.html.
[179] 刑毓静.放松资本管制进程[M].北京:中国金融出版社,2004.
[180] 邢毓静.从国际收支角度看汇兑及资本管制对贸易变动的影响[J].当代经济,2000(10):47-51.
[181] 徐明东,解学成.中国资本管制有效性动态研究:1982—2008[J].财经研究,2009(6):29-41.
[182] 杨海珍,昃于靖,石昊,等.我国短期国际资本流动动因及其政策启示[J].管理评论,2010,22(11):3-8.
[183] 杨海珍.国际资本流动研究——动因、影响、管制与风险预警[M].北京:中国金融出版社,2011.
[184] 杨俊龙,孙韦.短期国际资本流动对我国经济潜在冲击的实证分析[J].经济理论与经济管理,2010(12):13-18.
[185] 杨振宇,方蔚豪.多重套利货币政策冲击与中国国际短期资本流动——基于VECM的分析[J].经济经纬,2013(1):138-143.
[186] 余永定.资本项目自由化:理论和实践[J].金融市场研究,2014(2):4-14.
[187] 余永定,张明.资本管制和资本项目自由化的国际新动向[J].国际经济评论,2012(5):67-74.
[188] 约翰·威廉逊.开放经济与世界经济[M].厉伟,译,北京:北京大学出版社,1991.
[189] 张斌.如何评价资本管制有效性——兼评中国过去的资本管制效率[J].世界经济,2003(3):64-67.
[190] 张柯,薛耀文.金融危机背景下中国国际短期资本影响因素分析[J].海南金融,2010(7):29-33.
[191] 张礼卿.论发展中国家的资本账户开放[J].国际金融研究,1998(3):5-19.
[192] 张明,郑英.透视新一轮资本管制浪潮[J].中国金融,2011(9):78-80.
[193] 张茉楠.资本流动管制有望成为新兴经济体新工具[J].发展研究,

2011(7):6-7.

[194] 张陶伟.国际金融原理[M].北京:清华大学出版社,1995.

[195] 张谊浩,裴平,方先明.中国的短期国际资本流入及其动机——基于利率、汇率和价格三重套利模型的实证研究[J].国际金融研究,2007(9):41-52.

[196] 张宇燕,等.全球新格局下的中国战略发展之路[EB/OL].(2014-09-18)[2015-04-25]. http://opinion.caixin.com/2014-09-18/100730238_1.html.

[197] 张北锋.货币危机预警模型的选择及在我国的应用[D].厦门:厦门大学,2008.

[198] 朱孟楠.国际金融学[M].厦门:厦门大学出版社,1999.

[199] 祝国平,刘力臻.国际短期资本流动的新特征、形成根源及发展趋势[J].华南师范大学学报(社会科学版),2009(5):127-132.

[200] 郑志凌.国际短期资本流动测算新方法[J].统计与决策,2012(21)159-161.

[201] 新华社.中共中央关于全面深化改革若干重大问题的决定(2013 年 11 月 12 日中国共产党第十八届中央委员会第三次全体会议通过)[J].求是,2013(22):3-18.

后　记

本书主要研究国际短期资本流动及中国资本管制有效性。事实上，西方国家所鼓吹的资本项目自由化是双重标准下的资本开放。就西方国家而言，它们所鼓吹与实施的资本项目自由化是以牺牲广大发展中国家利益，从而实现其本国利益最大化的行为。这种假自由之名行掠夺之实的行为必然遭到广大崛起中的发展中国家的抵制与声讨。近年来，伴随着金融证券化、经济金融化与金融全球化，国际资本流动进一步加快，同时也出现了许多新情况、新问题，对国际经济整体与多国经济发展产生了较大的影响和冲击。特别是在应对2008年全球金融危机的过程中，发达国家普遍实施了非常规宽松货币政策与长期超低利率政策，在较长时期内对国际资本流动与世界经济稳定造成了不利影响。新兴市场和发展中经济体(尤其是中国)成为投机资本逐利的目的地，资本净流入额已超出危机前水平。国际短期资本无国界、大容量、高流速及高投机性等突出特点，赋予其与生俱来的高流动性与高风险性等内生脆弱性，这无疑会放大金融市场和经济的不稳定性，资本管制再次成为经济学界和各国政府关注的焦点。

鉴于主流经济学家对资本管制一直持否定态度，因此学界关于资本管制的理论和实践研究相对薄弱。已有文献较多集中于亚洲金融危机期间对一些重灾国实施资本管制的个案研究。本书采用多阶段最优控制理论从福利的视角构建资本管制理论模型，从理论上探讨了资本管制与资本项目自由化的决定性因素，并采用离散面板模型对理论模型进行实证检验。基于当前国际短期资本已成为国际金融市场中无所不及、无所不能的“看不见的手”，为避免国际短期资本流动对本国金融体系与宏观经济的冲击，资本管制已然为绝大部分发展中国家和部分发达国家所接受并在不同程度上予以实施。

本书是作者对全球金融经济危机以来世界经济运行、国际短期资本流动以及各国资本管制实践的不断跟踪、同步研究的结晶，更是身处祖国沿海发达地区，对世界经济，尤其是国际资本给中国经济带来的冲击感触颇深，并进行跟踪和研究的成果。

经过30多年的对外开放，特别是金融领域的对外开放，总体来说中国的资本项目已经在逐步开放了。如与很多国家签署人民币互换协议；形成人民币汇率的浮动机制；在中国对外贸易中，用人民币计价结算的比例不断提升。从长远来说，调整经济结构、改变过去的发展模式，对中国来说是非常重要的工作。从短期来讲，中国现在出现了产能过剩、生产价格持续下降、企业利润下滑、债务非常严重等问题。因此，监管当局需要进一步放宽货币政策和财政政策来稳定经济发展。资本管制与资本项目自由化并不是对立的，任何一个国家都没有彻底地开放其金融市场，只是管制的范围与强度存在不同，这与各国所处的经济发展阶段、面临的国内外环境的差异存在着必然的关系。本书深入研究了国际短期资本流动、国际资本管制实践以及中国国际短期资本流动与资本管制的强度及其有效性，该成果对中国经济稳定增长与金融开放具有重要的理论与现实意义。

在本书即将付梓之际，作者由衷感谢导师宋玉华教授毫无保留地将其毕生对世界经济的研究成果和对西方宏观经济政策的反思传授于我，导师治学严谨、求真实务、无私奉献的大家风范将激励我砥砺前行。特别感谢我的爱妻对我工作的默默支持与对家庭的无私照顾，希望在以后的日子里能让她少担惊受怕。衷心感谢浙江省社会科学界联合会的大力支持，并衷心感谢浙江工商大学出版社沈明珠编辑为本书出版所付出的心血。

书稿虽经再三修改与补充，不足和谬误之处仍在所难免，敬请学界前辈和同行给予指正。

曾绍龙

2015年冬于浙大求是园